민중신학, 세계 신학과 대화하다

민중신학, 세계 신학과 대화하다

초판 인쇄 | 2010년 6월 10일
초판 발행 | 2010년 6월 15일

지은이 이정용 · 존 캅 · 하비 콕스 · 안병무 외
옮긴이 연규홍

펴낸곳 도서출판 동연
펴낸이 김영호
기 획 김서정
편 집 조영균
디자인 김광택
관 리 이영주

등 록 제1-1383호(1992. 6. 12)
주 소 121-826 서울시 마포구 망원동 472-11
전 화 02-335-2630 **팩 스** 02-335-2640
누리집 www.y-media.co.kr
이메일 ymedia@paran.com

Copyright ⓒ 동연, 2010

ISBN 978-89-6447-112-8   03230

민중신학,
세계 신학과
대화하다

이정용 편저 · 연규홍 옮김

로버트 맥카피 브라운 · 존 캅 · 조지 오글 · 레티 러셀
디오티스 로버츠 · 하비 콕스 · 송천성 · 고수케 고야마
호세 미구에즈 보니노 · 크웨시 딕슨
헤르빅 바그너 · 안병무

동연

헌정사

원래 저는 오르비스 출판사(Orbis Books)의 편집장인

필립 샤퍼(Philip Scharper)와 함께 이 책을 출간할 계획이었습니다.

그러나 그는 1985년 5월에 갑자기 사망하고 말았습니다.

민중에게 헌신하고 봉사해 온 필립 샤퍼에게 이 책을 바칩니다.

– 엮은이 이정용

오늘 한국 교회에 신학이 있는가? 있다면 어떤 신학이 있고, 그 신학
은 무엇을 말하고 있는가? 예수 그리스도에 대한 신앙 고백으로서의 신
학은, 오늘 한국 교회가 무엇을 믿어야 하며 어떻게 살아야 하나님의 뜻
과 그의 나라를 이 땅에 실현할 수 있을 것인가를 말해 주어야 한다. 사
도행전의 초대 교회는 금과 은은 없을지라도 나사렛 예수가 있었고, 그
에 대한 신앙 고백이 있었다. 그러나 곳곳마다 웅장한 교회 건물을 짓
고 십자가를 높이 매단 한국 교회는 금과 은은 풍족할지라도 예수의 복
음이 없고 신앙 고백이 없는 교회이다.

민중신학은 1970년대 한국 민중 현실 속에서 예수 그리스도를 찾고
그에 대해 신앙 고백을 한 증언의 신학이며 행동의 신학이다. 예수 그
리스도를 통해 이 땅에 오신 하나님은 가난한 자, 병든 자, 옥에 갇힌
자, 눈먼 자 편에 서서 그들의 자유와 정의 그리고 해방을 위해 함께 고
난 받으시는 분이시다. 그분을 증언하고 그분을 따라 고난받는 민중과
연대하는 것이 민중신학의 과제이며 사명이었다. 그렇다면 20세기를

지나 새로운 천 년의 첫 세기를 여는 지금 민중신학의 과제와 사명은 무엇인가.

동서 냉전 체제가 무너지고 자본주의 주도하의 세계 단일 체제 상황에서, 아직도 지구상의 주요 관심사는 여전히 국가 간의 분쟁과 종교 갈등, 그리고 계급 모순의 문제들이다. 민중신학은 한국이란 공간적 상황과 1970년대라는 시간적 한계를 넘어 오늘 지구화 시대에 고난받는 세계 민중의 삶의 자유로까지 확장되어야 한다. 40년 전과는 달리 세계 선진국 대열에 선 한국 사회가 오늘 겪고 있는 남북 간의 분쟁과 종교 간의 갈등, 그리고 심화되는 계급과 계층 모순들은 세계 상황과 결코 무관하지 않다. 이것은 오늘 자본주의적 제국화를 뒷받침하는 신자유주의 현실에서 채무국으로 전락한 세계 인구의 3분의 2에 해당하는 민중의 고난과 연결되어 있는 것이다. 민중신학은 세계화가 만들어 놓은 지구촌의 심각한 국가 분쟁, 종교 갈등, 계급 모순을 민중 해방적 관점에서 새롭게 비판하며 대안적 방안을 모색해야 한다.

예수 그리스도라면 세계화의 극단적 위기 상황에 대해 무엇이라 말씀하시고 어떻게 행동하실까. 이 질문을 다시금 할 수밖에 없는 이유는 오늘 지구상의 고난받는 민중이 풍요한 한국 교회를 향해 내미는 도전이며 저항이기 때문이다. 민중신학이 이제는 민중에 대한 고난을 증언하고 연대하는 신학의 자리에서 민중 스스로가 주체가 되어 자신의 고난 경험을 해방의 매개로 승화하는 '민중의 신학'으로 한걸음 나아가야 한다.

이 책은 오래전, 미국에서 한국인이란 주체의식을 가지고 동양사상적 관점에서 서구 신학을 창조적으로 발전시켰던 노스 다코타 대학교의 이정용 박사가 엮어서 출판하였다. 《민중신학, 세계신학과 대화하다》로 번역한 책의 원제목은 *Emerging Theology in World Perspective: Commentary on Korean Minjung Theology* (1988)이다. 이 책의 중요성은 무엇보다도 민중신학을 세계 지평에 소개하고 북아메리카와 아시아, 그리고 라틴 아메리카의 다양한 신학적 관점의 비판과 평가를 받았다는 데 있다. 그렇게 함으로써 이정용 박사는 한편으로 민중신학을 한국 민중만의 신학이 아니고 흑인 해방신학, 여성신학, 제3세계 해방신학 등과 같이 고난받는 이들을 주체로 한 세계 신학으로 그 영역을 넓히고, 다른 한편으로 아시아 상황 신학으로서 민중신학의 작업 주체의 형이상학을 깊게 하고자 한 것이다.

민중신학과 민중담론의 부재 시대를 살아가는 오늘, 이 책이 새로운 민중 논의에 대한 활발한 대화와 토론의 실마리가 되었으면 한다. 그리하여 한국 교회가 역사의 주체로서 민중의 존재를 새롭게 발견하고, 그들의 대리적 고난 속에서 우주적 사랑의 공동체를 이루어 가시는 하나님의 구원과 섭리의 활동하심에 동참하길 바란다.

책을 내며 먼저 기억하고 감사드릴 분은 누구보다 이 책의 편집자인 고(故) 이정용 박사님이다. 안타깝게도 나는 이정용 박사님을 생전에 뵙지 못하였다. 그러나 그분의 글 속에 담긴 날카로운 학문적 문제의식과 고매한 인격에 커다란 감화를 느낄 수 있었다. 특히 이 책은 한국 민중신학에 대한 그의 깊은 애정의 결실이다. 만일 그렇지 않았다면 국경과 문화를 넘어 세계적 신학자들의 글을 모으는 수고와 노력을 이처럼 쏟을 수 없었을 것이다. 한 생애 동안 많은 저술을 통해 그는 한국과 동양의 철학 세계와 사상을 세계 종교학계에 소개하였다. 반면 이 책을 통해서 그는 세계 신학의 관점과 방법론을 민중신학에 소개하였다. 그렇게 함으로써 '이것이냐, 저것이냐' 하는 이원론적 사고방식을 넘어 '이것과 저것, 모두'를 창조적으로 융합하고 통섭하는 제3의 종교 신학과 사상 체계를 형성한 것이다.

다음으로, 번역은 또 다른 창조적인 글쓰기란 것을 실감하며 좌절과 실의에 빠질 때, 위로와 힘을 주고 이 책에 훌륭한 추천의 글을 써준 시카고 신학대학의 서보명 교수님에게 깊은 감사와 우정의 말을 전한다. 그와 나는 이 책으로 2006년 가을학기 한신대 신학대학원에서 민중신학 세미나를 함께 진행하였다.

마지막으로 출판을 통한 교회와 사회 개혁의 꿈을 굳건히 간직하고 오직 한 길을 걸어온 도서출판 동연의 김영호 사장님께 감사를 드린다. 이 책의 중요성에 대한 김 사장님의 혜안과 통찰이 있었기에 이 책의 탄생이 가능하였다. 덧붙여 책의 탄생에 함께 산고를 겪은 동연의 편집 담당자들과 믿음의 동역자 오세욱 목사와 기쁨을 나누고 싶다.

아이티 민중의 고난과 눈물을 기억하며
2010년 2월 연규홍

서보명(시카고 신학대학 교수)

　민중신학을 영어로 소개한 책들이 별로 없는 상황에서, 이 시대의 대
표적인 신학자들의 글을 모은 이 책은 미국에서 민중신학에 관한 교과
서적인 역할을 해오면서 일정한 권위를 인정받아 왔다. 민중신학에 관
심이 있는 사람이라면 그들의 평가가 어떠한지, 그들이 어떤 방식으로
평가에 임하고 있는지 귀를 기울여 볼 만하다. 그들의 지적이 비록 초
기의 민중신학에 대한 논의에 국한되어 있지만, 민중신학의 기본 주제
들은 신학의 기본 주제들이기 때문에 시간이 흐른다고 그 주제들이 사
라지지는 않는다. 약하고 억압받는 이들, 곧 '민중' 의 눈을 통해 성서를
읽고 하나님을 이해하고 실천적인 삶을 살아간다는 것은 그리스도교
신학의 원형이라 할 수 있다.

　민중신학의 위기에 관한 얘기가 들리기 시작한 지 오래다. 신학은 상
황적이기 때문에 1990년대 이후 한국의 정치·사회적 현실이 바뀐 상태
에서 민중신학은 이제 그 역할을 다했다는 소리를 어렵지 않게 들을 수
있다. 또 민중신학이 대중성을 띠는 데 실패해 교회의 신학으로 남지

못했기 때문에 위기가 왔다는 소리도 들린다. 하지만 현실의 상황은 언제나 바뀌는 것으로 인정해야 하고, 신학의 내적 반성도 항상 끊이지 않아야 한다. 신학은 상황 속에 존재하지만, 신학은 상황이 아니라 다만 신학일 뿐이다. 다시 말해 성서의 경험 속에서 나타나고, 복음의 선포에 담긴 하나님의 목소리를 이 시대에 재현하는 도구일 뿐이다.

최근의 민중신학이 방법론 문제에 몰두하고, 실천까지도 이론으로 풀어야 할 문제로 삼는 논리적 전개에 힘을 쓰면서, 기독교의 개혁과 교회의 갱신에 큰 역할을 못했다고 한다. 사실이다. 그렇지만 그렇다고 민중신학의 정당성이 없어진 것은 아니다. 오히려 '포스트모던'의 이름 아래 모호해지기 쉬운 인간됨의 기본 조건들, 세계화라는 자본주의의 현대적 모습 속에서 경제적·문화적·문명적으로 소외된 사람들의 '한'을 외치는 세계의 신학으로 발전할 시기가 된 것은 아닐까? 따라서 민중신학은 현대의 신학으로서 두 가지 사명을 가진다. 하나는 한국 내부의 사회와 교회의 개혁과 변화에 실천의 신학으로 참여하는 것이고, 다른 하나는 '세계화'의 거센 바람 속에서 깊어 가는 갈등을 겪고 있는 나라들의 신학과 대화하고 연대하는 것이다.

그 대화는 민중신학과 유사한 신학들과의 대화를 넘어서 서구 신학과의 대화를 요구한다. 민중의 경험을 이해하면서 변화하고 있는 세상의 본질을 말하고, 그 본질을 다른 경험의 소유자들에게 이해시키는 것이 민중신학의 존재 이유라고도 할 수 있다. 서구에서 민중신학은 아직도 한국의 신학으로, 아시아의 대표적인 신학으로 인정받고 있다. 그러나 안병무와 서남동과 같은 1세대 민중신학자들의 사상이 알려져 있을 뿐, 그 후 민중신학의 변화와 발전의 과정은 거의 알려지지 않고 있다.

앞으로 그런 소개 작업이 활발해지기를 기대하면서, 세계 여러 지역의 뛰어난 신학자들의 글을 실은 이 번역서가 작은 역할이나마 할 수 있기를 바란다.

이 책은 이정용 교수의 학문적 열정과 한국의 그리스도교와 신학을 아끼는 마음의 산물이다. 미국 노스 다코다 대학교에서 조직신학 교수로 있었던 그는 민중신학이나 해방신학을 공부하지는 않았지만, 실제 목회 현장에서 그 중요성을 깨달은 학자였다. 미국 내에서 한국적이고 아시아적인 신학의 학문적 가능성을 모색하고, 세계 신학계에 소개하는 데 그 누구보다도 많은 공헌을 하신 분이다. 2001년 갑작스런 죽음으로 그의 학문적 여정이 끝나면서, 동아시아의 지적 유산을 자산으로 하는 신학의 발전은 큰 손실을 입었다. 그가 이 책을 통해 이루어 내고자 했던 민중신학과 세계 신학과의 대화는 필수적인 것으로 남은 이들의 몫이다.

이정용(노스 다코타 대학교 종교학과 교수)

이 책을 편집하는 일은 매우 보람 있는 경험이었다. 나는 노스 다코다 (North Dakota) 주(州) 그랜드 포크스(Grand Forks) 시에 있는 미군 공군 기지의 작은 '민중' 교회를 맡아, 미군들과 결혼한 가난하고, 약하고, 억압 받는 한인 여성들을 위한 목회를 하고 있었다. 몇 년 동안 목회를 하면서 내 목회에서 '민중신학'의 중요성을 깨닫게 되었다. 이·책을 통해 내가 의 도하는 것은 내가 과거에 받은 신학 교육보다 내가 현재 하고 있는 목회와 더 연관이 있다.

이 책을 편저하는 목적은 민중신학과 이 시대의 중요한 신학적 사상들이 대화하게 만드는 것이다. 이 때문에 이 책에 수록된 논문의 저자들은 세계 여러 지역과 다양한 신학적 관점을 대변할 수 있는 사람들이다.

로버트 맥카피 브라운(Robert McAfee Brown)과 하비 콕스(Harvey Cox)와 존 캅(John B. Cobb, Jr.)은, 비록 캅은 과정신학의 입장에서 글을 썼지만, 북미 개신교 신학자들로 제3세계 해방의 주제들과 대화하는 형식 을 취하고 있다. 레티 러셀(Letty M. Russell)과 디오티스 로버츠(J. Deotis

Roberts)는 북미의 상황에서 여성신학과 흑인신학의 관점에서 글을 쓰고 있다. 조지 오글(George Ogle)은 한국에서 선교사 사역을 오래 한 미국 개신교 선교사로서 중요한 신학적 관점을 제공하고 있다.

이 책은 제3세계 신학자들의 글도 여러 편 담고 있다. 고스케 고야마(Kosuke Koyama)와 송천성(C. S. Song)은 아시아의 해방적 관점에서 글을 쓰고 있다. 호세 미구에즈 보니노(Jose Miguez Bonino)는 라틴 아메리카 개신교의 입장에서 해방의 목소리를 담고 있고, 크웨시 딕슨(Kwesi A. Dickson)은 서아프리카의 상황에서 깨달은 성서 읽기 방식을 보여준다. 민중신학에 대한 비판으로 헤르빅 바그너(Herwig Wagner)와 독일 개신교 세계선교협회 신학위원회(Theological Commission of Evangelisches Missionswerk of West Germany)의 글, 그리고 그에 대한 안병무와 한국 민중신학자들의 답변을 실었다.

이 책에 글을 쓴 저자들은 자신의 각 분야에서 가장 권위 있는 학자들이다. 그러나 어느 누구도 민중신학에 대해 전문적 지식이 있다고 말하지 않는다. 나는 CCA 신학위원회가 편집한 *Minjung Theology: People as the Subject of History*, Commission on Theological Concerns of the Christian Conference of Asia ed., (Maryknoll, London, Singapore: Orbis Books, Zed, CCA, 1983), 그리고 그 밖의 민중신학에 대한 영문 자료들을 그들 고유의 관점에서 읽은 후에 평가해 주기를 부탁했다. 민중신학이 지속적인 발전과정에 있음을 모든 저자들은 깨닫고 있었고, 그들의 글은 민중신학의 전개 과정에서 드러나는 주제들을 고찰하는 형식을 띠고 있다.

내가 쓴 서문은 민중신학에 대한 기초적 이해가 없는 독자들을 위한 것이다. 비록 민중신학에 대한 포괄적인 요약이 되지 못할지라도, 독자들에게 그 배경과 기본 주제들과 방법에 대해 소개하려고 노력했다.

이 책의 저자들에게 깊은 감사의 마음을 전한다. 바쁜 일정과 계획 속에서도 모두들 나의 요청을 흔쾌히 들어주었다. 또한 내게 민중신학을 이해하는 데 큰 도움을 준 안병무 교수와 박성준, 강원돈, 이정희에게 큰 고마움을 느낀다. 또 이 책이 출판되기까지 원고에 대한 충고를 아끼지 않았고, 많은 도움을 준 스티븐 샤퍼(Stephen B. Scharper)에게도 감사를 표하고 싶다.

차 례

라틴 아메리카와 아프리카의 반응

부록

안도 이야기

(1972년, 김지하의 《소리의 내력》 중에서)

안도는 서울 빈민가 작은 셋방에 사는 젊은이였다. 그는 하는 일마다 되는 일이 없었다. 배짱 좋게 두 발로 버텨 보려고 할 때마다, 온갖 죄들이 자신을 옭아매려고 하였다. 그래서 죄를 짓지 않기 위해, 그는 끝없이 달렸다. 그는 밤낮으로 달리고 또 달려야 했다. 결국 안도는 언제나 고달프고 쉼이 없었다.

그러나 그의 고난은 끝없는 달리기보다도 더 컸다. 하는 일마다 안 되고 가는 곳마다 운이 없었다. 그가 십 원을 벌면 백 원이 나갔다. 가는 곳마다 강도 맞고 매 맞아서 거의 굶어죽게 되었다. 마침내 어느 날 저녁, 안도는 제자리에 서서 말하였다. "제기랄! 개 같은 세상!" 이렇게 말하고 안도는 경찰에 잡혀가 매를 맞았다. 그리고 법정에 끌려가 유죄 판결을 받았다. 머리와 다리는 잘려 나갔고 몸통만 남은 채, 500년을 감옥에서 살란다. 감옥에서 안도는 몸통을 굴려 벽에 부딪혔다. 벽에 부딪힐 때마다 큰 소리가 났고, 그 소리에 권세가들이 벌벌 떨고, 부자들이 겁먹었다. 이 소리는 민중이 내는 소리였다.

민중신학: 비판적 입문

이정용

민중의 의미

나를 비롯한 이 글의 다른 필자들은 '민중'(minjung)이라는 말을 한국의 가난하고 억압당하는 사람들을 뜻하는 말로 사용하고 있지만, 민중신학자들은 민중이란 말이 한국인들에게는 좀 더 독특한 의미를 갖는다고 주장한다. 따라서 그 부분은 번역하지 않는 채로 남겨 둔다. 이것은 한국인이 아닌 사람들이 민중이라는 말의 의미를 완전히 이해하는 것이 불가능하지는 않지만 상당히 어렵다는 것을 의미한다.[1] 그럼에도 불구하고, 여러 논문들이 보여주는 것처럼 민중신학을 좀 더 알기 원하는 사람들을 위해서는 민중을 설명할 수 있는 어떤 시도들이 필수적인 것처럼 보인다.[2]

---

[1] 최근에 나는 서울에서 안병무 교수와 그의 연구진들을 방문했다. 안 교수는 민중신학 운동의 주요 인물로 여겨지는 분이다. 나는 민중신학의 전개에 대해 내가 관심을 두는 것들을 질문할 기회가 생겼다. 나는 곧 이 논문에 수록된 신학적 사고들이, 민중 해방 운동에 적극적으로 참여하는 한국의 신학자들이 생각하는 것만큼 중요하지는 않다는 것을 명백히 알게 되었다. 이들의 관심은 신학적 조직의 일관된 구조나 비판적 숙고가 아니었다. 오

가장 유명한 민중신학자 중의 한 사람인 안병무 교수에 따르면, "'민중'은 '예수'와 마찬가지로 정의가 불가능한 것이다." 그에게 민중은 범주화할 수 없는 유기적이고 역동적이며 가변적인 실체다. 정의를 하게 되면, 민중은 이데올로기의 희생물이 되고 추상화의 대상이 되고 만다. 그러므로 민중을 정의하려는 시도는 현명하지 못한 것이다.

이 말의 독특함을 알고 있기 때문에, 민중이라는 말을 영어나 어떤 다른 언어로 억지로 번역하지 않아야 한다. 필요한 것은 할 수 있는 한 가장 근사한 의미를 찾아 이해해 보는 것이다. 예를 들어 북미나 유럽, 아프리카에 있는 우리에게 이 민중이라는 말은 어떤 의미를 가지는가? 우리는 '민중'이라는 말의 의미를 보편적으로 적용할 수 있게끔 발전시킬 필요가 있다. 그러므로 '민중'이라는 말이 갖는 일반적인 의미와 폭넓은 독특성을 부여해 보자.

히려 이들은 해방을 위한 민중 투쟁에서 변화하는 조건에 대한 숙고에 더 관심을 기울였다. 이들은 '국외자'의 비판에 귀를 기울이려 하지 않았고, 자신들의 사고를 제한하는 범주들로부터 자유로워지기를 원했다. 이들의 사고는 민중이 진화하는 것처럼 진화하고 있다. 이들의 사고는 민중이 변화하는 것처럼 변화하고 있다.

안 교수와의 대화를 통하여, 소위 진정한 민중신학자와 사이비 민중신학자 사이에 분명한 구분이 있다는 것이 확실해졌다. 민중운동에 깊이 관련해 온 신학자들은 진정한 민중신학자로 여겨지며, 이들은 민중신학을 발전시키는 세력의 내적 핵심을 구성하고 있다. 반면에, 해방을 위한 민중 투쟁에 실제적이고 직접적으로 관련하지 않은 사이비 민중신학자들은 민중신학의 발전에 대한 숙고와 사고에만 관심이 있다. 고 서남동 교수와 안병무 교수는 전자에 속하는 것으로 보인다.

책과 논문을 통해서만 민중신학을 이해하는 우리는 이 둘을 구분하는 데 실패하고 있다. 따라서 이 책에서 우리가 하는 작업들은 민중신학의 개념들에 관한 신학적 숙고가 거의 대부분이다. 이것은 분명히 우리를 학자로서 불편하게 하지만, 이것이 우리의 단점임을 인정해야만 한다. 왜냐하면 우리는 한국에서의 민중의 실제적 경험에 직접 접근할 수 없기 때문이다.

2) 이 책에 실린 호세 미구에즈 보니노, 레티 러셀, 크웨시 딕슨의 논문을 보라.

앞서 언급한 것처럼, 민중이라는 말은 두 개의 한자 '민' (民)과 '중' (衆)의 한국적 발음이다. '민' 이란 말은 문자적으로 '백성' (the people) 이란 뜻이고, '중' 이란 '대중' (the mass)이란 뜻이다. 이 두 말을 결합해 보면, '대중' (the mass people) 또는 단순히 '백성' (the people)이란 뜻이 도출된다.

이 낱말을 이해하기 위해 한국적 맥락에서 이 낱말이 어떻게 쓰여 왔는지를 알아보자. 문동환은 다음과 같이 기술하고 있다.

> "이 용어는 조선 왕조(1392~1910)에서 처음 사용되었는데, 이때에는 대중들이 양반계급에 의해서 지배받고 있었다. 그때는 양반계급이 아닌 모든 사람들이 민중이었다. 일제 치하(1910~1945)에서는 일본인들에 협력했던 소수의 집단을 제외하고 대부분의 한국인들이 민중으로 전락되었다. 오늘날에 민중이란 말은 현재의 독재 체제하에서 특권을 누리고 있는 엘리트들로부터 배제된 모든 사람들에게 사용될 수 있다."[3]

만약 문동환의 이러한 민중 이해를 받아들인다면, 소수의 지배층이나 양반에 의해 억압받는 대중이 민중에 속한다고 볼 수 있다. (상류, 중류, 하류 계층이 없는 나라에서 이런 식의 구분을 이해한다는 것은 확실히 힘든 일이다.) 억압자와 피억압자, 양반과 상민 사이의 분류는 한국의 민중 이해에 필수적이다.

이런 분류는 사회적, 정치적, 문화적, 지적 조건의 차이를 포함한다.

---

3) "Korean Minjung Theology" (미출간 수기), pp. 3~4.

만약 민중이 단순히 사회·경제적 구분의 부산물이라면, 민중은 마르크스주의적 의미의 프롤레타리아와 동일하다. 그러나 민중은 훨씬 더 포괄적인데 그것은 대중을 한국 역사의 주체로 간주하고 있기 때문이다. 민중은 경제적으로는 가난하고, 정치적으로는 약하며, 사회적으로는 박탈당한 자들이지만, 문화적으로나 역사적으로는 부유하고 힘이 있는 자들이다. 이것이 민중을 단지 가난하고, 약하며, 억압받는 사람과 구별 짓도록 만드는 그 '무엇' 이다. 민중은 한국인들의 고유한 문화적·역사적 유산의 계승자들이다. 그럼에도 불구하고, 그들은 정치적·경제적·교육적 구조를 자신들의 이익을 위해 조정하려는 소수의 지배 엘리트에 의해 억압당해 왔다. 그러므로 민중의 소외는 한국인과 한국 역사의 소외와 다르지 않다. 뿐만 아니라 민중에 대한 억압은 한국인에 대한 억압이다. 이것이 바로 한국인과 한국 역사를 떠나서는 민중이 이해될 수 없는 이유이다.

우리는 이제 민중을 정의하는 것이 얼마나 힘든 일인지를 보게 될 것이다. 민중은 한국인 그 자체만큼이나 다양하고 복잡한 실체이다. 그러나 이 말이 함축하는 바를 알아보자. 성서신학자 문희석은 자신의 뛰어난 학문적인 작업가설에서 이 말이 갖는 함축적인 의미를 구체화시켰다. 그에 따르면, "민중은 정치적으로는 억압받고, 경제적으로는 착취당하고, 사회적으로는 소외당하고, 문화적으로, 지적으로는 교육받지 못한 자들이다."[4] 이러한 실용적 정의로 본다면 민중에는 거대 권력들

---

4) A Korean Minjung Theology : An Old Testament Perspective (Maryknoll, N.Y. and Hong Kong: Orbis Books and Plough Publications, 1985), p. 1.

24 · 민중신학, 세계 신학과 대화하다

과 초국가적 집단들에 의해 정치적으로 억압받고 경제적으로 착취당해 왔던 제3세계의 모든 사람이 포함될 수 있다. 그러나 민중이라는 말이 갖는 일반적이면서도 독특한 의미를 잊지 않는 것이 중요하다. 신학을 하는 과정에서 이러한 미묘한 균형은 유지해야 한다.

역사적 배경

민중신학은 상황적이고 자생적인(contextual and indigenous) 한국인들의 신학이기 때문에, 이 신학의 배경을 모르고는 민중신학을 이해할 수 없다. 한국의 역사를 공부해 본 사람들은 중국, 일본, 러시아와 같은 거대 권력에 의해 가해진 억압과 빈곤과 비인간화의 오랜 역사를 쉽게 이해할 수 있다. 4천 년 이상의 긴 역사에 비해 한국인들은 상대적으로 짧은 평화와 자치의 시기를 누렸을 뿐이었다. 이들은 힘 있는 이웃 나라의 그늘 밑에서 살아왔다. 2차 세계 대전 후에 한국은 남과 북으로 갈라졌다. 1950년의 한국전쟁은 한국인들이 추구했던 통일과 자치를 달성하지 못했다.

한국인들을 제2 이사야서의 '고난의 종'에 비할 수 있는 억압당하는 자로 묘사할 수 있다. 한 일본인 역사가가 주목한 것처럼 "시작 때부터

---

5) Takashi Hatada, *A History of Korea*, tr. and ed. by Warren W. Smith, Jr., and Benjamin H. Hazard (Santa Barbara, California: ABC Clio Press, 1969), p. 142. 나는 그의 생각에 동의하지만, 그의 관찰이 모두 맞는 것은 아니다. 삼국 시대 이전, 고구려 왕조에서 한국은 중국의 침입에 저항할 정도로 자유롭고 자율적이며 강력했다. Sohn Pow-Key, at al., *The History of Korea* (Seoul: Korean National Commission for UNESCO, 1970)를 보라.

오늘날까지 한국의 역사는 외국의 억압과 침략에 의해 겪은 고난과 파괴의 역사다."[5] 외국의 억압에 의한 고난에도 불구하고 여기에는 언제나 자신의 이익을 챙기고자 외국 점령자들에게 협력했던 이기적인 자들도 있었는데, 이들은 지배집단이 되어 한국인 대다수를 억압했다. 그러므로 민중은 언제나 외세와 민족 내부의 엘리트들에 의해 이중적인 억압을 당해 왔다. 그래서 민중신학의 주요한 초점은 엘리트들에 의한 민중의 억압을 다루는 데 있는 것이다.

종교적 근원

한국인들의 종교적 성향은 무속 신앙, 불교, 유교, 그리고 신흥 종교와 같은 다양한 종교 전통들의 습합으로 가장 잘 묘사될 수 있다. 이것들 중에서도, 무당으로 잘 알려진 무속은 한국인들의 토착종교이며, 민중의 종교와 가장 밀접하게 연관되어 있다. 불교, 유교, 도교는 기원전 50년경 삼국 시대 동안 중국에서 전래되었다. 이 종교들은 종종 가난한 하층 계급을 지배하기 위해 지배 집단에 의해 사용되었다. 불교는 4세기에 한국에 들어와 삼국 시대와 고려의 국교가 되었는데, 14세기 말까지 지속되었다.

불교의 뒤를 이어, 유교가 500년 동안 조선 왕조의 국교가 되었다. 유교의 지배 시기 동안 양반(지배 계급)과 평민(하층 계급) 간의 구분은 명확히 이루어졌다. 민중의 독특한 특징들은 이 시기에 형성되었다. 조선 왕조 시대에 유교가 남성들과 엘리트를 끌어들였던 반면 무속은 여성들과 평민들의 종교로 이바지했다.

조선 말기에 기독교의 유입과 신흥 종교들의 출현은 새 시대의 지표가 되었다. 1910년 일제의 한국 병합은 한국인들의 운명에 어두운 그림자를 드리웠다. 신흥 종교들 중에서 동학 혹은 천도교와 증산도가 두드러졌다. 이 종교들은 일제 식민 통치로부터의 해방과 독립을 위한 민중의 투쟁과 밀접히 관련되어 있었다. 1880년대 개신교 선교사들에 의해 한국에 전래된 기독교는 가난하고 억압당하는 자들의 의식을 깨우치는 데 가장 힘 있는 종교들 중의 하나가 되었고, 해방을 위한 민중의 투쟁을 일으키는 데 도움을 주었다.

한국 역사에 대한 이러한 간략한 묘사는 민중신학의 최근의 발전에 어떠한 전망을 보여줄지도 모른다. 이제 한국적 토양에서 민중신학의 출현에 주목해 보자.

민중신학의 등장

민중신학의 출현은 고립적으로 이해될 수 없다. 전 세계적인 시대 흐름이 한국에서의 민중신학 출현에 영향을 끼쳤다. 1960년대와 1970년대 라틴 아메리카와 제3세계의 해방신학의 끊임없는 전개는 세계적으로 다양한 영향력을 행사했다. 특별히 전체주의적 권력에 의해 오랫동안 억압당해 왔던 사람들에게 이 같은 해방 운동은 독자적인 해방의 노력을 불러일으키는 데 큰 동기를 제공해 주었다.

남한 정부는 해방 운동을 다루는 모든 자료를 검열했기 때문에 단지 소수의 한국 신학자들만이 해방신학을 알고 있었다. 뿐만 아니라 남한의 대부분의 기독교 지도자들은 신학적 성향에서 상당히 보수적이고 근본주의적이었다. 세계의 여러 곳에서 일어났던 초기 해방신학의 발전으로부터 한국은 상대적으로 고립되어 있었으나, 그것이 하나의 이점으로 작용한 면도 있었다. 왜냐하면 소수의 신학자들이 한국만의 고유한 신학을 모색할 수 있었기 때문이었다.

한국의 초기 역사에서도 가난한 자와 억압당하는 자의 해방 운동의 뿌리를 찾을 수 있지만, 이 신학의 발전은 1960년대 초반의 도시산업선교 활동에서 찾아야 한다. 이 선교 운동을 통해 진지한 기독교인들은 도시 공단에서 복음 전도자와 노동자로서 자발적으로 적어도 여섯 달 동안 일했다. 초기의 목표는 '영적' 복음화였지만, 거대한 불의와 부당한 노동 조건에 직면한 이 기독교 노동자들은 사회 정의를 위한 투쟁을 자신들의 사도적 활동의 일환으로 간주했다. 1970년대 초반 작업 현장에서 벌어지는 학대에 맞서 싸우기 위해 몇몇 도시산업선교 그룹들이 형성되었고, 그들이 노동조합의 조직과 노동자들의 인권 투쟁에 관여했다. 그 사이에 한국기독청년협의회, 한국교회여성연합회, 정의구현사제단, 가톨릭노동청년회, NCC 인권위원회 등의 기독교 단체들도 인권과 정의를 위해 함께 참여했다.

인권과 사회정의에 대해 각성하면서 나타난 신학적 관심은 가난하고 억압받는 대중, 즉 민중에 관한 것이었다. 다시 말하면, 가난한 자들에 대한 비인간화와 사회적 불의라는 악이 신학적 관심의 대상이 되었다. 인권운동에 깊이 관여한 신학자들은 박정희 군사정권에 의해 대학교와 신학대학의 강단에서 쫓겨났으며, 많은 사람들이 투옥되고 고문을 당했다. 이러한 고난과 압제의 경험을 통해 그들은 민중으로 알려진 가난하고 억압받는 대중을 이해하고 공감하게 되었다.

이 신학자들은 또한 그들의 연대의식을 학식 있는 엘리트로부터 무식하고 가난한 자들로 옮겼다. (여기서 제3세계, 특히 라틴 아메리카의 해방 운동이 일깨워 준 새로운 의식이 크게 작용했다.) 그들 자신을 민중과 동일시함으로써 이들은 한국에서 억압당하는 사람들과 똑같은 고뇌와 고난을 경험했다.

만약 민중신학이 '대학의 상아탑'에서 나왔다면, 대중들에게는 아무런 영향력도 끼치지 못했을 것이다. 감옥 안에서의 고문, 지하 운동, 공장과 농토에서의 비인간화와 같은 민중의 경험에서 나왔기 때문에, 민중신학은 사람들의 양심을 일깨워 그리스도교의 해방적인 가능성을 증명할 수 있는 힘과 영성을 가질 수 있었다.

가난하고 억압당하는 대중과 연대함으로써 이 신학자들은 민중의 경험의 빛 아래서 기독교 신앙을 재해석하기 시작했다. 이들은 그리스도는 고난과 투쟁의 시간에 약한 자와 억압당하는 자의 편에 섰다는 디트리히 본회퍼의 주장을 경험적으로 이해했다.[6] 따라서 이들은 예수가 가난하고, 약하고, 억압당하는 자 편에 섰을 뿐만 아니라 그들을 지배 엘리트로부터 해방시켰다고 믿었다.

---

6) 실제로 서남동은 "이러한 새로운 해석학은 '성서의 세속적 해석'을 시도하는 본 회퍼의 제안을 따르고 있다."고 말했다. Shu Nam-dong, "Historical References for a Theology of Minjung", *Minjung Theology: People as the Subjects of History*, ed. by the Commission on Theological Concerns of the Christian Conference of Asia (Maryknoll, N.Y.: Orbis Books, 1983), p. 158을 보라. 신약성서학자인 안병무는 흥미롭게도 마가복음서에 대한 새로운 통찰을 제공하려고 시도하고 있다. 그는 예수가 소위 보편적 사랑을 보여주지 않았다는 점을 지적하고 있다. 안 교수는 "그는 편파적으로 사람들을 사랑한다." "그는 항상 억압받는 자, 학대받는 자, 약한 자들의 편에 서 있었다."고 썼다. "Jesus and Minjung in the Gospel of Mark", *Minjung Theology*, p. 146.

예수의 모범을 따라 이 신학자들은 정의와 해방을 위한 투쟁에서 민중의 편에 서기를 원했다. 민중신학은 한국적 토양에서의 경험과 헌신으로부터 나왔다.

민중 경험의 정수로서의 '한'(恨)

민중 경험의 독특한 특징들 중의 하나는 '한' 으로 알려진 고난의 특수한 양식이다. '한' 은 '민중' 처럼 정의하기가 어렵다. '한' 은 고난 이상이자 고난 경험의 정수다. '한' 은 부당한 고난이 주는 억압의 감정으로, 그 감정의 해소 또는 '풀이' 를 지향한다.

민중신학자들에 따르면, '한' 은 한국 민중의 경험에 있어 독특하며 따라서 한국인이 아닌 사람들에게는 쉽게 이해되지 않는다. '한' 의 경험에 가장 가까운 것은 미국 흑인들의 '블루스' (Blues) 경험일 것이다.[7] '한' 은 종종 '원한' 혹은 분노로 이해되지만, 정확한 이해는 아니다. 문희석은 '한' 을 "불의가 계속될 때 울화와 분노가 쌓이고 내면화되는 상태"로 정의한다.[8] '한' 은 민중의 삶을 옭아매고 억압하는 심리적 힘이 무의식적으로 존재하는 상태를 지칭한다고 할 수 있다.[9]

서남동 전 연세대 교수는 이야기를 통해 한의 의미를 설명하고 있다.

---

7) James Cone은 미국 흑인의 경험인 'blues' 와 '한' 을 비교하려고 했다. "Preface", *Minjung Theology*, p. xi. 또한 이 책의 디오티스 로버츠의 논문을 보라.

8) *A Korean Minjung Theology*, pp. 1~2.

9) 한에 대한 개념은 김지하의 '장마' (Rainy Season)나 '소리이야기' (The Story of Sound)에서 분명히 나타난다. 한은 한국의 신흥 종교인 증산교를 이해하는 핵심이다. 민중신학은 이 종교의 결과에 많은 영향을 받은 것 같다.

YH무역회사에서 일하던 숙련 노동자 김경숙의 이야기로부터 한을 설명해 보자. 김경숙은 전국섬유노동조합 YH지부에 가입해 고용자에 대한 비인간적인 취급과 불의에 맞서 싸웠다. 1979년 8월 9일에 김경숙을 포함한 200여 명의 노동자가 신민당 당사로 가서 정부가 YH 노조 지도자의 투옥과 공장 폐쇄에 대한 공정한 해결책을 모색할 것을 요구했다. 8월 11일에, 1000여 명의 경찰들이 투입되어 노동자들을 해산시켰다. 그 와중에 김경숙은 살해당했다. 그녀는 21살이었고, 노조 집행위원 중 한 사람이었다. 그녀가 그의 어머니와 어린 동생들에게 남긴 편지에 따르면, 그녀는 공장에서 지낸 8년 동안 과로로 수없이 많이 코피를 흘렸으며, 월급을 받지 못한 채 3개월 동안 일을 했으며, 굶어죽기 직전까지도 갔으며, 변변한 옷 하나 없이 지냈고, 그리고 겨울에는 난방 없이 일했다. 그러나 그녀는 노동운동의 힘을 믿었다. 그녀의 죽음은 800만 한국 노동자들의 '한'을 체현했다.[10]

'한'은 '죄 없는 고난'의 결과이다. 1980년 광주에서 전체주의적 권력에 저항하던 시민들이 군부에 의해 무참히 살해되었을 때, 수없이 많은 유족들의 가슴은 '한'으로 가득 찼다. '한'은 민중의 경험이다. 뭉뚱그려 말한다면 한국인들은 '한'의 사람들이다. 왜냐하면 그들은 외국의 침략과 지배의 희생자들이기 때문이다. 그러므로 민중신학은 '한'의 신학이다. 기독교 선교는 '한'의 선교이며, 그리스도는 민중을 '한'에서 구원하기 위해 오셨다. '한'의 힘을 헤쳐 놓음으로써 민중은 해방

---

10) Suh Nam-dong, "Towards a Theology of Han", *Minjung Theology*, p. 56.

을 발견한다. '한' 을 푸는 방법은 절단을 뜻하는 '단' (斷)으로 알려져 있는데, 이것은 '한' 의 악순환 고리를 끊는 것이다.

민중신학의 구원론으로서의 '단' (斷)

'한' 은 불의로 인한 고난과 그에 따른 풀리지 않는 감정의 결정체이 기 때문에, 민중신학자들은 민중의 '한' 을 풀려고 노력한다. 어떤 의미 에서 그들은 '한의 사제들' 이다. 그러나 '한' 은 대부분의 기독교인들 이 이해하는 식의 '죄' 는 아니다. '한' 은 지배 집단의 죄에서 나오며, 따라서 '한' 을 푸는 것은 전통적 의미에서의 죄의 용서나 구원과는 다 르다. '한' 은 정의 없이는 풀릴 수 없다. 불의가 지속되는 한 '한' 은 치 유받지 못한다. 다시 말하면, '한' 을 푸는 것은 정의를 회복시키는 것을 의미하며, 따라서 민중신학에서 정의는 용서나 사랑보다 중요한 것처 럼 보인다. 정의가 없다면 어떠한 평화나 용서나 사랑도 없다. 오직 정 의만이 한의 상처를 치유하고, 민중에게 자신들의 정당한 자리를 회복 시켜 준다.

'단' 은 '한' 을 푸는 것을 의미한다. '단' 은 폭력과 억압의 악순환을 낳는 '한' 의 고리를 끊는 것이다. '단' 이라는 개념은 김지하의 '장일 담' 이야기에서 극적으로 표현되고 있다. 장일담은 해방과 '한' 을 설교 했으며, 지배 집단에 의해 끊임없이 체포되고 마침내 사형을 당했다. 그의 목이 잘려나갔지만 그와 그의 배신자에게 이상한 일이 벌어졌다.

---

11) 이 이야기는 Suh Nam-dong, "Theology of Han", p. 67에서 인용한 것이다.

장일담의 목이 배신자의 몸에 가서 붙고, 배신자의 목이 장일담의 몸에 붙었다.[11] 장일담의 '한' 은 '단' 을 통해 풀렸다.

김지하에 따르면, '단' 은 두 가지 차원을 가지고 있다. 개인적 차원에서는 자기 부정이며, 사회적 차원에서는 보복의 악순환을 끊는 것이다.[12] 개인적 차원에서의 자기 부정 혹은 자기희생도 '한' 을 끊을 수 있다. 김지하는 스스로를 '한' 의 사제로 간주했다. 그는 자기희생으로서의 단을 다음과 같은 방식으로 묘사했다. "나는 나의 몸과 마음을 모든 편안함과 안락한 삶, 쁘띠 부르주아적인 꿈의 순환, 그리고 깊이 없는 세속적 늪으로부터 분리시킨다. 이것이 내 믿음의 모든 내용이다─오직 엄격한 자기 부정만이 나의 길임을 안다. 나그네로서 모든 것을 뒤에 남겨 두고 떠나자─ '아, 허공의 한 줄에 오르려는 거미의 슬프고도 고통스러운 행위, 바로 그 망상이 끝을 맺는다.' "[13] 그의 자기 부정은 '한' 을 끊는 유일한 길이다. 그러나 사회적이고 집단적인 차원에서, '단' 은 세속 세계의 변혁을 향하여 일할 수 있다. '단' 은 전체 인간 사회를 좀 더 높은 존재의 차원으로 승화시킬 수 있다. 그때서야 비로소 사회는 정의롭게 되고 '한' 은 세상으로부터 사라진다. 김지하는 사회적이고 개인적인 혁명을 해석하기 위해 천도교(하늘의 길)의 '인내천' (사람이 곧 하늘이다) 사상을 취한다. 이런 종류의 혁명에서는, "밑바닥이 하늘이며 그러므로 밑바닥을 발견하는 것이 하늘의 정의를 실현하

---

12) *Ibid.*, p. 65.
13) *Ibid.*, p. 64.
14) *Ibid.*, p. 66.
15) *Ibid.*, pp. 65~66.

는 것이다."[14] 혁명의 과정은 네 단계로 발생한다. "신의 현현을 경배하기(시천주)", "신의 현현을 키워 가기(양천주)", "신의 현현을 실천하기(행천주)", "신의 현현을 넘어서기(상천주)".[15] 이 네 단계는 천도교로부터 취해진 것이며 기독교적 개념에도 적용된다.[16] 첫 단계는 하나님을 우리 마음에 실현하는 것이다. 그 실현은 우리로 하여금 하나님을 경배하도록 이끈다. 둘째 단계는 신의 의식이 우리 마음에 자라도록 허락하는 것이다. 셋째 단계는 하나님을 믿는 것을 실천하는 것이다. 이 단계는 하나님의 힘을 통하여 세상의 불의를 극복하려는 우리의 투쟁을 나타낸다. 마지막 단계는 세계의 변혁을 통해 불의를 극복하는 단계이다. 이 단계에서 죽음으로부터 부활이 일어나고 하나님 나라의 도래가 이 땅에 실현된다. 그리고 '단'은 '한'을 푸는 이 네 개의 단계에서 작동한다. 이것이 민중신학에서의 구원 과정이다.[17]

앞서 언급한 바와 같이, 민중신학의 주된 주제는 '민중'과 '민중의 경험'이다. 민중은 하나님의 백성이며, 그리고 지배 집단의 불의로 인

---

16) 한의 풀이로서 단에 대한 천도교의 접근과 더불어, 샤머니즘적인 단도 있다. 이것은 이화여자대학교의 기독교 교육학과 교수였던 현영학이 주장하는 것이다. 그에 따르면, 한과 단은 반대 개념이지만, 이 투쟁을 해결하기 위해 함께 작용한다. 반대 개념들의 이러한 연합은 소위 비판적 초월을 가져온다. 이것은 탈춤이나 '굿'이라고 불리는 무속 의식의 노래와 춤에 나오는 풍자, 폭소, 해학 등으로 표현된다. 제의와 극에서 한은 구체적 몸짓에서 발견되며, 몰아적 경험을 통하여 표출된다. 이 경험은 민중이 현실을 초월하도록 도우며 또한 이 세상의 압제와 싸우도록 돕는다. 비판적 초월과 더불어, 과거의 한은 해결되며, 새로운 한의 축적은 다시 우리가 사는 불의한 세계에서 전개되기 시작한다. 샤머니즘 제의를 통한 이와 같은 상징적 초월은 한의 해결을 위해 지속되어야 한다. 그때 이것이 샤머니즘의 단이다. Suh Kwang-sun David, "Shamanism: The Religion of Han", *Essays on Korean Heritage and Christianity*, ed. by Lee Sang-hyun (Princeton Junction, N.J.: AKCS, 1984)을 보라. 또한 나의 저서인 *Korean Shamanistic Rituals* (New York, Hague, Paris, and Berlin: Mouton Publishers, 1981)를 보라.

한 민중의 고난 경험은 이 세상에서 제거되어야 한다. 그러므로 해방 행위는 민중신학의 주된 초점이다. 뿐만 아니라 해방의 열매 실현은 메시아 왕국의 성취 혹은 이 땅에서 하나님의 통치를 산출한다. 민중을 해방하고 메시아 왕국을 성취하는 하나님의 능력은 성령의 활동에서 명백히 나타난다. 따라서 민중신학의 주된 주제를 세 가지, 즉 예수 그리스도의 해방 사건, 성령의 활동, 메시아 왕국으로 정리할 수 있다.

예수 사건의 중심성

민중신학에서 핵심적인 것은 초대 교회의 복음 선포였던 케리그마(kerygma)가 아니라 예수 사건이다. 예수 사건 이후에 형성된 케리그마는 신약성서의 메시지를 통일하려는 초대 교회의 필요에 의해 형성된 것이다.[18] 예수 사건은 거룩하고, 역동적이며, 가변적인 반면 케리그마는 이데올로기적이고, 고정적이며, 가변적이지 않다. 이러한 점에서 민중신학은 예수 사건에 기초해 있는 반면 전통적인 서구 신학은 케

---

17) 천도교는 한의 중요성과 한을 푸는 방식에 대해 예리하게 알고 있다. 이 종교의 구원론은 한을 푸는 것과 관련이 있다. 이 종교에 따르면, 모든 인간과 우주적 문제들은 한에 기인한다. 따라서 이 세상의 구원은 '해원 공사', 즉 한을 푸는 작업이라는 관점에서 정의된다. 한을 푸는 이러한 작업은 구원자가 아니라, 땅과 하늘의 위치가 바뀌는 천문학적 변화에 의해서 이루어진다. 구원의 수단인 이러한 우주적 변화는 김일부의 '정역', 즉 '바른 변화를 기록한 책'에서 나온다. 더 자세한 것은 나의 논문 "The Origin and Significance of the Chongyok or Book of Correct Change", *Journal of Chinese Philosophy*, Vol. 9 (1982), pp. 211~241을 보라.

18) Ahn Byung-mu, "The Transmitters of the Jesus-Event", *The Theological Thought*, Vol. 47, No. 4 (Winter 1984), pp. 735~761, in CTC Bulletin (Bulletin of the Commission on Theological Concerns), December 1984-April 1985.

리그마에 기초하고 있다. 예수 사건은, 서남동이 성령의 활동이라고 칭한 살아 계신 그리스도의 현존을 통해 바로 지금 한국에서 일어나고 있다. 그러므로 민중신학의 과제는 2천 년 전 유대에서의 예수 사건과 오늘날 한국에서의 예수 사건과의 연관성이라 할 수 있다.

그러면 예수 사건이란 무엇인가? 그것은 해방 사건, 즉 고난, 죽음 그리고 부활의 사건이다. 민중의 의미와 유사한 마가복음의 '오클로스'(ochlos)는 예수의 고난, 죽음 그리고 부활을 통해서 해방되었다. 그러므로 예수 사건은 해방 사건을 의미한다. 해방 사건이 있는 곳이면 살아 계신 그리스도의 현존이 있다. 해방 투쟁의 역사는 이러한 예수 사건의 관점에서 보아야 한다.

출애굽 사건이 유대교의 중심적인 경험이었던 것처럼, 1970년대의 경험이 해방을 위한 민중의 투쟁—예수 사건의 표현—의 초점이었으며, 이 경험은 과거와 미래를 인식하는 중심축이 되었다.

그러므로 민중신학은 과거 해방을 위한 민중 투쟁의 다양한 사건들을 예수 사건의 표현으로 간주한다. 해방을 위한 민중 투쟁으로 잘 알려진 몇몇 사건들은 5·18광주민중항쟁, 1960년의 4·19혁명, 1919년의 3·1운동, 1894~95년의 동학 농민 봉기, 1862년의 진주 농민 봉기, 1811년의 홍경래 농민 봉기, 그리고 12세기 고려 시대의 망이·망소의 난(1176)과 만적의 난(1198)까지 거슬러 올라갈 수 있는데, 이 모든 사건은 민중 해방을 위한 매우 중요한 사건들로 간주된다.[19]

어떻게 민중신학자들은 이 모든 사건이 예수 사건의 표현이라고 주

---

19) 광주 투쟁은 가장 최근에 발생한 민중 해방 투쟁 가운데 하나라고 볼 수 있다.

장할 수 있는가? 민중신학에 따르면, 예수 사건은 다른 모든 해방 사건의 원형이다. 해방 투쟁의 이 원형은 한국에서 살아 계신 그리스도의 현존을 통해, 성령의 운동과 활동에서 현현되었다. 예수 사건의 중요성은 복음서의 역사적 예수 연구를 통해서뿐만 아니라, 성령 안에서 활동하시는 우주적 그리스도를 통해서도 이해된다. 따라서 성령 운동 또한 민중신학에서 핵심적인 주제다.

성령의 운동

마가복음의 역사적 예수와 예수 사건에 대한 안병무의 관심은 성령 운동에 대한 서남동의 관심에 의해 보완되었다. 기독교가 한국에 전래되기 이전의 해방 운동에 나타난 예수 사건은 한국에서도 발생했었다. 이는 성령 운동이기 때문에 가능한 일이다. 하나님의 영적인 현존은 민중의 해방 운동 속에 전제되어 있다. 민중신학자들에게는 아버지 혹은 아들로서의 하나님보다, 성령으로서의 하나님이 더 적합하다. 우리 안에서 그리고 과거, 현재, 미래의 행동 안에서 일하시는 하나님은 성령으로서 가장 잘 이해될 수 있다.

하나님이 성령으로서 일하시기 때문에, 하나님의 일은 시간과 공간에 의해 제약받지 않는다. 성령은 역사를 통해 현존하신다. 따라서 20세기 한국에서 일어난 일은 성령의 역사로 간주될 수 있다. 한국의 문화적 배경을 통해 나타난 민중신학은 무속적 세계관과 관련되어 있다. 무속에 따르면 모든 것이 영의 표현으로 간주된다. 영적 현존은 모든 곳에 알려져 있다. 성령의 활동이 시간과 공간에 제약받지 않기 때문에, 성령의 활동에 대한 강조는 민중신학으로 하여금 한국에 존재하는 다양한 문화적·종교적 양식을 쉽게 받아들이도록 했다. 그럼에도 불구하고, 민중신학은 기독교의 공시적인 성격에 관심을 두었다. '성령론적' 혹은 '영적' 접근은 기독교가 진정으로 보편적이고 포괄적이 되도록 했다.

성령의 중요성을 강조함으로써, 민중신학은 기독론에 대한 지나친 강조를 거부한다. 신학에 대한 그리스도 중심적 접근은 전통적인 서구 신학과 밀접한 관련을 맺고 있다. 서남동은 이에 대해 "나는 이것을 전통적인 기독론적 해석과 대조되는 성령론적―역사적 해석이라 부른다."라고 했다.[20] 하나님 나라의 궁극적 상징으로서의 천년 왕국의 관점에서 보면 역사에 대한 성령론적 접근은 정당화될 수 있다. 플로리스의 요아킴(Joachim of Floris)의 해석을 따라 서남동은 성자를 능가하는 '성령의 시대'로 표현되는 천년 왕국의 개념을 재도입했다.[21] 이 접근에 따르면, 동방 정교회가 받아들인 삼위일체의 위계 구조는 완전히 뒤집힌다. 성자를 능가하는 성부가 아니라 성부를 능가하는 성자가 된다. 뿐만 아니라 성령을 능가하는 성자가 아니라, 성자와 성부를 능가하는 성령이 된다.

이러한 새로운 삼위일체의 원리는 콘스탄틴 종교회의의 결정에 반발하는 행동으로 이해될 수도 있는 흥미로운 발전이다. 그러므로 어떤 점에서 민중신학은 콘스탄틴 이전의 신학이고, 오순절적이기도 하다. 콘

---

20) "Historical References for a Theology of Minjung", *Minjung Theology*, p. 163.
21) *Ibid.*, p. 164.

스탄틴 기독교는 지배 집단의 종교이자, 지배의 종교였다. 민중신학은 이 같은 신앙에 반발하는 운동이다. 뿐만 아니라 성령 운동은 기독교회의 시작이었다. 사람들의 마음을 움직인 것은 성령의 능력이었다. 마찬가지로, 가난한 자와 억압당하는 자를 위한 정의와 해방의 일을 이루는 것도 성령의 능력이다. 예수 사건은 성령의 능력에 의해 일어났다. 이러한 능력이 없다면 예수 사건은 먼 역사적 과거의 일로 남을 것이다.

민중신학에 따르면 성령의 운동으로 인해 기독교 전통과의 암묵적인 관련 혹은 언급 없이도 한국에서나 다른 장소에서 하나님의 직접적 계시는 효력이 있다. 하나님의 활동 그 자체가 성령 안에서 나타나고 있기 때문에, 억압적인 상황으로부터의 민중 해방을 암시하는 어떤 활동도 예수 사건 혹은 하나님의 활동으로 이해될 수 있다. 이런 점에서, 제도 교회는 그 의미를 상실한다. 민중신학에서 중요한 것은 민중과 민중의 '한'을 해방하기 위한 성령의 직접적 활동이다. 이 세계는 교회보다 더 중요하다. 왜냐하면 교회란 정의로운 세상을 촉진토록 만들어졌기 때문이다. 이 같은 정의로운 세상은 상징적으로 메시아 왕국에 나타나 있다.

메시아 왕국과 천년 왕국

이 땅에서 하나님 통치를 확립하기 위한 메시아의 도래는 민중신학의 핵심적 주제이다. 가난한 자와 약한 자가 갖는 비폭력적인 유일한

---

22) *Ibid.*, p. 177.

소망은 정의를 회복하고 메시아 왕국을 세우려는 메시아 혹은 공의로운 통치자의 도래이다.

서남동에 따르면, 메시아 왕국의 상징은 하나님 나라 개념보다는 천년 왕국 개념과 밀접하게 연관되어 있다. 그는 "결국 하나님 나라가 지배자의 이데올로기로 사용된 반면 천년 왕국은 민중의 열망의 상징이다."라고 주장한다.[22] 하나님 나라의 개념은 매우 추상적이고 비정치적이어서 종종 가난한 자와 약한 자를 억누르는 데 사용되었다. 이러한 면에서 '이 세계'를 강조하는 천년 왕국은 초대 교회가 예수의 재림과 연관시켰던 메시아 왕국과 좀 더 가깝다. 민중신학자들은 예수가 설교했던 하나님 나라가 결코 저 세상의 장소 혹은 사후의 실체를 의미하는 것이 아니라고 강조한다. 이것은 하나님의 정의와 사랑이 실제 삶의 장소에서 현실화될 수 있는 구체적이고 실제적인 세계를 의미한다.

민중신학이 묘사하는 메시아 왕국은 이스라엘에서의 다윗 왕국의 역사적 회복에 대한 전통적인 유대적 믿음과 밀접하게 연관되어 있는 것처럼 보인다. 그럼에도 불구하고, 이런 종류의 메시아에 대한 소망이 민중 혹은 대다수의 가난한 자와 억압당하는 자의 중심성이 망각될 때에는 너무도 쉽게 '민족주의적 메시아주의'나 '정치적 메시아주의'가 될 수 있다. 정치적 메시아주의는 지배자의 이데올로기에 바탕을 둔 반면에 메시아 정치 혹은 진정한 메시아주의는 민중의 섬김에 바탕을 두고 있다. 지배자의 메시아주의와 민중의 메시아주의 혹은 정치적 메시아주의와 섬김의 메시아주의 사이에는 명확한 구분이 이루어져야 한다.[23] 정치적 메시아주의를 나타내는 거짓된 메시아들은 황제들, 공산당 지도자들, 군사정부 관료들이다.[24] 예수는 진정한 메시아였지만 이 땅에 살 동안 메시아 왕국을 실현하지 못했다. 메시아 왕국의 실현은 그의 재림에서 이루어질 것이다. 이는 천년 왕국의 기독교적 희망과 밀접한 관련을 맺고 있다. 그러므로 민중신학자들은 예수의 재림을 강조한다. 이 땅에 천년 왕국 혹은 메시아 왕국은 예수의 재림과 함께 이루어질 것이다.

방법론적 질문들

대부분의 제3세계 신학들과 마찬가지로 민중신학도 상황 신학이다. 민중신학은 본질적으로 해방을 위한 민중 투쟁의 실천에 대한 반성이다. 뿐만 아니라 민중신학에서 사회 정치적 해석학은 가장 중요하다. 이 해석학은 종종 '한국 민중의 사회적 전기'로 불린다. 이런 종류의 신학은 종종 '위'로부터의 신학이라기보다는 '아래'로부터의 신학이라고 할 수 있다. 그러나 민중신학자들은 그들의 방법을 정의하는 데 귀납이라는 말을 선호한다.

---

23) *Ibid.*, p. 187.

24) *Ibid.*, p. 190. 메시아 왕국에 대한 민중의 열망은 여러 가지의 방식으로 표현되어 왔다. 조선 시대에 가장 중요한 전개 중의 하나는 '정감록'으로 알려진 강력한 계시록이다. 이 책은 '진인', 즉 참 사람이 도래하는 천년을 상상한다. 이 책은 많은 한국인들에게 정의로운 사회가 올 것이라는 희망을 고취시켰다. 삼국 시대 이래로 메시아적 정치 또는 민중 메시아주의는 미륵불의 이상에서 생생하게 나타나고 있다. 미륵불 또는 미래불의 도래는 항상 한국에서 새천년의 건설과 연결되어 있다. 19세기 중반에 있었던 동학 또는 천도교 혁명은 민중에 대한 메시아의 희망을 실현하려는 시도였다고 해석되어 왔다. 이 모든 계시적 희망은 예수의 메시아적 정치와 분리되지 않는다. 왜냐하면 성령 하나님은 한국의 문명 초기부터 한국인들 가운데에서 활동하셨기 때문이다.

귀납적 방법

민중신학은 귀납적 과정을 사용한다. 귀납 과정은 대부분의 서구 전통 신학들이 사용해 온 연역 방법과는 상당히 다르다. 연역 방법에 따르면 실체에 대한 일반적이고 보편적인 원리가 전제되어 있어야 한다. 예를 들면, 절대적 진리에 기초한 신학적 전제들이 신학적 탐구를 지배한다. 실제로 대부분의 이러한 신학적 작업은 이데올로기적 가정들에 기초해 있다. 신학이 전통적으로 부유한 계급의 영역이었기 때문에 이런 종류의 신학들은 가난한 자와 약한 자를 지배하려는 지배 집단의 도구가 되었다. 따라서 민중신학은 어떠한 조건들 혹은 가정들을 포함하지 않는 귀납적 과정을 전제한다. 민중신학은 해방 운동의 사건, 즉 예수 사건에 대한 단순한 반성이다. 다시 말하면 신학적 작업의 기초가 되는 것은 이데올로기나 지적인 가정이 아니라 해방하는 투쟁의 구체적 사건이다.

행동들이 개념들보다 더 중요하기 때문에 민중신학은 한국의 여러 다른 해방 투쟁 속에 나타난 예수 사건, 곧 하나님 행동의 실제적 사건과 함께 시작한다. 민중 해방에서 하나님 행동들 중 가장 중요한 하나는 한국의 모든 해방 운동 중에서 전형이 되고 있는 동학 메시아 운동이

---

25) 김용복이 설명하는 것처럼, 동학 운동은 "조선 왕조가 서서히 무너지고 민중의 고통이 극에 달한 19세기 중반에 나타났다. 이 시기에 지배 계급인 양반의 인구는 증가했지만 농업 생산은 급격히 줄어들었다. 히데요시가 이끈 일본의 침략은 많은 혼란을 초래했으며, 개간된 땅이 많지 않았다…. 따라서 양반에 의한 가난한 소작농의 착취는 극심하였다. 이러한 역사적 맥락에서, 동학 종교 운동은 스스로를 백성 가운데 메시아적 종교라고 불렀다. 이것이 진정한 자생적 민중 메시아 종교라고 불릴 수도 있겠다. 동학 종교는 1895년 동학 농민 전쟁과 1919년 3·1 독립운동에서 강력한 역할을 하였다." "Messiah and Minjung", *Minjung Theology*, p. 188.

다.[25] 하나님의 해방 행위는 억압적인 일본의 지배에 대항하는 동학 봉기에서 일어났다. 이 봉기는 전제적 지배에 대한 민중적 저항이었다. 동학 봉기는 바로의 통치에 대항해 유대 노예들이 일으켰던 봉기와 유사하다. 동학 봉기가 민중의 해방 속에 나타난 하나님의 활동으로 간주되기 때문에 동학(천도교)은 민중신학에서 상당히 중요하다. 이미 살펴본 것처럼 서남동뿐만 아니라 김지하도 민중신학을 건설하기 위해 기독교와 동학을 접목하려 했다.

민중신학은 귀납적 과정을 사용하기 때문에 해방 행위는 신학적 반성과 사색의 출발점이다. 하나님은 오직 행동, 가난한 자와 억압당하는 자를 해방하는 행동에서만 알 수 있다. 해방 운동의 실제 사건은 하나님의 본성을 계시한다. 이러한 면에서 민중을 위한 신학 실천(doing theology for minjung)의 귀납적 방법은 사색이 아니라 이야기(story-telling)를 수반한다.

이야기 방법

민중신학은 이야기 신학(storytelling theology)으로 가장 잘 이해될 수 있다. 해방을 위한 혹은 해방의 사건에 대한 이야기들은 민중신학의 내용을 형성한다. 전통적 교육이 부족한 민중은 하나님이 자신들의 삶에서 어떻게 행동하시는지를 알기 위해서 이야기를 사용한다. 히브리 성서 안에서, 하나님은 가나안과 갈릴리의 사람들에게 계시되며, 하나님의 계시는 이야기를 통해 알려졌다. 기독교 성서에서, 복음서는 하나님이 예수 그리스도를 통해 행한 것에 관한 이야기라는 것을 주목한다. 따라서 우리의 신학적 사색은 예수를 믿는 대중들에 의해 말해진 이야기들에 기초를 두고 있다. 다시 말하면, 과거의 신학은 인간 역사 속에서의 하나님의 행동들에 대한 이런 이야기들의 '해석' 이었다.

민중신학에서는 실제로 있었던 '실화' 와 대중의 이야기인 '민담' 이 두 가지 종류의 이야기를 포함한다. 이 두 가지를 구분하는 것은 불가능하다. 민중신학자들은 민담들을 민중 경험을 이해하는 수단으로 삼는다. 이런 이야기들은 탈춤, 판소리, 굿에서 말해지고 노래로 불렸다. '실화' 와 '민담' 양쪽 모두는, 내적 느낌, 속된 언어와 민중을 억압하는 조건을 사실적인 방식으로 드러내는 효과적인 수단들이다. 이 이야기들은 문화적일 뿐만 아니라 사회 정치적인 민중의 전기(傳記, biography)를 전달한다.[26]

이야기는 공적으로 하는 것과 비밀리에 하는 두 가지 방법이 있다. 공적으로 하는 이야기는 지배층에 의해서 신문과 방송으로 전파된다. 그러나 비밀스런 이야기는 구전에 의해 퍼진다. 민중의 진실한 이야기는 억압적인 지배자들에 의해서는 말해질 수 없는데, 왜냐하면 그들의 관심은 현실적인 이야기들을 왜곡함으로써 민중을 조정하고 통제하려는 데 있기 때문이다. 민중의 진실한 이야기는 10대 공장 노동자의 비인간적 조건, 군법회의에 회부된 학생의 고문당함, 정치범에 대한 학대,

---

26) 서남동은 안국의 남편에 대한 이야기를 사용하면서 민중신학에서 이야기하기(story-telling)의 측면을 설명하고 있다. 안국의 남편은 문맹이지만 아내의 이야기를 통하여 지식을 얻어 가고 있다. 잘 알려진 실화 가운데 하나는 전태일의 죽음이다. 전태일은 8살부터 행상, 구두닦이, 신문팔이 등의 일을 했다. 16세에 그는 평화시장의 재봉공장에 고용되었다. 그는 햇빛 하나 들어오지 않는 곳에서 하루 15시간, 한 달 28일을 노동했다. 이러한 비인간적인 노동 조건에 대한 저항으로 그는 노동조합을 결성했다. 그러나 정의가 실현되지는 못했다. 마침내 그는 자신의 몸에 휘발유를 붓고 불을 붙였다. 그리고 그는 사망했다. 이 사건은 1970년 11월 13일에 발생하였다. 이것이 진정한 민중의 이야기다.

한국의 소외된 민중의 고난을 포함하고 있다. 이런 진실한 이야기들은 정부에 의해서 감춰지고 신문에서는 검열된다. 문희석에 따르면 한국에서 거칠게 말하면 대략 소문의 80%가 뉴스 그 자체보다 더 정확하다. '소문'을 퍼뜨림으로써 민중은 진실을 알게 된다. 이 소문들은 민중의 진실한 이야기들이다.

예수의 경우를 보더라도, 실제 이야기는 의심할 여지없이 소문들을 통해 퍼졌을 것이다. 예수는 소외된 자, 창녀, 억압받는 자들과 함께했다. 이런 사람들은 서로서로에게 예수에 대해 비밀스레 말했다. 실제 예수의 이야기는, 아마도, 그 당시의 로마인들이나 유대인들의 지배 집단에 의해서는 말해지지 않았을 것이다. 그들이 원했던 것은 대중을 조정하기 위해서 예수에 대한 거짓 이야기들을 퍼뜨리는 것이었다. 예수와 그의 부활에 대한 진실한 이야기는 비밀리에 말해졌다. 억압적인 사회에서 고난의 진실한 이야기는 비밀스런 소문들을 통해서만 알려진다. 따라서 민중신학은 소문들을 민중 경험의 실제 이야기를 말하는 방법으로 사용한다.

이런 방식으로 고난을 겪는 민중의 해방사건들과 경험은 결코 조직적이고 도그마적인 신학들이 아니라 이야기들로 말해져 왔다. 전통적인 신학이 초월적이고 연역적이라면, 이야기 신학은 내재적이고 귀납

---

27) Shu Nam-dong, *In Search of Minjung Theology* (Seoul: Hangil-sa, 1984), pp. 305~306.

28) 이러한 유형론은 니버(H. Richard Niebuhr)의 유명한 책인 *Christ and Culture*에서 나왔다. 특히 Chapter 6, "Christ the Transformer of Culture" (New York: Harper Torchbook, 1956)를 보라.

적이다. 전자가 지배자의 신학인 반면 후자는 민중의 신학이다.[27]

전통적 방법의 역전

다른 제3세계 신학들과 마찬가지로 민중신학도 신학에 대한 서구적 접근들의 오랜 전통에 도전하고 있다. 신학에서의 사회적 · 정치적 · 문화적 요소에 대한 강한 강조는 어느 정도 새로운 유형론을 산출해 냈다.[28] 민중신학에서 민중의 문화는 기독교의 문화적 적응과 민중을 해방할 수 있는 사회의 구조적 개혁의 필요들과 만나기 위해 그리스도의 이미지를 바꾸려는 경향을 가지고 있다.

그러므로 민중신학은 역사와 문화에 대한 전통적 이해의 두 축, 즉 지배 집단의 역할과 그리스도의 역할을 역전시킨다. 민중신학은 지배 계급이 역사의 규범이고 주체라는 전통적 개념을 역전시킨다.

민중신학이 마르크스주의 사회 · 경제 분석을 그대로 사용하고 있지 않다 할지라도, 민중의 역할의 역전은 전통적인 사회 · 경제 · 정치 질서

---

29) 이 책에 수록된 호세 미구에즈 보니노의 글을 보라. 마르크스의 변증법적 유물론이 헤겔의 변증법적 관념론을 역전시킨 것처럼, 민중신학의 해석학적 방법은 서구 전통 신학의 방법을 역전시킨다. 전통적으로, 그리스도 안에서 계시된 하나님은 역사의 주체로서 인식되어 왔다. 왜냐하면 하나님은 하나님의 영원하신 뜻에 따라 역사를 지배하기 때문이다. 신의 대리인으로 자신을 인식하는 지배 계급들은 스스로를 역사의 주체로 만들면서 역사의 중심을 차지할 것이다. 역사에 대한 이러한 전통적 개념을 역전시킴으로써, 민중신학은 압제받는 가난한 사람들, 즉 민중을 역사의 주체로 만든다. 민중신학에 따르면, 압제받는 사람들은 지배 엘리트의 대상도 아니고 신적 의지의 대상도 아니다. 이들은 더 이상 국외에 있지 않으며 역사와 문화 전통의 중심에 서 있다. 하나님은 지배 엘리트를 통하여 역사를 통제하지 않으며, 민중의 지지를 통한 역사와 문화의 발전을 돕는다.

를 전복하는 것을 뜻한다. 사회·정치적 구조의 개혁이 없다면 민중 혹은 억압받는 자와 가난한 자가 역사의 주체가 되고 문화의 규범이 되는 것은 불가능하다. 다시 말하면, 민중의 진정한 해방은 민중을 억압하는 기존의 구조 안에서는 불가능하다는 것이다. 이러한 점에서, 탈춤이나 판소리, 또는 굿에서의 인간 존재의 상징적 초월을 사용하는 다양한 해방의 기술들은 민중 해방의 현실적 해결을 위한 도구가 될 수 없다. 이것이 민중신학이 자본주의 이데올로기보다는 마르크스주의 이데올로기와 밀접하게 관련을 맺는 이유이다. 가난한 자가 주체가 될 때, 부유한 자는 객체가 된다. 가난한 자와 부유한 자가 다 같이 주체가 된다고 믿는 것은 사리에 맞지 않는데, 왜냐하면 주체의 존재는 객체의 존재를 전제하기 때문이다. 역사에서의 민중 역할의 역전은 따라서 사회·정치적 구조에서의 엘리트 역할의 역전을 뜻한다. 결국, 민중신학은 라틴 아메리카 해방신학처럼, 사회·경제적 구조들에 대한 마르크스주의적 분석을 피할 수 없다.[29]

한편, 민중신학은 구원사의 전통적 개념을 역전시키려 한다. 역사적으로, 그리스도는 구원사의 주체일 뿐만 아니라 개별 존재의 주체로서 간주되어 왔다. '나' 혹은 인간 존재의 주체로서의 그리스도는 구원사의 중심으로 이끈다.[30] 그러나 민중신학은 이런 생각을 역전시킨다. 민중신학에 따르면, 그리스도를 민중의 종으로 간주함으로써 민중이 구원사의 주체가 되고, 그리스도는 민중의 객체가 된다. 이러한 점에서

---

30) 나의 저서 *The I: A Christian Concept of Man* (New York: Philosophical Library, 1971)을 보라. 또한 더 이상 "내가 사는 것이 아니라, 오직 내 안에 그리스도께서 사신 것"이라는 바울의 말을 생각해 보라. 여기서 그리스도는 바울이라는 사람의 주체이다.

민중신학은 '그리스도의 종 되심'을 문자적으로 이해하고 있다. 하나님의 성육신, 즉 그리스도는 가난한 자와 억압받는 자와 소외받는 자를 섬기기 위해 오신 종이다.[31] 그리스도는 민중을 섬기기 위해 오셨고, 자기 자신을 민중의 한 사람으로 간주했다.[32] 서남동의 견해에서는 민중이 주인 역할을 하고 그리스도는 종의 역할을 한다. "민중신학에서 예수는 민중을 정확하게 이해하기 위한 수단이며, '민중' 개념은 예수를 이해하는 도구가 아니다."[33] 안병무의 입장이 예수와 민중을 동일시하는 것이라 할지라도, 그리스도와 민중 간의 역할의 이러한 역전은 민중신학의 기초적인 방법론적 가정, 즉 그리스도 이미지의 문화적 변용을 이해하는 열쇠인 것처럼 보인다.

라틴 아메리카 해방 신학과 비교해 볼 때, 민중신학은 좀 더 포괄적이고 통전적인 것으로 보인다. 라틴 아메리카 상황에서 억압당하는 대중들이 사회적·경제적·정치적 범주로 분류될 수 없지만,[34] 라틴 아메리카 해방신학자들에 의한 마르크스주의 분석의 사용은 적어도 나에게 라틴 아메리카 고유의 종교적·문화적 요소들이 라틴 아메리카 신학자들의 신학 작업에서는 널리 탐구되지 못하고 있다는 인상을 주었다. 민

---

31) 이 생각은 빌립보서 2장에 분명히 나타나 있다. 거기에서 그리스도는 종의 모습으로 이 세상에 왔다고 말한다.

32) 예수의 역할에 대한 해석은 민중신학자들 사이에서 논쟁이 되고 있다. 서남동에 따르면, 예수는 민중의 종이다. 한편, 신약신학자 안병무는 예수를 민중과 동일시하려고 한다. 안병무의 글을 보라. Ahn Byung-mu, "The Historical Subject in a Perspective of the Gospel of Mark" in *Minjung and Korean Thought*, ed. by the Committee of Theological Study (Seoul: Korean Theological Study Institute, 1982), p. 179.

33) Suh Nam-dong, "Historical References for a Theology of Minjung", *Minjung Theology*, p. 160.

34) 이 책에 실린 호세 미구에즈 보니노의 글을 보라.

중신학의 강점은 가난한 자와 억압받는 자의 사회·정치적 전기를 그들 고유의 종교적·문화적 요소와 연관 지어 고려하고 있다는 데에 있다. 민중은 프롤레타리아트 이상이다. 민중은 경제적으로는 가난하고, 정치적으로는 억압당하며, 사회적으로는 소외당했지만, 자신들의 문화와 역사의 중심을 차지하고 있다. 사실 이들은 역사의 주체들이다.

비판적 우려

민중신학은 아직 발전 중에 있기 때문에, 민중신학에 대한 어떤 비판적 재평가는 하지 않으려 한다. 단지 여기서 말하고자 하는 것은 나의 우려이기도 하고 이 책에 기고한 대다수 사람들의 우려이기도 한 어떤 것이다.

포괄성

민중신학의 가장 중요한 공헌 중의 하나는 민중에 대한 포괄적이고 유기적인 이해이다. 이런 포괄적인 접근은 성령 운동에 근거해 있다. 그리스도에게 중점을 둘 때, 신학은 그리스도의 사역과 인격에서 나타나는 배타적인 특성을 강조하려는 경향을 지닌다. 그러나 성령의 운동과 활동에 근거할 때 신학은 포괄적이 된다. 이 세상에 유익한 어떤 사건은 성령의 역사로 돌려질 수 있다. 성령 하나님은 여러 가지 문화·종교적 상황 속에서도 계시된다. 그러므로 민중신학은 신적 계시의 일부분으로서 토착적인 문화·종교적 요소들을 포함하고자 노력한다.

그러나 어떤 위험이 민중신학의 포괄적이고 유기적인 접근에 내재해 있다. 신학 과정에 기독교 전통의 일부가 아닌 문화·종교적 요소들을 포섭하는 것은 그리 쉬운 일은 아니다. 불교, 도교, 유교, 무속 신앙의 요소들을 기독교 전통으로 통합하는 것은 상당한 주의를 요한다. 이런 식의 노력은 모든 종교적 표현을 똑같은 하나님의 표현으로 간주하려는 라다크리슈나(Radhakrishna)의 경향과 유사한 운동으로 이끌거나 혹은 바람직하지 않은 습합(褶合)의 위험으로 이끌 수도 있다. 우리는 무속신앙, 유교, 불교를 통합하여 동학(천도교)으로 알려진 새 종교의 창시로 이끌었던 이전의 시도로부터 어떤 교훈을 배웠다. 민중신학은 비기독교적인 요소들을 신학 작업에 포함함으로써 새 종교를 만들어 버릴 수 있는 위험을 피하기 위해 상당한 주의를 기울여야 한다. 기독교의 독특성과 기본적 요소들을 희생하지 않고 토착적인 요소들을 기독교 신학으로 끌어오는 것은 상당히 민감하고 어려운 작업이다. 민중신학에는 무속을 성급히 통합하고자 하는 시도들이 보인다.[35]

권위의 원천

신학은 상황적(contextual)이어야 한다. 그러므로 신학의 원천은 상황적 표현에 기초해야만 한다. 다른 제3세계 신학처럼 민중신학도 추상적 개념이나 이론보다 구체적인 경험과 실천을 중요시한다. 민중신학에 따르면 신학의 규범(norm)은 민중의 경험이다. 다시 말하면, 민중신

---

[35] "한국 샤머니즘의 신학", "한의 사제 무당"과 같은 다양한 시도들이 샤머니즘을 민중신학의 과정 속으로 가져오고 있다. 그러나 그리스도교와 샤머니즘의 통합이 이루어지기 이전에, 분명한 신학적 이해가 요구된다. Suh Kwang-sun David, "Shamanism: The Religion of Han", *Essays*, p. 57ff.

학은 권위의 원천을 민중의 경험으로부터 취하고 있다는 것이다. 권위의 원천, 혹은 '권위의 집'(the house of authority)이라는 전통적 견해는 위계 구조에 기반하고 있다. 상황적 중요성을 강조하는 해방의 신학은 권위의 원천에 관한 전통적 접근을 뒤집는 것에 찬성하는 것처럼 보인다.[36]

민중의 경험을 신학의 절대적인 규범으로 만드는 데는 위험이 놓여 있다. 전통적으로 성서와 전통은 기독교 신학의 규범이었다. 예를 들어 존 웨슬리(John Wesley)는 신학의 기획에 이성과 경험을 덧붙여 네 가지 권위와 지침을 제공해 주었다. 이것들 중에 성서의 권위가 가장 우선적이었다. 그리고 이러한 접근은 웨슬리적 전통에만 국한되지 않았다. 성스러운 텍스트들의 우위성은 갖가지의 기독교 전통에서뿐만 아니라 세계 대다수 주요 종교들에서도 발견된다. 그러므로 나의 우려는 민중신학자들이 성서의 권위를 민중의 경험에 종속시키고 민중의 경험을 신학 작업의 규범으로 옹호하기 위해 성서를 사용하는 경향이 있다는 것이다.[37]

경험, 즉 민중의 경험이 신학 작업의 규범이 되려면 도덕적이든 비도덕적이든, 선하든 악하든, 민중의 모든 경험이 거룩하고 성스럽다고 해야 한다. 다시 말하면, 한은 한국인의 종교적 경험이며, 따라서 '한'이 성서의 계시보다 더 중요하다고 인정해야 한다는 것이다. 상황의 경험을 절대화하려는 이러한 민중신학의 경향은 민중신학의 형성에 가장

---

36) 이 책에 실린 레티 러셀의 글을 보라.
37) 이 책에 실린 코수케 코야마의 글을 보라.

영향력 있는 신학자들의 한 사람이었던 서남동의 작업에서 강하게 나타난다. 역사 안에서의 그리스도를 통한 신 계시의 보편적 규범보다 상황을 절대시하는 것은 민중신학을 포용적이기보다는 배타적으로 만든다. 이것은 민중신학자들이 피해야 하는 위험이다. 민중신학의 도전은 신학의 기획에서 역사 안에서의 그리스도를 통한 신 계시와 민중의 경험, 이 둘을 함께 묶는 동시에 성서 권위의 규범성이 보존되도록 하는 것이다.

당파성

또 다른 우려는 민중을 낭만화하고 이상화하려는 대부분의 민중신학자들의 경향이다. 이들은 민중을 무죄한 존재로 본다. 이것은 죄를 범한 자는 민중이 아니라 지배자들임을 암시한다. 민중신학자들에게 죄는 개인적 범주가 아니라 사회 정치적 범주에 속한다. 민중이 거룩하고 죄가 없다면, 확실히 민중의 경험은 신학의 규범이 된다. 그러나 민중은 죄 없는 존재가 아니다. 민중도 지배층처럼 자신들의 집단에 속한 자들 중 약한 자들을 지배하고 조종하고자 하는 경향을 가지고 있다.

민중과 같이 일했던 경험을 통해서 나는 민중에게도 다른 집단과 마찬가지로 죄가 있음을 알게 되었다. 사회 정치적 범주로서의 죄만을 강조함으로써, 다른 해방의 신학들과 마찬가지로 민중신학도 개인적인 죄를 무시하는 경향이 있다. 그러므로 민중신학은 사회적인 죄와 개인적인 죄 두 가지 모두를 균형 있게 다룰 필요가 있다. 구조적인 죄에 대한 강조가 개인적인 죄에 대한 관심을 막지 않아야 한다. 건전한 신학이라면 양쪽 모두를 함께 수용해야 한다.

민중에 대한 편파적 접근이 지니고 있는 또 다른 문제는 신의 사랑에 대한 개념이다. 성서는 하나님이 역사 안에서 가난한 자와 억압당하는 자를 사랑하신다는 전제를 확실히 지지한다. 이와 마찬가지로 예수도 그들 편에 서 있었다. 그러나 이것이 하나님의 사랑이 보편적이지 않다는 것을 의미하지는 않는다. 그리스도의 보편적 사랑을 거부함으로써 안병무는 하나님의 사랑의 편파성을 강조한다.[38] 하나님의 사랑의 편파성은 신적 본성의 심오함을 침해하는 것처럼 보인다. 그에 따르면 하나님의 사랑은 특정한 것에 대한 우선적인 사랑이 아니라 편파적 사랑이다. 나는 민중신학자들에게 중요한, 하나님 사랑의 편파성이 갖는 뜻을 이해하려고 한동안 고민했다. 안병무는 동의하지 않을지라도 나는 여전히 가난한 자와 억압당하는 자들에 대한 하나님의 우선적 사랑을 선호한다. 하나님이란 용어의 의미 그 자체에서부터 보편성과 공정성을 말할 수 있다. 그러므로 하나님은 모두를 사랑하지만 사랑이 '필요'한 자를 더 사랑한다. 어린아이가 어른보다 좀 더 많은 주의를 필요로 하는 것처럼 약하고 가난한 자 혹은 민중이 부자와 편한 자보다 좀 더 많은 하나님의 보호와 지지를 필요로 한다. 이것은 하나님이 부자와 권력자를 사랑하지 않는다는 뜻이 아니다. 지배자에게는 하나님의 사랑이 심판으로, 민중에게는 해방으로 이해될 수도 있다. 나의 우려는 민중신학이 하나님의 사랑을 편파적인 것으로 보려는 경향을 가지고 있다는 것이다. 민중과 하나님의 사랑을 유기적으로 볼 때, 민중의 해방

---

38) Ahn Byung-mu, "Jesus and Minjung in the Gospel of Mark", p. 146.

에서도 지배자의 해방을 볼 수 있다. 신의 사랑을 보편적 관점에서 볼 때, 민중에 대한 하나님의 우선적인 사랑이 모든 인류를 구원하기 위해 일하는 것을 볼 수 있다.

인권과 인간 중심주의

역사적으로, 한국에서 지배 계급들에 의한 민중의 비인간화는 해방 운동의 출현을 가져온 주요한 원인이었다. 민중의 비인간화를 저지하려는 가장 중요한 시도는 인간성을 신성의 차원으로까지 끌어올리는 것이었다. 동학 혹은 천도교는 인간성을 신성의 차원으로까지 끌어올렸다. 그러므로 동학의 핵심은 '사람이 곧 하늘이라' 는 인내천(人乃天) 사상이다. 이것은 아트만과 브라만의 융합이라는 우파니샤드의 가르침과 거의 동일하다. 인간의 내재적 속성 혹은 영혼은 곧 하나님의 속성이다. 인간성의 본성을 신성화함으로써, 동학은 민중의 인권을 회복시키려는 경향을 띤다. 민중이 전체주의적 체제 아래 무자비하게 억압받고 동물처럼 취급당할 때에 이것은 참으로 새롭고도 혁명적인 사상이었다.

다른 한편으로, 인내천 사상은 민중신학을 인간 중심주의의 위험에 이르도록 했다. 인간성과 신성의 동일화는 기독교의 일반적 이해와 상충한다. 이것은 인간이 하나님에 대해 저지를 수 있는 가장 악한 죄들 중의 하나인 우상 숭배로 간주되어 왔다. 인간성과 신성 간의 명확한 구분은 유대 기독교 전통에서 항상 이루어져 왔다.

그러나 이 위험은 인내천 사상에서 끝나지 않는다. 민중신학자들에게는 인간성을 더 깊이 추구하려는 경향이 있다. 한국의 신흥 종교들

중의 하나인 증산교의 가르침을 따름으로써 인간성을 신성 위에 놓고 있는 것처럼 보인다.[39)]

증산교의 가르침에 따르면, 인간은 신보다 우월하다. 다시 말하면, 하나님은 민중의 필요를 채워 주는 수단이다. 민중이 하나님보다 우월하게 될 때, 인간 중심주의의 위험은 피할 수 없다. 하나님이 민중의 종이 되는 반면 민중은 하나님의 구원사의 주체가 된다. 민중신학은 이러한 과장된 인간의 지위를 채택하고 있는 토착 종교의 가르침에서 나온 어떤 유혹을 피해야 할 것이다. 인간은 하나님이 아니라 하나님의 형상이다. 그러나 나는 민중신학이 궁극적으로는 이런 종류의 유혹을 극복할 것으로 확신한다.

마치는 글

해방을 위한 민중의 투쟁에 적극적으로 참여하고 있는 민중신학자들에게 이 책에 언급된 몇 가지 우려들은 우리가 생각하는 것만큼 중요하지 않을 수도 있다. 이들은 한국의 민중 경험의 가변적이고 역동적인 흐름을 숙고하기를 원한다. 안병무가 말했던 것처럼, 민중신학자들은 가능한 한 개념화를 피하려고 한다. 왜냐하면 개념화는 민중 경험의 역동성을 죽이는 경향을 가지기 때문이다.

---

39) 민중신학과 증산교 사이의 유사성은 한과 인간 중심주의를 다루는 면에서 분명히 나타나고 있다. 증산교는 동학보다 좀 더 진화되었으며, 인간성과 신성의 평등으로 충분하지 않다고 주장하고 있다. 인간은 신적 존재를 포함하여 모든 것의 최고봉이어야 한다. 자세한 것은 증산교의 경전인 《대순전경》(증산교 간행, 전북 금산, 1975)을 보라.

안병무를 비롯한 다른 여러 민중신학자들과의 개인적인 만남에서 나는 민중신학자들과 전통적인 서구 신학자들 간의 주요한 차이가 그들 각자의 사고방식에 있다는 것을 알게 되었다. 동양적 사고방식은 포괄적이고 유기적이며, 관념보다는 행동을 강조하며, 마음보다는 몸에 관심을 둔다. 안병무가 말했던 것처럼, 서양 사람들은 마음에 대해 생각하지만, 동양 사람들은 몸에 대해 생각한다. 이것은 민중신학이 관념이나 형이상학을 거부한다는 것을 의미하지 않는다. 민중신학자들이 형이상학을 거부한다고 할 때는 서구 철학의 형이상학을 거부한다는 것이다. 이들이 이데올로기를 거부한다고 할 때는 서구 이데올로기를 거부한다는 것이다. 민중신학은 사실 형이상학, 즉 '주역' 속에서 발견되는 변화의 형이상학을 긍정하고 있다.[40] 그러므로 민중신학은 유기적이고, 상대적이고, 역동적인 특성을 가진 동양적 사고방식에 깊이 뿌리박고 있다.

---

40) 나의 책 *The Theology of Change* (Maryknoll, N.Y.: Orbis Books, 1979)를 보라.

북미 신학계의 반응

절름발이 거지춤의 공옥진 이야기
(실화)

　　공옥진은 50여 년 전에 가난한 집에서 태어났다. 그녀의 아버지는 한국 전통사회에서 가장 천한 계층인 광대였다. 남동생은 귀머거리에 벙어리였다. 동생의 기분을 좋게 해주려고, 공옥진은 자신의 감정을 표현하는 몸동작을 배웠다. 그녀는 9살 되던 해에 한국인 여자 춤꾼에 의해 일본에 팔려갔다. 제2차 세계 대전 당시 일본의 강제 노역에 동원되는 아버지를 구하기 위해 그녀가 팔려간 것이다. 일본의 도쿄에서 공옥진은 한국인 여자 춤꾼 최씨의 가정부로 일했다. 최씨는 이후 미국의 공습에 사망했다. 옥진은 살아남았지만 혼자였다. 결국 그녀는 거지가 되었다. 전쟁이 끝나자 옥진은 배를 타고 한국에 돌아왔다. 그러나 가족을 찾지 못해 어린 거지 떼에 끼여 살았다. 그 거지들은 거의 절름발이였다. 옥진은 절름발이 거지들이 하던 노래와 춤을 배웠다.

　　이후 공옥진은 가족을 찾고 경찰과 결혼했다. 그러나 남편은 한국전쟁에서 공산주의 군인에 의해 사망했다. 옥진은 살기 위해 다른 경찰과 결혼했다. 그러나 옥진이 광대패에 참여했었다는 이유로 이혼을 당했다. 노래와 춤에 뛰어난 재능을 가진 옥진은 곧 민속 예술 학자의 눈에 띄었다. 공옥진은 1978년 서울의 한 무대에서 공연했다. 그 공연은 매우 성공적이었다. 그러나 자신의 모습을 모방한 공옥진의 춤 때문에 절름발이 거지들은 기분이 상했다. 이들은 공옥진이 자신들을 놀린다고 생각했다. 그래서 공옥진은 이들의 기분을 풀어주기 위해 모든 공연 계획을 취소했다. 물론 이것이 공옥진이 춤과 노래를 포기한다는 것을 의미하지는 않았다.

　　몇 년 후 공옥진은 작은 식당을 열어, 절름발이 거지들을 초대해 함께 먹고 마시고, 같이 춤을 췄다. 여기에서 공옥진은 절름발이 거지춤을 완성하기 시작했다. 거지들과 노래하고 춤추고 마실 때 공옥진은 이들과 하나가 되었다. 몇 년 전, 공옥진이 나환자 수용소에 초대되어 절름발이와 문둥이 춤을 췄다. 공연이 끝나자, 공옥진은 나환자들과 함께하며 이들에게 비극을 넘어선 희망을 전했다. 옥진은 절름발이 거지들과 형체가 뭉그러진 나환자들의 사제이고, 한국 민중의 진정한 목회자이다.

북미인들은 민중신학에서 무엇을 배울 것인가?[1]

로버트 맥카피 브라운(Robert McAfee Brown)

민중신학을 접하면서 북미 사람들이 배울 것은 긍정적인 것과 부정적인 것이 있다. 부정적인 면에서 제일 중요한 것은 아마도 이 신학이 '우리'의 것이 아니라는 사실을 인정하는 것이다. 문화적·인종적·계층적인 이유로 우리가 이 신학을 완전히 이해하기란 힘들다. 그래서 우리에게는 다른 사람들에게 이것을 제대로 해석해 줄 능력이 없다는 것을 인정해야 하며, 따라서 그에 대한 해석과 적용은 그 신학을 창조해 낸 사람들에게 맡기는 게 최선이라고 생각한다.

긍정적인 면으로는 이 신학이 완전히 자생적(indigenous) 특성을 가진다는 것이다. 또 계속 그 상태를 유지해야 한다는 것이다. 민중신학이 우리에게 해줄 수 있는 것은 우리도 자생적 신학을 할 수 있도록 신학의 새로운 방법을 가르쳐주는 것이다.

---

1) 나의 친구 앤드류 박(Park Sung-ho Andrew) 박사에게 깊은 감사를 표한다. 그는 민중신학을 연구한 나의 제자이자 나의 스승이다.

그렇다면 우리는 민중신학의 경험에서 무엇을 어떻게 배워야 하는가? 또한 이 민중신학을 통해 우리는 북미 신학의 경험을 조망하고, 도전받으며, 마침내 변화시킬 수 있을까? 이 난해한 주제를 대하면서, 첫째, 우리의 신학적 사고를 새롭게 하는 데 도움을 줄 수 있는 민중신학의 네 가지 강조점을 언급하겠다. 둘째, 이 강조점들의 관점에서 현재 북미의 신학적 동향을 살펴보고, 마지막으로 자생 신학(indigenous theology)의 미래에 대해 짧은 생각을 말하겠다.

민중신학의 강조점

우리 자신의 신학의 새로운 출발점을 제시해 주는 민중신학의 강조점들이란 무엇인가?

자생 신학 운동

우리가 첫 번째로 해야 할 일은 민중신학의 자생성을 보여주기 위해 그 신학의 몇 가지 중요한 개념을 지적하는 것이다. 이 신학을 서구의 전통 신학의 범주로 이해하거나, 서구의 신학적 주제들을 강요해서는 안 된다. 이정용의 글에서 지적된 내용들이 있지만, 우리는 여기서 몇 가지를 다시 생각해 볼 필요가 있다.

민중신학이 한국의 신학이라는 걸 잊지 말아야 한다. 이 신학은 독일, 스코틀랜드, 북미 혹은 '서구'에서 출발하지 않았다. 또한 도서관, 교실, 대학원 세미나에서 출발한 것도 아니다. 민중신학은 대중을 위한 신학이자, 그들에 의해 생겨난 신학이다.

이 신학에서 '대중'은 민중이다. 한자로 무리[衆]에서 나온 백성[民]이란 뜻으로 출발했다. 그러나 한국의 학자들이 이야기한 것처럼, 이것은 충분하지 않다. 그 용어는 억압받는 백성을 의미하기도 한다. 문동환의 표현에 따르면, "현 독재 체제에서 명예로운 위치를 차지하고 있는 엘리트 계층으로부터 소외된 모든 사람"을 말한다.

민중의 결정적인 특징은 '한'(恨)이고, 이 단어 역시 쉽게 번역되지 않는다. 영어 단어로 '한'은 화(anger), 적의(grudge), 원한(resentment) 등으로 표현할 수 있다. 더 나아가 한은 내면화된 심정을 나타낸다. 적당한 표현의 출구가 없는 상태에서 그 심정은 더 강렬해진다. 그 영향을 극복하려 할 때, "자유를 얻은 노예가 더 나쁜 압제자가 된다."는 안타까운 사실을 깨닫게 되고, 더 강렬한 심정으로 남게 된다. 민중신학의 첫 번째 임무는 이 '한'을 어떻게 할 것인가를 파악하는 일이다. 이 상황에서 복음은 하나님이 '한'을 안고 사는 사람들에게 오셨다는 믿음이 된다.

한에 대한 응답은 '끊어버림'을 상기시키는 '단'(斷)이다. 개별적인 의미로 단은 '자기 부정'을 말할 수 있으며, 집단적으로는 사회 구조에 팽배해 있는 한의 대물림을 끊어버리는 것을 뜻한다. 여기서 희망은 억압자들이 탐욕을 버리는 것, 그러나 더 중요하게는 민중 위에 군림하려는 욕심을 포기하는 것이다. 그렇지 않으면 한은 다른 구조와 인간관계 속에서 되풀이될 것이다.

이런 짧은 설명만으로도 민중신학의 자생적인 특징을 이해하기에 충분할 것이다.

참여의 신학

민중신학은 정치, 사회, 경제적 변혁에 대한 참여와 헌신에서 출발한다. 앞서 말한 대로, 이 신학은 도서관에서 출발하거나, 교회의 선언이나 신학 교과서를 참고해서 만들어진 신학이 아니다.

민중신학을 옹호하는 많은 사람들이 그들의 신념 때문에 고난을 당했다는 사실은 이 신학이 억압에 대항해 투쟁하는 신학이라는 것, 또 그들에 대한 투옥·고문·퇴직은 억압적인 정권이 자신의 권위에 대한 도전을 짓누르는 방식이라는 사실을 잘 설명해 준다.

종합적인 분석이라는 고질적인 욕구를 갖고 있는 서구의 관점에서, 민중신학은 라틴 아메리카 해방신학의 동양적 표현이라고 결론내고 싶은 유혹이 있다. 민중신학과 해방신학 사이엔 북미의 신학에 비해 공통점이 많은 게 사실이지만, 그 비교가 무리가 없지 않다는 민중신학자들의 지적에 귀를 기울일 필요가 있다. 그들은 남미의 상황에서 해방은 물질적 빈곤의 희생자들을 위한 해방에 초점이 맞추어져 있다고 보고, 자본주의 경제와 함께하는 억압의 구조를 극복하는 데 역점을 두고 있다고 본다. 반면에 한국의 경험은 해방이 경제·사회·문화·정치적 차원에서 이루어져야 하는 더 넓은 억압의 상황이라고 말한다. 그 억압은 자본주의가 그 땅에 도래하기 훨씬 전부터 시작했다는 것이다.

한완상은 민중을 "정치적으로 억압되고, 경제적으로 수탈당하고, 사회적으로 소외되고, 문화와 지적인 영역에서는 교육받지 못한 사람들"이라고 말한다. 나는 개인적으로, 남미의 해방신학자들도 해방을 요구하는 영역을 이와 비슷하게 이해하고 있으며, 유독 경제적 해방에 초점을 맞춘다는 지적은 외부에서 잘못 본, 좁은 해석이라고 생각한다. 민중신학이 지적한 억압 구조의 다양한 차원을 통해 우리가 배울 바가 많은 것이다. 한국의 상황은 그들에게 신학적 참여가 인간 삶의 모든 부분과 연관이 있다는 반박할 수 없는 증거를 제공해 왔다.

이야기의 중요성

개인의 참여라는 의미에서 신학을 할 때, 특히 그 신학의 내용을 전달할 때, 가장 중요하게 대두되는 방법론적 원칙은 '이야기'이다. 민중신학은 모든 부분적 내용이 개념적이고 추상적인 전체에 통합되는 '시스템'이 아니다. 민중신학을 접한다는 것은 이야기, 에피소드, 사건 들이 대개의 경우 드라마의 형태로 재구성되고, 재검토되고, 다시 전해지는 것을 목격한다는 것이다. 역동성 있는 이야기는 전하는 자와 듣는 자의 만남 속에서 새로운 역동성을 만든다. (서남동은 민중신학의 이러한 면을 특별히 강조하고 있다.) 따라서 앤드류 박이 지적한 것처럼, 분석의 도구는 경제학이 아니라 주로 이야기의 성격을 갖고 있다. "마르크스주의적 사회 분석보다 민중들의 이야기가 뿌리 깊게 억압적인 사회의 구조를 폭로하는 데 더 효과적인 도구이다."

성서 이야기의 메시지는 역사 속에서 지속적으로 암송되면서 그 현대적 의미를 갖기 때문에, 이와 같은 이야기의 도구화는 성서의 메시지를 되찾는 데 당연히 효과적이다. 예를 들면 고대 출애굽 이야기와 좀 더 직접적인 민중 이야기의 관계는 많은 연관성이 있음이 밝혀졌다. 안병무의 마가복음 연구는 민중의 시각을 통해 성서의 내용을 새로운 관점으로 보는 매우 흥미 있는 예를 제공한다. 그는 마가가 예수의 메시지의 청중을 지칭하기 위해 전통적이고 신학적으로 고상한 그리스어인

'라오스'(laos)가 아니라, 내쫓긴 사람들을 나타내는 '오클로스'(och-los)라는 민중의 뜻과 비슷한 단어를 썼음을 지적한다. 예수와 '오클로스'의 이야기는 현대 한국의 내쫓긴 사람들에게 새로운 의미를 제공하고 성서의 이야기를 새롭게 이해할 수 있게 만든다.

앤드류 박은 성서의 이야기와 현대 민중의 관계가 어떤 것인지 명확하게 설명하고 있다.

민중신학의 해석학적 임무는 성서[text]를 한국의 상황[context]에서 해석하는 게 아니라, 한국 민중이 체험한 고난[context]을 성서[text]를 통해 해석하는 것이다…. 민중은 성서의 권위를 증명하기 위해 존재하지 않는다. 반대로 성서의 권위는 민중의 자유를 주장하기 위해 존재한다.

예수 이야기의 중심성

성서의 중심에 예수 이야기, 메시아의 이야기가 있다는 것은 분명하다. 표면에서 보면 이것은 우리가 수없이 들은 익숙한 이야기이다. 그러나 민중에 의해 이야기된 예수의 이야기를 들을 때, 우리에게 감춰졌던 새로운 사실들이 나타난다.

예수가 함께했던 이들이 단순히 '라오스'가 아니라 '오클로스'였다는 것을 깨달을 때 예수의 사역을 새롭게 볼 수 있다. 민중의 관점으로 고찰할 때, 예수의 사역에 대해 새로운 면을 볼 수 있다. 여기서 예수는 당시 민중들과 함께했고 같이 고난당했고, 그들의 한을 알았고, 예루살렘을 찾아가 고난을 당함으로 '단'을 행했고, 민중에게 한에서 벗어나는 길을 보여주었다.

예수 사역의 메시지는 희망이었다. 민중은 그들의 한에 머무를 필요가 없다. 예수와 함께 그 한을 끊는 데 참여하고, 해방을 맛볼 수 있다는 것이다.

예수가 성서시대에서부터 오늘까지 메시아적인 선포를 한 유일한 사람이 아니기 때문에, 거기엔 또 다른 메시지가 있다. 중요한 것은 언제나 거짓된 메시아를 구분해 내는 것이다. 그런 메시아를 또 다른 메시아, 곧 나사렛 예수로 대항한다는 것은 그 거짓 메시아를 추종하는 자들의 노여움을 사는 일이다.

이 점에서 김용복의 '메시아 정치'와 '정치적 메시아주의'의 구분은 중요하다. 국가가 구세주, 구원자가 되는 민족주의적 메시아주의는 후자에 속한다. 예수의 이야기는 이데올로기가 절대화되지도 않고 높임을 받지도 않는 '메시아 정치'의 이야기이다.

모든 건강한 신학에서 그렇듯, 이 관점 속에서도 논쟁이 되는 부분이 있다. 아마도 이 중에 가장 중요한 것은 예수와 민중의 관계일 것이다. 복음의 진정한 메시지는 민중 그 자체이고, 메시아의 과제는 민중들이 이루어야 하고, 그들이 희망과 의미의 주체라 주장하는 사람들이 있다. 이 입장이 예수의 역할을 오늘의 상황에서 종속적인 것으로 만들 위험이 있기 때문에, 예수와 민중의 관계에 대해 좀 더 명확한 판단을 요구하는 사람들도 있다. 분명히 이 문제의 결말은 아직 나지 않았다.

북미인들에게 민중신학은 어떤 의미가 있는가?

위에서 민중신학의 네 가지 특징에 대해 살펴보았다. 그것들을 발전시켜 주석서를 만들어 내는 일은 우리의 역할이 아니다. 단지 민중신학이 정제되고 새로운 표현으로 발전되어 우리에게 주어지도록 간절히 기다릴 뿐이다. 그렇다면 민중신학은 우리에게 어떤 의미가 있는가?

우리가 할 일은 민중신학을 북미로 '수입' 하는 것이 아니다. 우리가 할 수 있고 해야만 하는 일은 이런 것이라 생각한다. 민중신학자들이 그들의 상황 속에서 신학적 사명을 계속해 나갈 때, 우리 자신도 신학적 사명을 똑같이 진지함으로 받아들이고, 배울 것을 배워 가면서 새로운 북미 신학이 나올 수 있도록 우리의 상황을 점검하는 것이다.

민중신학의 내용을 모방하지 않으면서, 앞서 말한 네 가지 강조점을 우리 상황에 맞는 신학의 도약을 위한 발판으로 삼을 수 있다.

우리의 자생 신학 만들기

자생적 신학은 우리에게도 필요하다. 그 신학이 다른 신학들과 비슷할지라도 라틴 아메리카의 해방신학, 한국의 민중신학, 남아프리카 공화국의 카이로스 신학을 이식하는 것은 아니다. 다른 상황이 아닌, 바로 우리의 상황 속에서 나온 신학이 될 것이다.

부정적으로 본다면, 이런 방식의 신학의 시작은 그 결과물이 보편적인 것이 아니라는 사실을 기억해야 한다. 좀 더 직접적으로 말하자면, 이 신학은 인간의 경험 그리고 기독교인들의 경험의 작은 부분에서 출발한 것이다. 이것을 인정하는 것이, 우리가 하는 신학이 모든 시간과 장소를 포용하는 우주적인 신학인 것처럼 생각하여 다른 사람들에게 강요하는 잘못을 방지할 수 있다. 특수한 우리의 경험을 보편적인 것으로 만들려는 유혹은 언제나 있다. 복음을 말하는 데 우리의 방식만 있는 게 아니라는 사실을 항상 명심해야 한다. 보편적인 신학이란 없다. 모든 신학은 문화에서 출발하며 문화의 산물이다. 그리고 모든 인간의 경험을 특정한 내적 틀만으로 규정할 수 있는 관점을 갖고 있다고 주장할 문화적 견해 또한 존재하지 않는다. 일정한 틀로 규정한다면 그것은 최악의 문화 제국주의나 신학 제국주의일 것이다.

1985년 가톨릭교회 주교들의 모임 이후 이 문제와 관련된 좋은 선례가 형성되고 있다. 그 모임에서 한 그룹이 현대 가톨릭 신도들의 믿음을 혼란스럽게 만드는 것들에 대항해 가톨릭 신앙의 진실되고 불변하는 내용을 재정리하자는 뜻에서 '보편적 교리문답'의 제정을 강력히 주장했다. 또 다른 그룹은 신앙을 새롭게 정리하는 데는 반대하지 않았지만, 가톨릭교회 내에 존재하는 여러 문화와 담론 등을 반영하기 위해 다양한 교리문답을 만들 것을 요구했다. 만약 신앙의 새로운 정립이 필요하다면, 민중의 경험을 통해 배우는 것처럼, 첫 번째 그룹보다 두 번째 그룹의 선택이 분명히 적용되어야 한다. '보편적'인 단일 문서도 그 저자들의 문화에 의해 결정된 선입관의 영향을 받을 수밖에 없다. 그 내용은 유럽인들에 의해 로마에서 쓰이게 될 것이고, 유럽과 서구의 고전적인 사고의 양식과 언어가 이용될 것이기 때문에 아시아·아프리카·라틴 아메리카, 또 유럽의 많은 사람들에게는 상관이 없는 것이 된다. 두 번째 선택은 최소한 다양한 관점이 있다는 것을 인정이라도 할 것이다. 개념들을 분명히 하는 데 신경을 많이 쓰겠지만, 단일 문서에 비해 내용과 꾸밈에서 최소한 지역적 상황에 맞고, 제국주의적이지 않은 것이라 본다.

긍정적인 면에서 '우리의 자생 신학'의 필요를 인정하는 것은 그 개념 자체를 바꾼다는 말이다. 자생적인 북미 상황을 말한다는 건, 매우 다양한 현실을 인정하는 것이기 때문에 북미의 자생 신학들을 필수적으로 말해야 한다. 만약 백인 남성들이 새로운 북미 신학을 창조하는 게 그들의 임무라 주장하게 되면 예전과 똑같이 우리가 비판하고 있는 제국주의적인 유혹에 빠지게 될 것이다.

다행히도 미국의 교회에는 이런 상황에 확고한 두 그룹이 있다. 바로 흑인과 여성 들이다. 북미 신학의 어떤 새로운 모색도 다원주의 성향을 벗어날 수 없다. 예를 들면, 흑인들의 처지에서 말하고 또 그들의 현실을 얘기하며, 여성들의 처지에서 그들의 현실을 말해야 한다. 이 두 그룹에 더하여, 오랜 투쟁 끝에 최근에야 목소리를 내기 시작한 미국 원주민, 아시아와 남미 출신들, 동성애자들까지 합치면 '신학'이라는 단어는 전적으로 복수로 이해되어야 할 상황이 주어진다.

곧 이런 다양한 운동들은 그 사이에 공통점이 있음을 발견하고, 어느 정도의 통합이 가능해질 것이다. 그러나 아직은 그때가 아니다.

이런 모든 그룹이 현실을 위해 할 수 있는 일은 그들이 물려받은 유산 중 북미 고유의 것들을 이용해 그들의 견해를 밝히는 것이다. 그 유산에는 피난 노예 구조 운동, 여성 참정권 운동, 원주민의 시각에서 본 서양의 정복 역사, 베트남 전쟁의 비극 등이 있다. 어떤 그룹은 매 20년마다 미국에 혁명이 필요하다는 토마스 제퍼슨(Thomas Jefferson)의 통찰력을 빌려 시작할 수 있으며, 다른 그룹은 (가톨릭 주교들이 1976년 독립 200주년과 관련해 했던 것처럼) '모든 사람을 위한 자유와 정의'란 표현을 토대로 삼을 수도 있다.

사색과 참여

우리는 이미 민중신학에서 발견한 두 번째 특징을 설명하고 있다. 그것은 우리의 자생 신학은 사색이 아니라 참여에서 나와야 한다는 것이다. 사색이 중요하지 않다는 것이 아니라 다만 이차적이라는 말이다. 당연히 우리의 경험에 대한 사색이 필요하다. 그러나 그 사색은 경험에서 출발해야지, 경험을 좌우하거나 그 위에 군림하여 그 경험의 중요한 부분을 부정하는 것이 되어서는 안 된다. 그럴 경우 사색을 통해 이루어진 신학은 그 가치를 위협받을 것이다. 예전의 많은 신학들이 사라지기 전에 이런 과정을 흔히 거쳤다.

하지만 고전 서구 신학의 오랜 특징은 참여보다는 사색에 집중하는 것이었다. 백인 남성 엘리트의 상징물이었던 사색적 지배는 이제 공격을 받고 있다. 그 세력이 오래갈 수는 없다. 그 세력은 민중신학에서 엿본 내용과 같은 새로운 신학의 이해를 공통으로 갖고 있는 다양한, 여러 신학으로 대체될 것이다. 그 내용은 단순한 참여의 정신뿐만 아니라, 이전에는 그들의 미래에 대해 발언권도, 개척할 능력도 없었던 소외된 자들의 참여로 시작한다. 이런 그룹들이 갖고 있는 경험은 억압의 역사뿐만 아니라, 억압된 자들을 통해 나왔고 그들에게 말씀을 전하는 책 곧 성서에 관해서도 공통된다. 부와 권력을 소유한 자들이 성서의 내용을 그들의 전유물로 만들었던 그 사실이 이제 폭로되기 시작했다.

이 사실은 그동안 신학의 장을 주도해 왔던 자들을 두 가지 이유로 곤란하게 만든다. 첫째, 그들은 억압당한 자들보다 억압자들과 더 가까웠다. 둘째, 그들 스스로를 성서의 올바른 해석을 지키는 수호자들로 생각했고, 성서의 권위를 이용하여 억압적 체계들의 지속적인 지배를 돕는 유혹에 빠지기도 했다. 사회적 이권을 챙기고, 해석학적 권위를 주장하던 이들이 자신들의 지배의 두 도구를 포기하려면 많은 은혜를 요구될 것이다. 그러나 현 상황을 냉정히 읽으면 그들의 지배적 권위에 대한 도전은 점차 더 끈질기고 소란스러울 것이다. 현재 필요한 변화를 가져올 수 있는 한 방법은 이야기의 영향력을 수용하는 것일 수 있다.

우리 이야기의 회복

그 이유는 민중신학이 우리에게 상기시키는 것처럼, 성서의 형태는 역사의 수많은 학자들의 노력에도 불구하고 조직신학 교과서와 같지 않기 때문이다. 성서는 한 민족의 역사적 경험을 이야기로 적어 놓은 기록서이다. 성서의 기자들에게 하나님에 대해 물었을 때, 그들의 대답은 "여기 창조질서를 반영하는 유비적인 상하 구조 속에 정리된 하나님의 속성을 나열한 것입니다."가 아니라, "여기 한 이야기가 있습니다. 옛날 옛적에 아브라함이란 사람과 사라라는 사람이 살고 있었습니다. 그들은 성공한 사람들이었습니다. 그러던 어느 날 그들은 한 음성을 들었습니다."라고 말할 것이다.

성서의 이야기를 열린 마음으로 받아들이는 것은 두 가지 결과를 낳는다. 첫째, 우리 자신의 이야기도 당위성이 있음을 생각하게 한다. 둘째, 다른 이야기들의 능력도 수용하게 만든다. 북미의 상황에서 우리가 할 수 있는 일 중 제일 중요한 것은 성서 이야기의 관점에서 우리나라 고유의 이야기가 갖고 있는 가능성과 타락까지도 새롭게 수용하는 것이다. (앞서 "모든 사람을 위한 정의와 자유"라고 했던) 그 이야기의 목적은 가난한 자들을 편애하시는 하나님을 주장하는 성서의 이야기와 관련해서, 오늘의 실제 현실을 측정할 수 있는 제임스 맥클랜던(James McClendon)이 말한 "지배적 형상"(master-image)이 될 수 있다. 만약 가난한 자들이 제외됐다면 "모든 사람들을 위한 정의와 자유"가 있을 수 있는가? 그렇지 않다면 우리 자신이 현재 그 이상의 축복을 누리지 못하는 게 아닌가? 그 이유는 무엇인가? 누가 그 책임을 질 것인가? 일부의 사람들을 위한 정의와 자유가 아닌, 모두를 위한 정의와 자유를 이룩하기 위하여 우리 사회의 구조가 어떻게 변해야 하는가? 전체를 위한 정의와 자유가 아니라면 일부를 위한 것은 아닌가?

여러 이야기를 엮어내어 전 세계의 상황으로까지 확대시킬 수 있다. 우리나라의 외교 정책은 제3세계 국가들에게 정의와 자유를 제공하는가? 우리의 정책은 독재를 지지하는가 아니면 그에 도전하는가? 우리의 경제적 욕구는 갈수록 많은 것을 필요로 하는 가난한 국가들에 어떤 영향을 미치는가? 왜 우리는 계속 독재자들을 지지하고 사회 변혁을 추구하는 세력들의 노력을 좌절시키는가?

이 시점에서 미국에 살고 있는 우리의 이야기와 민중의 고난은 비극적으로 교차한다. 민중의 고난은 미국의 정책으로 인해 줄어들지 않고 더 증가하고 있기 때문이다. 이 말은 우리에게 '민족적 메시아주의'를 언급하는 것으로 들린다.

메시아 주제의 탐구

'민족적 메시아주의'에 대한 언급은 우리의 신학적 인식을 측정하기 위해 쓸 수 있는 민중신학의 네 번째 강조점을 상기시킨다. 이것은 민중신학에서 메시아적 역할로 부름 받은 민중들과 특별한 관계에 있다고 이해하는 메시아와 관련한 주제이다.

만약 대중(People)에게 메시아적인 역할이 있다면, 어떤 '대중'이 그 역할을 맡느냐는 큰 차이가 있다. 예수 시대에는 헤롯이나 빌라도가 메시아의 소망을 체현하지 않았다. 가난하고 수탈당한 사람(암하레츠)들이 그들 가운데 왔고, 그들의 주장을 대변한 나사렛 예수에게서 메시아에 대한 소망을 발견했다. 억압이 어떤 것인지 아는 한국과 같은 나라에서는 억압의 피해자들이 갖는 정의에 기초한 새로운 공동체를 만든다는 메시아적인 희망을 쉽게 이해할 수 있다.

이런 메시아적 주제를 북미의 상황에서 어떻게 적용할 수 있을까? 큰 깨달음이 없어도 성서의 메시아 이야기를 재현한다면, 우리의 역할은 암하레츠이기보다 헤롯이나 빌라도일 가능성이 높으며, 야훼가 해방을 약속한 억압당한 자들이 아니라 파라오의 신하들의 역할을 맡게 될 것이다.

이것을 국가적 차원에 연결시켜 민중신학으로부터 배울 수 있는 것은, 미국이 스스로 메시아적 사명을 받았다는 믿음의 유혹을 계속 받고 있다는 것이다. 그 유혹은 미국이 대서양에서 태평양까지의 영토를 계시적으로 받았다고 믿는 것에서, 또 니카라과의 소모사, 칠레의 피노체트, 필리핀의 마르코스와 같은 독재자들을 지원하는 것에서 나타난다. 따라서 민중이 한국에 주는 교훈은 사회의 변두리 사람들이 해방을 위해 조직하고 투쟁하도록 용기를 주라는 것이지만, 미국에 주는 메시지는 메시아의 역할을 스스로 주고받아서 생기는 악한 결과에 대한 경고일 것이다. 올바른 메시아를 기대하는 열정의 메시지는 거짓 메시아들에 대한 경고를 포함한다. 우리가 칠레나 니카라과에서 그랬던 것처럼 다른 나라에 필요한 통치 형태를 결정해 강조한다면, 그것은 분명 거짓 메시아의 역할을 하는 것이다.

남아프리카공화국의 예는 그 점을 명확하게 보여준다. 그곳에는 출애굽 이야기의 '선택받은 백성'의 역할이 흑인들에게 주어지지 않고, 자신들은 하나님이 편애하는 소수이고, 타 인종에 비해 우월을 유지하기 위해 필요한 모든 것을 할 수 있도록 허락받았으며, 하나님이 자기들만을 위해 예비해 놓은 운명을 이루어야 한다고 믿는 백인들이 그 역할을 차지해 버렸다. 이런 교리적 믿음은 북미의 삶과 경험에 아직도 배어 있다. 남아공에서 흑인 의식의 확산으로 출애굽 이야기의 잘못된 적용을 막을 수 있듯이, 성서와 북미인들의 이야기도 소수의 입장에서 재해석되어, 다수 백인들에 의해 그들의 이야기로 만들어져 그들의 권력을 유지하는 데 이용되는 것을 막을 수 있다.

참여 신학의 결실

자생의 신학들이 서로 연대하면 어떤 결과를 기대할 수 있을까? 초기엔 좋은 관계를 만들기 위해 대립과 도전의 어려움이 있을 것이다. 이것은 각기 다른 그룹들이 이전에 갖지 못했던 자기 정체성을 찾아야 하기 때문만은 아니다. (이 현실은 각 그룹을 서로 다른 방향으로 이끌기에 충분하다.) 소외되었던 그룹들은 새로운 정체성을 갖게 되면서 지배 세력들이 그들의 권력을 어떻게 만들고 유지해 왔는지를 알게 된다는 이유도 있다.

그러나 시간이 지나면서 각 그룹이 서로서로 연결점을 찾을 때, 그들의 관점은 조금씩 변하게 되리라 기대할 수 있다. 서로의 의견을 들으면서, 어떤 점이 정도를 넘어섰는지 느끼고, 다른 그룹의 이야기를 통해 자신의 그룹의 이야기를 새롭게 생각할 수 있다. 지난 몇 년 동안 해마다 만났던 제3세계 신학자들의 모임은 이것이 가능하다는 것을 보여준다. 처음엔 해방이란 공통의 관심사 때문에 모였지만, 서로가 사회와 교회에 대해 매우 다른 가정을 하고 있다는 것을 발견했다. 시간이 지나서야 그들 사이의 중요한 문화적·역사적 차이를 그대로 유지한 채, 서로의 편협한 견해를 깨닫고 고칠 수 있다는 것을 배울 수 있었다.

그 과정이 무르익으면서 임시적인 통합을 이룰 수 있다. 여기서 자신의 관점과 가설을 통합의 규범으로 만들고, 다양한 경험들을 자신의 경험으로 일치되게 만들려는 유혹이 모두에게 있기 때문에 조심해야 한다. 이것은 우리가 탈출해야 할 신학적 제국주의에 또 다른 기회를 만들어 줄 수도 있다. 그럼에도 불구하고 공통의 관심이나 통찰 또는 행동을 위한 프로그램이 발전할 수 있다면, 소득은 있었다고 해야 한다.

우리가 궁극적으로 바라는 것은 새로운 신학적 통합이 아니라 다양함 속에서도 일치가 있을 수 있다는 것을 인정하는 것이다. 그렇다면 그 상황은 침체하지 않고 활기 있는 상황일 것이다. 다양한 자생의 신학들은 자신들의 상황에 맞는 반응을 찾으면서 편협해지거나, 본래의 메시지를 왜곡시키지는 않았는지 확인하기 위해 서로를 시험해 보아야 한다. 그 상황은 세계교회협의회에서 이미 볼 수 있는 상황과 다르지 않다. 러시아 정교회에서 칠레의 오순절교회까지의 다양한 입장을 가진 교회들이 연합 활동을 벌이고, 의미 있는 공동 예배를 드리며, 지속적인 교회와 신학 차원의 대화를 약속하고, 자신의 속을 내보여야 하는 위험 부담이 있는 상황을 받아들일 자신감이 있으면서, 그런 상호교환을 통해 자신들의 견해가 더욱더 분명해지고 정교해질 수 있다는 겸손함을 보이고 있다.

우리는 민중신학이 그런 지속적인 대화에 중요하고, 분명히 자기 생각을 밝히는 한 파트너가 되었음을 인정해야 한다.

홍길동 이야기
(조선 시대 허균이 쓴 인기 소설)

　홍길동은 자신이 사는 세상에 대해 불만족스러웠다. 당시의 사회 · 정치적 구조는 완전히 양반에 의해 지배되었다. 홍길동은 집에서 도망 나와, 사회를 근본적으로 개혁하기 위해 도적떼를 조직했다. 그리고 이 도적떼를 활빈당이라고 불렀다. 그 뜻은 "가난한 사람들을 구원하는 집단"이라는 의미이다. 홍길동과 그의 추종자들은 부자들을 공격하고 재물을 가져와 가난한 사람들에게 나누어 주었다. 이것은 많은 사회적 혼란을 야기했고, 가난하고 억압받는 사람들에게 혁명정신을 일으켰다. 그러나 정부가 홍길동과 활빈당을 체포하는 것은 불가능했다. 마침내, 홍길동은 아버지의 설득으로 이 나라를 떠났다. 그리하여 율도라는 섬으로 갔다. 이 섬은 홍길동의 메시아 왕국이 되어서, 부자와 가난한 자, 양반과 평민 사이의 충돌이 완전히 사라졌다.

민중신학과 과정신학

존 캅(John B. Cobb, Jr.)

　유럽과 북미에서 그리스도교가 쇠퇴해 가면서 예전과 같이 탁월한 사상가들과 섬세한 구도자들로부터 관심을 받지 못할 때, 아시아·아프리카·라틴 아메리카의 그리스도교는 새로운 활기를 띠고 있다. 북대서양 지역 사람들이 중심이 되어 다른 대륙을 선교의 대상으로 여기던 그리스도교의 시대는 끝났다. 여전히 구 교회와 신생 교회를 구분지어 말할 수는 있다. 그러나 신생 교회가 성숙기에 접어들고 있는 지금 이 같은 구분은 중요하지 않다. 세계 그리스도교의 중심은 수적으로, 영적으로, 신학적으로 더 이상 북대서양 국가들이 아니다. 단지 재정적인 면에서만 이들 북대서양 국가들이 여전히 힘을 지니고 있으나, 그 헤게모니도 점차 수그러들 것이다.

　신생 교회가 성숙하여 세계적인 지도력을 발휘할 준비가 되어 있는 나라들 중의 하나가 한국이다. 한국 교회의 역동성은 지칠 대로 지친 북대서양 그리스도인들에겐 놀라운 것이다. 그러나 이 글에서는 한국에서의 역동적 신앙, 복음 전도, 그리고 교회 성장이 아니라 신학을 말하고자 한다.

서구 기독교 문명에서 학문으로서의 신학은 북대서양에 그 중심을 두고 있는 거의 마지막 영역인지도 모른다. 특별히 중부 유럽 개신교에는 객관적 탁월성이 의심될 여지가 없고, 다른 토양으로 그것을 옮기기에는 힘든 축적된 학문성과 지적 반성의 역사가 있다. 일반적으로 미국 교회는 철저히 토착화되었던 반면, 미국의 학자와 신학자들이 독일 신학을 토착화하거나 그에 상응할 만한 힘을 지닌 토착 전통을 발전시키는 것은 대단히 어렵다는 사실이 입증되었다. 이러한 점에서, 아시아·아프리카·라틴 아메리카의 교회들, 또 미국 내 소수 민족 그리스도인들이 직면하고 있는 문제와 도전은 만만치 않아 보인다.

만약 학문과 신학이 가끔 보이는 것처럼 그렇게 객관적이라면, 노동의 분업 같은 것을 주장할 수도 있다. 즉 독어권 사람들로 하여금 학문과 신학의 주도적인 역할을 계속 하도록 하고, 우리의 신학교수들을 가르치도록 해보자. 그것으로 그들이 세계 그리스도교회를 위해 훌륭한 공헌을 했다고 할 수 있을 것이다. 그리고 동시에 우리는 우리의 문화적 상황에 따라 교회의 삶에서 필요한 일들을 해나가도록 하자라고 제안할 수도 있다.

우리에게 이러한 해결책이 부적합하다고 가르쳐 준 것은 흑인신학과 라틴 아메리카 해방신학 또 특히 여성신학이었다. 위대한 전통 속의 '객관적인' 학문과 신학은 대학과 중부 유럽의 문화적 상황과 당연한 것으로 간주되어 왔던 남성 지배를 반영하고 있다. 그 전통의 뛰어남은 역으로 다른 상황에 있는 그리스도인들은 그들의 상황을 통해 얻어진 다양한 이해와 지혜를 긍정적으로 보지 못하게 만들었다. 이 우수한 전통을 비판하는 사람들마저도 이 전통에 크게 의존하고 있는 것을 볼 수 있다. 모든 사람에게 타당한 것과 위대한 학문적·신학적 전통 안에 감춰져 있는 이데올로기를 구분하는 것은 결코 쉬운 일이 아니다.

미국에서 학문적 전통을 무시하지 않고 새로운 신앙의 표현을 형성하려는 노력으로 가장 잘 알려져 있는 것이 북미 흑인신학과 라틴 아메리카 해방신학이다. 그러나 한국에서 일어나고 있는 새로운 사상적 동향이 그보다 덜 중요하다고 할 수 없다. 거기에도 역시 위대한 전통에서 교육받은 한국의 몇몇 학자와 신학자가 자신들의 소명의 방향을 이 전통을 발전시키고 해석하는 것으로부터 민중의 시급한 문제를 말하고자 하는 쪽으로 전환하고 있다. 이러한 전환을 한 사람들 가운데 가장 잘 알려진 그룹은 자신들을 민중신학자, 즉 한국의 억압받고 고통당하는 자들의 신학자로 부르고 있다.

민중신학의 도전

중부 유럽 신학 전통의 관점에서 민중신학의 작업을 본다면, 민중신학은 하나의 현실이기보다는 하나의 열정이라고 결론지어야 한다. 그러나 이것이 어떤 신학을 이해할 수 있는 유일한 관점은 아니다. 사실상 민중신학은 신학을 새롭게 정의하고자 도전하고 있다.

현대 서구에서 신학은 다른 학문들과 함께 존재하는 학문의 한 분야 내지는 몇 분야가 종합된 것으로 이해되었다. 하나의 학문이 되기 위해 신학은 독특한 연구 주제와 적절한 학문적 방법론을 지니고 있어야 한다. 신학은 그리스도교 성서와 전통을 자신의 연구 주제로 취했다. 이것의 방법론은 해석학이다.

바로 이런 학문에 대한 민중신학자들의 기여를 알아보기 위해 그들의 저작들을 연구한다면 다소 실망할 것이다. 그 저작들에는 신학적 요소들이 분명히 있으며, 산발적이지만 성서 해석학의 흥미로운 부분들도 있다. 그러나 저작의 출발점이 성서적 관점에서 해석된 민중의 고통이기에, 기존의 학문 작업에는 의미 있는 기여를 하지 못하고 있다.

이 신학적 반전에 대해 북미에 살고 있는 사람들은 어떻게 생각할 것인가? 나의 답은 우리가 기뻐해야 한다는 것이다. 이것은 대학에 구속되어 있는 신학을 해방시키는 일이다. 전통적인 유럽 신학은 그 전성기 때 그리스도교 공동체와 인간 공동체에게 시급했던 모든 문제를 다루었지만, 19세기에 이르러 신학은 대학의 학문이 되었다. 대학이 학문의 세분화를 전제로 재구성되면서, 신학은 학문의 여러 분야 중 하나로 그 영역이 좁혀졌다. 이 구성에 따르면 어거스틴, 토마스 아퀴나스 그리고 마틴 루터가 남긴 저작 중 상당한 부분은 신학으로 구분될 수 없다. 따라서 신학이라는 학문 분야에 지적인 안내를 기대하는 교회는 심각한 곤궁에 처하게 된다. 학문적 신학은 세계교회협의회의 초미의 관심사였던 정의와 평화의 문제와 같은 우리 시대의 가장 포괄적이고 시급한 문제를 다루기에는 역부족이었다.

우리는 어거스틴에게서 그의 시대의 커다란 역사적 변화들에 대한 해석뿐만 아니라 그리스도론과 성령론, 삼위일체와 종말론, 죄와 은총에 대해 어떻게 생각할 수 있는지를 발견한다. 결국 장기적으로 한국 교회는 이런 교리들뿐만 아니라 자신이 몸담고 있는 역사적 사건들을 해석하고 재해석해야만 한다. 이 작업들은 상호보완적인 것이어야 한다. 나는 이 모든 주제가 교회의 현실과 연관되어져 그에 대한 연구를 필요로 하는 때가 곧 오리라 확신한다. 민중신학은 대학에 속한 것이 아니라 교회에 속한 것이다. 따라서 민중신학의 목적은 학자의 지적인 욕구를 만족시키는 체계를 조달하기보다는 현실 상황에 적절한 대응을 하는 것이다.

민중신학은 민중의 권리를 위한 투쟁에 동참하는 가운데 발생했다. 따라서 민중신학은 억압의 구조들과 이러한 억압을 민중이 어떻게 경험해 왔는지에 대한 반성을 통해 형성되었다. 이것은 한국 민중의 전통 문화와 그들이 수 세기에 걸쳐 어떻게 억압을 해석하고 대응해 왔는지에 대한 관심으로 나타났다.

한국 문화에 대한 긍정적 인식

한편 한국의 다른 신학자들은 한국 그리스도인들의 상황의 다른 면에 대해 주목했다. 그들은 비서구 지역의 많은 그리스도인들과 마찬가지로 서구로부터 전해 받은 그리스도교적인 이해 방식, 행동 양식과 한국 고유의 문화 전통 사이의 내적 분리를 견지했다. 대부분의 한국 그리스도인들은 이러한 한국적 유산을 경멸하도록 가르침을 받아 왔으나 그들은 자신들을 부정하지 않고서는 한국 문화를 거부할 수 없다. 한국에서 그리스도교가 진정한 토착화를 이루려면 한국 문화의 대중적인 형태뿐만 아니라 고차원적인 형태의 문화까지도 비판적인 자세로 끌어안아야 한다. 이것은 유교와 도교 그리고 불교를 새롭게 인정하는 것을 의미한다. 정의를 위해 일하는 사람들과 문화적 토착화를 추구하는 사람들 간에는 상호 의심이 불가피하게 있기 마련이다. 그러나 한국의 상황은 다른 나라들과 비교해 볼 때 덜 어려워 보인다. 이미 민중신학자들과 전통 문화와 종교에 관심을 둔 신학자들 간에는 상호 인정하는 조짐이 있다. 그들은 참된 한국 그리스도교를 위한 노력에 동역자로 참여하고 있다.

당분간 이러한 모든 노력은 한국 교회의 중심 밖에서 일어날 수밖에 없다. 한국 교회의 중심은 복음주의적 열정에 가득 차 있고, 이와 같은 중요한 질문들에 대해서는 신경을 쓰지 않는다. 서구로부터 받아들인 교리와 실천은 한국 상황에 대단히 성공적으로 적용되었다. 시간이 지나면서 이 방식이 내포하고 있는 한계와 무감각에 대한 대가를 지불할 것이고, 이미 지각 있는 신학자들의 작업은 교회가 확장되어 가는 과정에 대해 희망적인 영향을 끼치고 있다. 하지만 이 신학적 열정은 한국 그리스도교의 급진적인 성장의 시기가 끝나 갈 때가 되어서야 그 타당성을 인정받을 것이다. 나는 민중신학이 그 기회를 잘 살릴 준비를 하길 희망한다.

과정신학과 민중신학은 어떻게 서로 도울 수 있는가?

나 같은 '과정신학'의 전통 안에 있는 한 미국 신학자가 감상적으로 논평하는 것 이외에 무엇을 할 수 있겠는가? 아마도 그 이상은 하지 못할 것이다. 내가 할 수 있는 것은 나의 소명 의식, 내가 처해 있는 상황, 그리고 나의 학문적 방법론에 대해 다시 한 번 반성해 보는 것이다. 그리고 내 생각에 도움을 준 민중신학자들에게 감사를 표하는 것이다.

그러나 할 수 있는 게 또 있다. 독일 신학과 민중신학의 학문적 전통에 보편적이고 혹은 폭넓게 가치 있는 요소들이 있는 것처럼 북미 과정신학에도 민중신학자들뿐만 아니라 한국의 다른 그리스도인들에게 도움이 되는 요소가 있기를 바란다. 나는 그것이 있다고 믿는다. 언뜻 보면, 형이상학과 우주론에 대해 관심이 있는 과정신학은 민중신학과 거리가 있는 것으로 보인다. 그러나 좀 더 깊은 단계에서 그 간격은 좁혀진다. 서구 학문의 범주가 안겨 준 속박으로부터 한국 그리스도교 신학을 자유롭게 하려면 이러한 범주의 본질에 대한 숙고가 요청된다. 이것은 심지어 서구인들에게조차 한계와 구속이 되는 것으로 판명되었다. 과정철학자들은 수십 년 동안 이 문제들과 씨름해 왔고 기초적인 단계에서 우리가 가한 수정은 전통적인 아시아의 지혜와 주목할 만한 접촉점을 가지고 있다. 과정신학자들은 이러한 수정된 범주들 안에서 그리스도교의 가르침을 형성하고자 했고, 그리고 그 결과는 그리스도교 신앙의 진정한 아시아적 표현을 추구하고자 하는 아시아 그리스도인들에게 시사적인 것으로 판명될 수도 있다. 적어도 아시아 그리스도인들은 과정신학자들에게서 자신들의 작업에 대한 열렬한 정신적 지지를 발견할 것이다.

예수는 "나와 함께 하지 않는 사람은 나를 반대하는 사람"(마 12:30)이라고 했다고 한다. 나는 이 말씀이 예수가 실제로 한 말이었는지 또 어떤 상황에서 그 말이 처음 나왔는지 모른다. 그러나 이 말은 새로운 신학이 형성되는 어떤 단계에서 받아들일 수 있는 태도를 반영한다고 생각한다. 신선하고 설득력 있는 통찰력에 의해 사로잡힌 이들은 자신들과 함께하지 않는 모든 사람을 자신들의 반대자로 믿었을 것이다. 그들은 자신들과 함께하지 않는 사람들의 동정 어린 논평까지도 의심의 눈초리로 바라본다. 예를 들어, 신정통주의 신학이 헤게모니를 쥐고 있을 때, 과정신학자들은 종종 이러한 정신 상태에 빠져들었었다. 우리가 통찰력 있게 관찰한 핵심적인 내용들이 받아들여지지 않았을 때, 우리는 그들을 적대시했다.

일반적으로 해방신학자들도 이러한 단계들을 거쳐 갔다. 예를 들어, 민중신학자들은 고난을 겪는 민중의 상황과 관점에 민감하지 않은 신학은 왜곡되어 억압을 지지하거나 혹은 억압에 대한 양심을 무디게 하기 위해 사용했다고 생각했다. 단지 민중과 함께 참여했던 사람들만이 지배집단, 즉 억압자들의 이데올로기로부터 그들 자신을 해방할 수 있다. 그렇다고 참된 신학을 한국 사람만이 할 수 있다는 의미는 아니었다. 노예, 인종 차별 그리고 끊임없는 차별대우로부터 고난을 겪고 있는 북미 흑인들과의 밀접한 유사성은 흑인 신학자들과의 직접적인 동지애를 형성했다. 그러나 민중과의 동일 의식이 분명하지 않을 때, 일단은 적개심을 갖고 보았다.

또 다른 어떤 상황에서 예수는 "너희를 반대하지 않는 자는 너희를 위하는 자"(눅 9:50)라고 했다고 한다. 다시 한 번, 나는 이 말이 지니고 있는 원래의 의미에 대해서는 말할 수 없다. 그러나 이것은 신학 운동의 후기 단계에서 때때로 나타나는 태도를 반영하고 있다. 복잡했던 신학의 문제들이 점차 명료해지면서, 좀 더 다차원적이고 다각적인 접근 방법에 대해 개방적이 된다. 또한 동조자들과 지지자들이 필요해진다. 실제 반대 세력의 힘이 꺼질 때, 자신들의 노력을 반대하지 않는 모든 사람을 환영한다. 예를 들어, 과정신학자들은 대안 문화, 생태 운동,

'신 물리학'에서, 여성 해방론자, 떼이야르 드 샤르댕(Teilhard de Chardin)과 제2차 바티칸 공의회에 의해 고무된 로마 가톨릭, 종교 간의 대화를 추구하는 사람들, 그리고 그리스도교의 토착화와 세계 도처에 억압받는 사람들의 해방을 위한 다양한 운동에서 상호 간의 일치되는 점들을 발견하고 서로를 돕는 법을 배웠다.

민중신학이 이 후기 단계로 이동해 갈 때 민중신학과 과정신학 간에 점진적인 협력이 있을 것으로 희망한다. 민중과의 연대 때문에 실직과 감금의 대가를 치른 과정신학자들은 거의 없다. 이런 점에서 우리는 민중신학자들의 신뢰를 얻지 못하고 있다. 우리가 다른 문제에 초점을 두었고 따라서 다른 정황 속에 있을 수밖에 없지만, 그 속에서도 우리는 억압당하는 자들과 자신을 동일시하여 대가를 치르고 있는 사람들을 지지하고 격려하는 방식으로 세계를 바라보게 되었다. 비록 영향력을 미칠 수 없다고 하더라도 우리의 교회와 정부에서 이루어지는 사건의 과정들에 영향력을 발휘하고자 할 때 우리는 세계 민중에 대한 미국 정책의 영향력을 이해하고 있는 한국의 그리스도인들로부터 도움과 안내를 필요로 한다. 한국의 민중신학자들이 한국의 정책을 결정할 수 없는 것과 마찬가지로 우리도 미국의 정책을 결정할 수 없다. 그러나 적어도 우리는 우리의 노력이 올바른 방향에서 이루어지기를 바란다. 이를 위해 우리는 한국의 민중신학자들의 정신적 지지뿐만 아니라 그들의 지혜를 필요로 한다.

전태일 이야기
(실화)

태일은 1948년 8월 26일 대구의 한 가난한 가정에서 태어났다. 8살부터 태일은 행상, 구두닦이, 신문배달부 등의 일을 했다. 그는 초등학교를 마치지 못했다. 16살에 서울의 평화시장에 있는 재봉 공장에 취직했다. 그곳에는 약 20,000여 명의 재봉사들이 있었고 대부분은 여자였다. 노동자의 평균 나이는 18세였고, 그들 가운데 절반 정도는 15세 이하였다. 이들은 하루에 15시간을 노동했다. 그러나 임금은 매우 적어, 이들의 급료를 다해야 사장 점심 값밖에 안 되었다. 노동 조건 또한 매우 열악했다. 햇빛은 안 들어오고 신선한 공기도 없었다. 노동 조건 개선과 임금 인상을 위해 태일은 노동조합을 결성하기로 마음먹었다. 그러나 1969년 3월, 노조 활동으로 인해 그는 해고당했다.

태일은 평화시장의 비인간화에 항의하기로 결심했다. 가난한 형제자매들을 위해 자신을 버리기로 작정한 그는 평화시장으로 돌아가 다시 노조를 조직하기 시작했다. 그는 노동자들이 평화시장에서 행진하도록 계획했다. 그러나 이들은 경찰에게 가로막혀 흩어지고 말았다. 그러자 태일은 자신의 몸에 휘발유를 붓고 불을 붙였다. "젊은 생명을 착취하지 말라! 나의 죽음을 헛되이 말라!"라고 외치며 태일은 죽었다. 그의 나이 22세였다. 태일은 민중을 따르며 자신의 생명을 바쳤다.

한 미국 선교사가 본 민중신학

조지 오글(George Ogle)

머리글

나는 자신들의 고난을 통해 민중신학이라 불리는 신학을 형성해 낸 사람들에게 깊은 경의를 표하면서 이 글을 시작하고자 한다.[1] 내가 그 신학의 진실성을 확신하게 된 까닭은 거기에 신약성서의 본질이 담겨 있기 때문이다. 그리고 그 신학을 수용한 사람들이 사도적 권위를 갖고 있다고 믿을 만한 참된 복음의 증언을 하고 있기 때문이다.

그러므로 이 글은 민중신학에 대한 비판이 아니라 오히려 도시산업 선교 활동에 참여했던 한 외국인 선교사로서 겪은 나의 경험에 기초한 소론이다. 이 경험들은 나에게 한국 산업 노동자들의 '한'을 엿볼 수 있

---

[1] 문동환의 정의에 따르면, 민중은 현존하는 사회구조에 의하여 정치적으로, 경제적으로, 사회적으로, 그리고 문화적으로 억압받고 소외된 모든 사람을 가리킨다. *Korean-American Relations at Crossroads*, ed. by Wonmo Dong (Princeton, N. J.: The Association of Korean Christian Scholars in North America, Inc., 1982), p. 17.

[2] 시인 김지하의 정의에 따르면, 한은 내면화되고 고착된 민중의 화와 슬픈 정서이다. 한은 지속적 압박과 착취에 의해 오랜 시간 동안 '표출'(outgoing-ness)이 막히고 억압될 때 발생한다. 위의 책, p. 17.

는 독특한 기회를 제공해 주었다.[2] 이 소론은 한국 노동자들이 겪은 고난과 그 고난의 중요성을 증언한 사람들에 대한 감사의 글이다. 한국은 지난 20년 동안 상당한 산업 발전을 이루어 냈다. 그 발전의 큰 공로는 한국 노동자들에게 돌려져야 하지만 그들은 그 공로를 인정받아 본 적이 없다. 발전을 가능케 한 대부분의 희생과 고통은 평범한 노동자들의 몫이었다. 이 글은 그들 공장 노동자들의 한(恨)에 관한 나의 생각이다.

선교의 기원

2차 세계 대전 기간 중 독일은 프랑스를 점령해 수천 명의 프랑스 노동자들을 강제 노동자로 독일로 끌고 갔다. 그중에는 노동자로 위장하여 노동자들 속에서 사역을 계속하려는 12명 정도의 가톨릭 사제들이 있었다. 대다수의 사제들은 독일군에 발각되어 처형당했고, 몇 명만이 살아남았다.

전쟁이 끝난 후, 살아남은 사제들은 주교의 도움으로 파리에 산업 현장의 노동자들을 위한 '파리 선교회'(Mission to Paris)란 단체를 조직했다. 사제들은 노동자가 되어 동료 노동자들과 함께 공장에서 일을 했고 그들의 공동체에 전적으로 참여했다. 그들 중 몇몇은 노동조합에서 간부와 지도자가 되었다.

그러나 사제들의 노동운동은 오래 지속되지 못했다. 교회의 기둥이었던 부유한 자본가들은 자신들의 고용자들 사이에 사제들이 있는 것을 좋아하지 않았고, 교회 지도부에 노동 사제 운동을 중단하라고 압력을 넣었다. 사제들은 사제로 남을 것이냐 노동자가 될 것이냐 양자택일

해야 했다. 대부분 노동자로 남았다. 1954년 교황령에 의해 파리 선교회는 문을 닫았다.

대서양 너머 미국에서는 같은 전쟁에서 유사한 신학적인 기반을 갖고 돌아온 퇴역 군인들에 의해 다른 형태의 기독교 선교의 실험이 벌어졌다. 그들은 미국의 가장 험악한 빈민 지역 중 하나인 뉴욕의 동쪽 할렘가로 갔다. 거리의 갱단, 포주, 악덕 임대업자 그리고 부패한 정치인들이 그 지역을 장악하고 있었다. 퇴역 군인들은 단결된 기독교 공동체가 이 지역의 엄청난 사회적·영적 욕구를 채워 줄 수 있을지도 모른다는 믿음을 가지고 이 비참한 지역 한가운데 자신들의 교구를 세웠다.

미국 전역 12개 정도의 도시에 지부들이 생겼다. 시카고에서 이것은 '서부 그리스도교인 교구'(West Side Christian Parish)로 불렸다. 1957년에 나는 시카고 지부에 가입했고 길가의 점포들 사이에 있는 작은 교회의 사제로 임명받았다. 나의 교인은 흑인들이었고 나의 교구는 시카고 남쪽 빈민가였다. 그들의 육체적·사회적·영적 고통은 실업과 빈곤, 모욕이라는 일상생활의 모습에서 나타났다. 이들은 노예제도나 다름없는 백인 위주 사회 제도의 희생자였다.

그러나 그곳엔 자신들의 고통에도 불구하고 하나님이 구원하실 것이라는 놀라운 믿음이 있었다. 그들에게 내세의 구원과 현세의 구원이라는 인위적인 분리는 없었다. 개인 구원과 사회 정의 간에는 어떠한 세련된 구분도 존재하지 않았다. 이들의 신앙은 그 모든 것을 포함했다. 구원은 모든 것에 적용이 되는 것이었다. 이들은 요단강을 건너 '약속의 땅'을 보았을 뿐만 아니라 더 좋은 집, 더 많은 직장, 그리고 좋은 교육을 위해 하나님이 부르는 '시카고 땅'도 보았다.

노동 사제, 동부 할렘 개신교구와 서부 그리스도교인 교구는 태평양을 건너 한국의 인천에서 선교사 생활을 시작할 때 내가 갖고 온 유산의 일부였다. 그때 나는 '한'이란 단어를 알지 못했다. 그러나 지난 일을 회고하면 프랑스 노동자들과 시카고의 흑인 교인들의 '한'은 당시 내 신학적 사고에 큰 영향을 미쳤음을 알 수 있다.

나는 한국에 도착해서 선교사라 불리는 다양한 부류의 사람들 중의 한 사람이 되었다. 그들은 정말 가지각색이었다. 생활양식과 신학이 나와 맞지 않는 사람들이 있었지만, 시간이 가면서 대부분의 선교사들을 존중하게 되었고 그들 중 많은 이들에겐 깊은 애정을 갖게 되었다. 내 주변의 수많은 선교사 중엔 그 전통이 백 년을 이어온 사람들도 있었다. 에스터 레어드(Ester Laird)는 나와 같은 시기에 일했던 사람이다. 그녀는 파킨슨병을 앓고 있던 연약한 여성이었는데, 1954년 당시 대전의 하상(河床) 지역에 사는 난민들을 매일 방문했다. 그녀는 아픈 사람들을 돌보고 영양실조에 걸린 아이들을 자신의 등에 업고 다녔다. 그녀의 전임자는 빅터 피터스(Victor Peters)였다. 나는 피터스를 만나 보지는 못했지만 그에 대해서 많은 이야기를 들었다. 피터스는 '외국인 티'가 복음을 전하는 데 방해되지 않도록 서구식 생활 방식, 옷, 음식을 모두 포기했다. 그의 전임자는 프랭크 윌리엄스(Frank Williams)였는데, 20년 동안 매우 정열적이고 헌신적인 선교 활동을 했던 사람으로, 걸어서 산을 넘어 충청남도의 벽촌에서 설교하고 가르치고 교인을 모았다.

그리고 3·1운동 사건과 영웅담 속에 감추어진 인물 중에 선교사 프랭크 스코필드(Frank Scofield)가 있었다. 그 전엔 전설적인 인물 제임스 게일(James Gale)이 있었다. 그는 복음이 평민들의 허름한 집 방 안에서 양반다리하고 앉아서 전파되어야 하는 것으로 알았던 사람이다. 그리고 존 네비우스(John Nevius)의 충고는 1893년 초교파 선교사 모임인 선교협의회(Council of Missions)로 하여금 다음과 같이 선언을 하도록 했다.[3] 1) 상류 계층보다는 노동 계층의 개종을 목적으로 하는 것이 낫다. 2) 여성들의 개종과 기독교 소녀들의 교육은 심각하게 고려되어야 한다. 3) 성서와 기독교 문서는 한자가 아닌 민중의 일상어인 한글로 번역하여 출판하는 것이 낫다.

나는 나의 선교 활동이 이러한 형제와 자매들 또 그들이 대변했던 많은 이들과 똑같은 정신을 가지고 일했다고 생각하고 싶다.

인천 도시산업선교회

1961년 한국 감리교회 연회에서 김종필 감독은 나를 인천의 도시산업선교회로 파송했다. 그곳에서 나는 나와 비슷한 관심을 갖고 있던 세 명의 한국인을 만났는데, 그후 그들의 삶은 나의 삶에 깊은 영향을 주었다.

이 세 명은 모두 감리교 목사였는데, 이들은 복음이 교회와 노동 계급 간에 존재하고 있는 깊은 골을 극복할 것을 요구한다고 믿었다. 우리는 일반 교회의 목회와 부흥 집회가 이러한 요구를 충족시키지 못한다고 확신했고 따라서 노동 현장에 뛰어들 것을 결심했다. 좀 더 정확하게 말

---

3) Peggy Billings ed., *Fire beneath the frost* (New York: Friendship Press, 1984)에서 인용함.

하면, 조승혁·조문걸·조화순('세 명의 조')은 인천의 공장에 취업하고, 외국인이었기에 취업을 할 수 없었던 나는 인천의 노동조합에서 일하기로 결정했다.

우리들은 왜 정규 경로를 포기하고 이방인이나 다름없는 그곳에 들어가기로 결심했는가? 우리들은 산업 노동자들에 대한 교회의 복음적 사명이 전혀 이루어지지 않는다고 믿었다. 골은 너무 깊었다. 복음주의적 사명이 과연 무엇인가에 대해서는 사실 우리 자신도 명확하지 않았다. 노동자들의 세계로 나아갈 때, 이 질문에 대한 답이 우리에게 주어지길 바라며 기도했다. 다시 말하면, 공장과 노동조합의 민중을 통해서 예수와 그의 제자 됨으로의 부르심에 대해 새로운 것을 발견할 수 있을 것이라고 믿었다. 우리는 산업 노동자들의 일상적인 삶을 통해서 하나님이 우리에게 이제까지 예수에 대해 알지 못했던 어떤 것을 계시해 주시기를 바랐다. 하나님이 노동자들 가운데서 복음을 전하는 자들로 우리를 쓰신다는 계시를 얻기 위해 우리는 민중 속으로 들어갔다.

우리는 우리가 묻고 있는 것에 대해 알지 못했다. 계시가 왔지만 기대했던 것과는 다른 형태로 왔고, 그리고 이것은 우리가 구하지도 않았던 명령을 낳았다.

계시

우리가 노동의 세계로 들어간 것을 두고 새롭다 혹은 급진적이다 하는 사람들이 있었지만, 사실 우리는 어둠 속에서 헤매고 있었다. 우리의 신학적 표현이나 노동자들을 교회로 인도하려는 노력을 볼 때 우리는 아주 평범했다. 그러나 노동자들과의 관계가 깊어질수록 그들의 도전도 더 커졌고, 하나님에 대한 우리의 이해에 대해 다시 생각하고 그 표현을 새롭게 만들었다.

첫 번째 계시는 조문걸 목사에게 왔다. 그는 5년 동안 철공장에서 프레스 기계에서 나오는 붉고 뜨거운 금속 막대를 다루는 일을 했다. 어느 날 그는 몸의 균형을 잃어 뒷걸음질 치다 뜨거운 금속 막대를 밟게 되었다. 그의 신발은 타 버렸고 발목에 큰 상처를 입어 고통을 겪었다. 몇 주 동안 그는 거의 걷지도 못했다. 그는 지독한 고통을 겪었고, 순교자라도 된 것처럼 느꼈다. 그러나 놀랍고 섭섭하게도 그는 자신의 동료 노동자들에게서 어떠한 동정도 받지 못했다. 자신은 순교자처럼 느꼈을지 모르나 동료 노동자들은 그렇게 느끼지 않았다. 고통이 가라앉고 이 일을 잠시 잊고 지낸 후 그는 자신의 경험을 종합하기 시작했다. 사고, 부상, 심지어 죽음까지도 철공장 노동자들에겐 흔히 일어날 수 있는 일이었고, 따라서 조문걸 목사의 상처쯤은 아무것도 아니었다. 조문걸 목사와 우리들에게 이 일은 냉정한 객관적 사실이 아니라 노동자들의 '한'에 대한 계시로 다가왔다.

조승혁 목사의 배움은 다른 경로를 통해 이루어졌다. 조승혁 목사는 합판 공장에 취직했다. 어느 날 오후 그는 네 겹으로 된 합판을 가득 채워 온 트럭에서 합판 내리는 일을 맡게 되었다. 트럭 위에 두 사람이 올라가 합판을 내려 주면 조승혁 목사와 다른 세 사람이 받아서 쌓기로 했다. 위에 올라간 두 사람은 아래에 있는 사람들에게 장난치기 시작했다. 그들은 합판을 엉뚱한 곳에 던져 주거나 받기 힘들 정도로 세게 던져 버렸다. 말다툼이 일어나고 분위기가 험악해졌다. 마침내 조승혁 목사는 화가 머리끝까지 올라서 "한 번만 더 그러면 죽여 버린다."고 소리질렀다. 그의 화난 목소리와 눈빛 때문에 트럭 위에 있던 두 사람은 한발 물러섰고 작업은 정상적으로 진행되었다.

싸움을 걸었던 순간에 조승혁 목사는 우리가 숨 쉬는 공기처럼 분명한 것이었지만 그때까지 그가 의식하지 못했던 삶의 현실을 깨달았다. 같이 일하던 노동자들은 언제나 트럭 위에 있던 두 사람 혹은 관리자나 공장장 같은 소수의 권력자들에 의해 억압당하고 있었다. 억압당하는 것은 그들의 현실이자 운명이었다. 그들의 경험이 민중신학에서 말하는 '한' 이었다.

조화순 목사는 공장에 취업한 첫날 눈이 열리게 되었다. 두 시간 동안 기다린 후에야 관리자가 사무실에서 나왔다. 그는 날카롭고 불친절한 어투로 그녀에게 부엌에 가서 일하라고 했다. 부엌 문간으로 걸어갔을 때 한 중년의 여자가 "대체 어디 있다 오는 거야. 테이블 닦고, 바닥 청소해!"라고 고함질렀다. 그 태도는 적대적이었고 말은 모욕적이었다. 그런 취급을 몇 시간 받은 후 조화순 목사는 더 이상 참을 수 없는 지경에 이르렀다. 분노와 좌절로 폭발할 것 같았다.

나이 든 여인에게 물통 두 개를 맡기고 그곳을 빠져나오려는 순간 차원이 다른 어떤 목소리가 조화순 목사의 주의를 끌었다. 그것은 그녀 안에서 나오는 것이었고, "그리스도께서 받은 고통이 바로 이런 것입니다. 당신이 그리스도보다 낫습니까?" 그녀는 마루 청소를 끝내고 섬유 노동자가 되었다.

'한' 을 소개하는 마지막 이야기는 내가 1964년에 인천 항만노조를 찾아갔을 때의 이야기다.

사무실은 부두 뒤에 있는 작은 방이었다. 남자들은 배에서 부두로 이어진 트랩 위를 조심스럽게 걸으면서 어깨와 등으로 화물을 내리고 있었다. 노조 사무실로 들어가 송 씨를 만났는데, 그는 독실한 장로교 신자였다. 우리가 이야기할 때에 다른 사람들이 들어왔다. 이들은 막 일을 끝낸 참이었다. 그들은 자신들 옆에 있는 외국인에 대해 궁금해 했고, 적극적인 성격이었기 때문에 곧 종교에서부터 그들의 중노동 때문에 생긴 주기적인 등의 통증까지 이야기했다. 이야기 도중 부두 쪽에서 "모두 나와! 일하자."라는 소리가 들렸다. 그 즉시 그들은 밖으로 나갔다. 그 순간 나는 새로운 것을 깨달았다. 그것은 "예수와 그의 제자들도 여기 힘들게 일하고 있는 노동자들과 같았을 것이다. 갈릴리의 어부였고 나사렛의 목수였다."는 것이다.

우리 네 사람은 각자 초보적인 수준에서나마 노동자들의 '한'을 경험했다. 그리고 각자의 경험을 나누었다. 우리 모두는 그 '한'을 계시의 수단으로 간주했다. 예수는 우리들 사이에서 다시 한 번 걸으시고 고난을 당했다. 성육신이 다시 한 번 일어난 것이다. 복음의 가르침은 개인적이고 동시에 사회적인 실체가 되었다.

'한'(恨)과 예수

그러나 '한'을 계시적으로 이해하는 것은 두 가지 질문을 야기한다. 1) 오래전에 팔레스타인에서 활동한 그리스도를 통한 하나님의 역사와 나사렛 예수를 알지도 못하는 20세기의 한국 노동자들 간에는 어떤 관계가 있는가? 2) 고난을 겪고 있는 사람들에게도 '한'은 계시적일 수 있는가? 우리에게 의미를 주는 이것은 노동자들의 고난에 대한 우리의 해석에 불과하지 않는가? 만약 그렇다면, 이러한 해석을 공유하지 않는 민중에게는 '한' 이란 어떤 의미인가?

첫 번째 질문은 그리스도교 운동 그 자체만큼이나 오래된 질문이다. 예수와 하나님 나라는 구약성서의 성취인가 혹은 예수는 과거와 단절하고 새 시대를 열었는가? 복음은 고대 그리스의 '알려지지 않은 신'을 퍼뜨리고 완성했는가 아니면 비기독교인에게 완전한 걸림돌인가? 중국의 초기 예수회도 이와 똑같이 양자택일을 요구하는 질문, 즉 기독교는 유교에 적합한가 아니면 양립할 수 있는가 하는 문제에 직면했다. 그리고 노동 사제들도 기독교 국가로 여겨지는 프랑스에서 노동계급과 관련하여서 이와 똑같은 질문을 제기했다.

20세기의 선교 역사에서 이 문제는 굉장한 논쟁거리였다. 1932년에 윌리엄 호킹(William Hocking)은 모든 종교 간에 공통의 기반이 있음을 인정했고 따라서 선교는 기독교의 가르침을 다른 종교의 가르침과 비교하는 데 초점을 맞추어 세계의 종교들과 민족들이 서로를 풍성하게 할 수 있도록 해야 한다고 주장했다. 핸드릭 크래머(Hendrick Kraemer)는 이와 달리 모든 종교에는 고귀한 것이 있지만 오직 기독교만이 계시 종교이고 다른 종교는 인간의 창작물이라고 주장했다. 그래서 그는 그리스도는 표면상으로 연관성을 갖고 있는 것처럼 보이지만 사실 다른 모든 종교와 관계가 없다고 주장했다.

한국 노동자들과 함께 있었던 20년 동안 얻은 계시와 경험에 따르면 호킹과 크래머 둘 다 어느 면에서는 옳다. 분명히 모든 인류를 묶어 주는 공통점은 있다. 서구 선교사들에게 그들이 우월한 종교를 가졌다는 의식을 버리라고 말한 호킹의 충고는 옳은 것이었다. 그는 또 하나님은 이교도 속에서도 자신을 계시하기 때문에 선교사들도 듣고 배우라고 조언하기도 했다.

공통된 인간성

한국의 노동자들은 다 종교적이기도 하고 종교적이지 않기도 하다. 그들 속에는 우리 모두를 같은 형제자매로 만드는 공통된 인간성, 공통된 인간의 고귀함, 공통된 영적 열망, 공통된 악이 있다. 또한 역사 속에서 가난한 자들이 겪어야 했던 영적·육체적 고통의 '동질성'도 있다.

성서에는 가난한 자를 지속적으로 억압하는 사회 경제적 구조를 묘사하는 내용이 있다. 야훼 하느님의 정의로운 말씀은 바로 그런 억압적 구조를 반대하는 것이다. 레위기 25장과 신명기 15장은 땅과 가축과 식량이 소수의 손에 과도하게 집중되어 있는 경제 체제를 보여준다. 노동자들은 종종 노예화되거나 생존할 수 있는 임금 이상을 결코 받지 못했다. 고리대금업자에게 빚을 져 땅을 빼앗기고 거리를 헤매는 경우도 허다했다.

소수의 부자와 대다수의 가난한 대중이라는 계급 체제가 이스라엘 역사에 팽배해 있었던 것으로 보인다. 야훼 하나님이 통렬히 비난한 것은 이러한 체제, 즉 소유 집중, 백성들의 채무, 그리고 노동 착취의 구조들이었다. 레위기와 신명기에서 야훼가 요구하는 것은 분명하다. 야훼는 다음과 같은 경제적·사회적 구조를 요구하신다. 1) 집중된 토지 소유를 해체하여 땅이 없는 자들에게 땅을 나누어 줄 것, 2) 노예가 된 노동자들을 해방시킬 것, 3) 가난한 자들이 자신을 부양할 수 있는 수단을 마련해 줄 것, 4) 사람들의 빚을 탕감해 줄 것. 야훼는 이러한 새로운 사회의 바탕이 될 가치의 근거를 제공해 주었다. "너희는 모두 이집트의 노예였고 지금은 너희의 땅에서 모두 형제와 자매임을 기억하라!" 땅과 그 안에 있는 모든 것은 모두의 이익을 위해서 있는 것이다. 두 번째로 야훼는 이렇게 말씀하신다. "가난한 자들은 언제나 너희들 곁에 있을 것이다. 그러므로 그들에게서 너희의 손과 마음을 거두지 말라. 너희의 구조를 개혁하여 가난한 자들이 생산적인 체제에 참여할 수 있도록 하라."

20세기 한국 사회에서도 이와 비슷한 사회 계층화가 발견된다. 위대한 유교학자인 맹자는 세상엔 지배자와 피지배자 두 종류의 사람이 있다고 했다. 1910년에서 1945년까지의 일제 통치자들은 맹자의 말에 동의했다. 그리고 1945년 이후 한국의 통치자들은 종종 민주주의와 자유를 떠들면서도 그것을 실천하기를 매우 꺼렸다. 한국의 공장주들은 아직도 고용주에 대한 존경과 복종의 가부장주의를 주장한다. 노조는 인정되지 않으며 집단행동을 시도한 노동자들은 해고되었다. 지배와 피지배의 현대적 구조는 '반공'(反共)이라는 신종교의 이름으로 행해졌다.

윌리엄 호킹은 사람을 서로 묶어 주는 공통된 인간성과 영성을 지적했었다. 그가 좀 더 깊이 생각했더라면 끊임없이 사회를 지배자와 피지배자로 나누는 사회·경제적 구조를 지적했을지도 모른다. 그리고 또한 민중과 죄인이라고 불린 자들 사이에서 예수는 자신의 정체성을 이해했다는 것도 알 수 있었을 것이다. 자신이 살았던 시대의 민중과 연대한 예수는 남한의 민중과도 연대할 것이다.

민중, 비유, 기적, 예수의 십자가 이 모든 것은 산업화된 한국의 계급 사회에도 적용된다. 노동자들의 '한'을 통해서 전달된 계시는 예수를 옛 이스라엘에서 근대 한국으로 옮기는 것을 자연스럽게 만드는 것처럼 보인다. 우리는 비기독교인들로부터 나오고, 비기독교인을 향하는, 비기독교인들과 함께하는 신학을 주장한 브라질의 레오나르도 보프(Leonardo Boff)의 말에 동의한다.

복음

그러나 비록 그리스도의 인격이 기독교인이 아닌 노동자들에게 호소력을 지닌다 할지라도 한국 노동자들이 신비로운 방식으로 자신들 가운데 존재하는 그리스도의 현존을 본능적으로 감지할 수 있다고 말할 수는 없다. 어느 날 밤 몇 명의 철공장 노동자들과 함께 술집에 앉아서 놀랍게도 예수의 십자가에 대해서 이야기했던 적이 기억난다. "예수는 사람이었기 때문에 죽은 거 아니야?", "예수는 우리의 등 뒤에 있는 똑같은 권력자들에 의해 죽은 거지.", "예수의 고난은 우리들의 고통과 다를 게 없어." 비기독교인들의 이러한 말은 자신들과 예수에게 가해진 고난이 같다고 이해하고 있음을 암시해 주는 말이었다.

그러나 어쨌든 이것은 '한'이 민중에게도 계시적인 것이 될 수 있는가에 대한 답은 되지 못한다. 나는 고난과 분노 그 자체가 하나님이나 천국을 볼 수 있게 만든다고 할 수는 없다고 믿는다. 희망을 준다고 보지도 않는다. 화나 미움, 절망을 낳을 수도 있다. 그러나 민중이 구속으로부터 자신을 해방시키고자 한다면 이러한 감정들은 필요할지도 모른다. '한'과 한에 관련된 감정 그 자체로는 개인적이거나 사회적인 구원을 생산하기에 충분치 못하다. '한'은 반란이나 일시적인 저항을 불러일으킬 수는 있으나, 그런 저항이 지속되어 개인적이고 사회적인 개혁을 이루어 내려면 동조하는 외부 세력의 어떤 힘이 필요하다. 미래의 희망을 약속하는 어떤 믿음이 있어야 한다. 앞서 언급한 핸드릭 크래머의 주장은 이 점을 잘 지적하고 있다.

크래머가 예수는 모든 종교(기독교를 포함해서), 그리고 모든 인간 사회와 단절되어 있다고 주장한 말은 옳다. 예수는 역사 안으로 들어온 새로운 지평이다. 그를 통해서 인간과 사회 구조는 하나님의 사랑과 정의를 분명하게 볼 수 있는 기회를 얻는다. 그는 밖으로부터 온 계시이다. 그러나 가난한 자의 고난과 연대할 때만 그는 우리에게 계시된다. 그는 민중을 억압하는 권력에 도전하셨고 뒤로 물러서지 않았다. 그는 권력을 이기고 부활함으로써 하나님이 되었다.

그리스도의 독특성에 대한 크래머의 주장은 정당하다. 그러나 바로 그 독특성 때문에 그리스도는 역사 속에서 지속적으로 성육신하여 가난한 자들의 고통, 민중의 한과 함께한다.

예수의 이러한 연대성과 타자성은 그의 제자들이 활동했던 변증법적 패턴을 결정해 준다. 한편으로 민중은 예수와 제자들을 연결하고, 제자들에게 형제–자매(혈연)의 공동체를 열어 준다. 동시에 제자들은 이러한 변증법의 또 다른 측면을 인식한다. 즉, 제자는, 인간 밖에서부터 와서 의미와 구원을 제공해 준 예수의 전도자라는 것이다. '성육신'이란 단어가 보여주는 것처럼, 공동체성과 복음은 민중을 통해 그리스도를

'본' 제자들에 의해 '창조적인 긴장' 안으로 함께 묶여진다. 복음과 공동체성은 은혜를 받고 혈연관계를 받아들이는 상황 안에서 존재한다.

이러한 변증법적 위치는 예수의 경우와 마찬가지로 제자들을 종교와 정치 제도권과 충돌하도록 했다. 갈등은 피할 수 없다. 중요한 것은 이것이 복음의 올바른 선포로 인해 일어난 충돌인가 하는 것이다. 즉, 이 충돌이 그리스도의 형제와 자매로서 하늘로부터 주어진 인간의 존엄성에 대한 모독에 저항하여 가난한 자들 편에 서는 그리스도교적 복음의 결과로서 일어난 것인가 아닌가 하는 것이다. 바로 이곳에서 공동체가 만들어지고 하나님 나라의 힘이 모두에게 보인다.

힘없는 '한'(恨)

브라질 사제인 레오나르도 보프와 한국인 평신도 김지하는 '추함'(ugliness)에 대해 말한다. 가난한 자의 지배적인 환경은 추함, 즉 환경의 추함과 인간관계의 추함으로 종종 이것은 인격으로 내면화되기도 한다. 그 사람들과 그들이 살고 있는 사회는 물리적인 억압의 한과 영적 비천함의 한으로 고난을 겪는다. '한'은 변혁의 잠재적 능력인 폭발적인 분노를 포함하는 것으로 정의될 수도 있다. 그러나 '한'을 이러한 방식으로 정의한다면, 우리는 '한 이전' 혹은 '한 아래'라는 또 다른 용어를 만들어야 한다. 대다수 사람들이 이러한 추함 아래 살고 있으며, 그들이 참고 견디는 불행은 그들의 영혼을 죽이고 저항의 생기를 묵살한다. 세계 도처에 민중과 가난한 자들에게 가해지는 무자비한 고난에 대해 낭만적이지 않도록 하자.

인혁당 사건에서 8명의 죄 없는 죄수들이 교수형을 당했고 가족들은 영원히 '공산주의자'로 낙인찍혔다. 이러한 고통은 군사정권이 자신들의 독재를 정당화하기 위해 희생양을 필요로 했던 것 이외에는 어떠한 이유도 없는 것이었다. 수석 검사 편에서는 개인적인 복수를 할 수 있는 기회였는지도 모른다. 피고들은 애초부터 아무런 희망도 없었다. 한국 중앙정보부가 그들을 체포하기로 결정한 순간 그들은 이미 죽은 거나 다름없었다. 그들은 고문당하고, 자백을 강요받았고, 형식적인 법정의 판결을 거쳐, 마침내 감옥에서 쓸쓸히 교수형을 당했다. 이들은 아마도 예수보다 더한 고난을 겪었을 것이다. 그러나 여기에는 그들이나 그들의 가족을 위한 부활 이야기는 없다.

도시산업선교회의 실무자들도 비슷한 운명을 겪었다. 1971년 박정희와 그의 중앙정보부가 한국 사회를 장악한 후에, 도시산업선교회원들은 사회 내에서 '낙인찍힌 사람들'이 되었다. 평회원들은 실직의 위협을 당했다. 조화순 목사는 석 달 동안 행방불명되었다. 조승혁 목사는 중앙정보부에서 석방된 뒤 다시 1년 이상 감옥살이를 하면서 구타를 당했고 생명의 위협을 받았다. 다른 도시산업선교회원들과 후원자들도 거친 위협을 당했다. 나는 다섯 번에 걸쳐 심문을 받았다. 아마도 내가 미국인이었기 때문에, 나는 투옥되거나 고문당하는 대신 추방당했다.

우리에게 가해진 이 모든 폭력은 반공이란 명분으로 정당화되었다. 한 사람에게 '공산주의자'라는 낙인이 찍힐 때는 제도 교회마저도 등을 돌렸다. 노동자들의 '한'을 통해서 주어진 계시는 더 많은 고난으로 향해 갔다. 특권층들과 권력자들이 이 시대를 장악하고 있었다.

그러나 '한'에 대해 말할 때는 압제자들의 이름을 말해야 한다. 김지하가 국가 권력과 처음 갈등을 빚게 된 것은 그의 시 〈오적〉 때문이 아닌가? 예수가 십자가에서 죽임을 당한 이유는 서기관들과 바리새인들을, 부자와 권력자들을 부당한 고난의 가해자로 간주했기 때문이 아닌가? 만약 누군가 '한'을 진지하게 고찰하고자 한다면, 이 조건의 원인들을 명확히 밝히고 저항해야 한다. 신명기 15장에 적절한 예가 나온다. 야훼는 압제자들의 다양한 유형을 명확히 하고 그 각각에 대한 대응책을 제시한다. 초국적 기업들과 국제적 군사동맹이 있는 오늘날의 세계에서 억압의 실제 원인을 정확히 찾아내는 것이 쉬운 일은 아니다. 경제적으로 가난하지 않은 사람들도 힘없이 소외되었고, 그 권력의 '앞잡이'가 되어 예전엔 가난한 자에게 간직되어 있었던 '한'에 참여하게 되었다. 특권층들과 권력자들은 여전히 지배를 행사하면서도 그것이 보이지 않도록 하려 한다. '한'의 무력한 차원이 극복되려면, 착취자들의 이름을 밝혀 공개적으로 알려지도록 해야 한다.

'한'의 힘

그러나 민중은 힘이 없으며 이 세계의 특권층들과 지배자들의 손에 달려 있다고 말하는 것이 민중에게 변혁의 힘을 키우는 '한'이 있다는 사실을 부정하는 것은 아니다. 불행히도 혁명 혹은 저항으로 충분치 않다. 저항은 소멸되거나, 지도자들이 지배체제 안으로 흡수할 수도 있다.

만약 정의를 세우는 데 효과적으로 쓰이려면 동참의 씨앗을 지니고 있는 '한'이 반드시 조직화되어야 한다. 노동조합, 공동체 조직, 가난한 자의 정당, 공동의 성장을 도모하는 그룹은 필수적이다. 한국 혹은 그 밖의 나라의 군사독재자들은 이 사실을 본능적으로 알고 있다. 이것이 노동조합과 민중의 다른 조직들을 재빨리 제거해 버리는 이유이다. 민중신학을 수용한 사람들도 역시 '한'의 이런 조직적 차원을 알았고, 그런 조직화 과정 속에서 권력과 맞서게 되었다. 만약 이들이 그 신학을 개인들의 고립된 노력으로 한정시켰다면, 정부와 갈등을 빚지 않았을 것이다.

'한'의 경험은 집단적이기 때문에 조직화를 요구한다. 한국의 여성 공장 노동자들은 집단적으로 시위를 벌였다. 모든 경우에 이들은 패배했지만, 이들의 버팀은 노동운동의 정신을 활력 있게 유지했다. 노동조합은 군사정부에 의해 속박되었지만, 이 여성들의 '한'은 끊이지 않고 폭발하여 억압자의 이름을 공개적으로 알려지게 했다.

동일방직 사건은 본받을 점이 많다. 조화순 목사가 동일방직에 노동자로 입사했을 때, 시골에서 올라온 어린 여성 노동자들은 공장 관리자들에게서 받은 학대로 서로를 소외시키며 사기가 저하되어 있는 상태였다. 조 목사는 천천히 이 여성 노동자들을 모아 힘든 점들을 서로 나누게 했다. 그들은 공장 밖에서 이야기할 곳을 찾았고 가족 같이 되었다. 그들은 함께 울고 함께 웃는 법을 배웠다. 그들은 자신감과 서로에 대한 신뢰를 키웠고, 조 목사의 도움으로 조직화하는 법을 배웠다.

그러자 예상하지 않았던 일이 일어났다. 동일방직의 여성 노동자들은 한 여성을 자신들의 노동조합 지부장으로 뽑았다. 전에는 회사의 지원을 받는 남성 노동자들이 노동조합을 장악하고 있었다. 여성 노동자들은 경영자들도 놀랄 정도로 노동조합을 장악하여 능숙하고 정열적으로 운영했다. 이들 안에 모인 '한'은 자유와 새로운 인간성의 집단적인 표현을 낳도록 했다. 그러나 회사는 이런 새로운 상황을 받아들일 수 없었다. 여성들을 동등한 파트너로 받아들일 수 없었고, 임금이나 노동 조건 같은 중대한 문제들을 '여자아이들'(girls)과 협상하고자 하지 않았다.

동일방직 노동조합은 해체되었다. 회사와 군사독재자들은 폭력을 썼다. 회사는 대부분 10대인 여성 노동자들이 사람들을 위협하여 경제 발전을 저해하고 사회 질서를 혼란케 하고 있다고 비난했다. 어린 여성 노동자들의 '폭력'을 막기 위해 회사는 깡패들을 동원해 이들을 폭행하고 쫓아냈다. 민중이 자기 보호와 자기표현을 위해 자기 조직화를 시도하면 언제나 당국은 '폭력'을 썼다. 객관적인 분석은 한국의 지배자들과 기업들이 그들의 지배를 유지하는 데 도움이 된다면 폭력을 행사했음을 보여준다. 그러나 자신들에게 가해지는 폭력을 막고자 했던 민중 조직들을 오히려 폭력적인 공산주의자로 낙인찍었다. 동일방직 여성 노동자들에 의해 일어난 예는 지난 10년 동안 한국 전역의 12개 정도의 공장에서 다른 어린 여성 노동자들에게도 계속 일어났다. 만약 '한'이 문동환이 주장하는 것처럼 '새로운 인간 역사를 위한 출발점'이라면, '한'은 필수적으로 조직화되어야 한다. 어린 여성 산업 노동자들은 모두가 볼 수 있는 조직화의 기념비로 살아 있다.

회심, 투쟁 그리고 제도권 교회

제도권 내의 교회는 결코 민중신학으로 변하지 않을 것이다. 민중이 되기에는 너무도 자본주의의 가치와 문화에 찌들어 있기 때문이다. 또한 민중신학을 완전히 떨쳐 버리지 못할 것이다. 민중신학을 완전히 몰아내기에는 민중과 성서의 연관성이 너무도 밀접하고 너무도 명백하기 때문이다. 그리스도와 가난한 자들 사이의 이러한 친화성을 지적하고, 그 자체로 교회에 대한 심판과 도전이 되는 기독교인들과 비기독교인들은 언제나 존재할 것이다. 민중신학은 '단'(斷), 즉 과거로부터의 단절, 회개를 넘어 정의를 향한 돌아섬에 대해 말한다. 민중신학이 교회 안에도 존재하기 때문에, 교회는 언제든지 '단'을 행할 기회를 가지고 있다. 어떤 이는 듣고 정의를 향해 움직일 것이다. 어떤 이는 하나님 나라에 들어가 살기 시작할 것이다. 이들은 나사렛 예수를 통해 민중과 연대하는 복음의 사명으로 회심한 사람들일 것이다.

'단'을 경험한 사람들이 헌신적으로 존재한다는 것은 교회를 향하여 회개하라고 말하는 것 이상을 보여준다. 아이러니하게도 '단의 행위'는 어느 정도 교회의 사회 종교적 권위를 이용한다고도 할 수 있다. '단을 경험한 사람'들은 보수적인 제도 교회 안에도 있기 때문에, 그들의 소리는 단지 소수의 개인의 목소리가 아니라 교회의 목소리로 들린다. 그래서 힘없고 약하더라도 종종 그들의 증언은 그 이상의 강한 힘을 수행한다. 그들의 증언을 듣는 사회는 종종 혼란에 빠지게 되는데, 왜냐하면 그 목소리를 교회의 목소리로 착각하기 때문이다. 민중은 교회에 대한 증언, 즉 교회가 어떠해야 한다는 증언의 목소리로 남아 교회로 하여금 '단'을 지나 정의를 위해 살도록 해야 한다.

사회를 완전히 통제하려는 특권층들과 권력자들은 이 목소리를 교회 차원의 위협으로 간주하기도 한다. 그래서 그들은 광적이게 된다. 교회와 연관을 맺고 있는 것으로 보이는 단체에 대한 권력의 야만적인 억압이 그것을 증명해 준다.

사회와 권력이 이러한 증언을 받아들이고 회개할 수 있을까? 그럴 것 같지가 않다! 정부나 사회의 지배자들이 "내가 죄인이요. 나를 용서해 주시오."라고 말하는 것은 거의 상상할 수도 없다. 그리고 기업이 노동자들에게 행한 잘못을 진솔한 마음으로 회개한다는 것은 기대할 수 없는 일이다. 그러나 기업과 지배자도 반응을 하고 가끔씩 변화하기도 한다. 약한 목소리들이 일어날 때도 방어적 반응이 일어나는 경우가 있다. 그러나 변화는 오직 지속적이고 조직된 힘에 의해 어쩔 수 없는 상황에서만 일어난다. 동일방직의 여성 노동자들이 보여준 것처럼 변화는 '한' 의 집단적 표현이 지속적이 되고 더 포괄적이 되었을 때만 일어난다.

'단을 경험한 사람들' 의 증언의 결과를 예측한다는 것은 거의 불가능하다. 그런 증언을 통해 억압의 결과는 예측이 가능하지만, 어떤 회심과 정의의 수립이 결과로 나타날지는 알기 힘들다. 그럼에도 하나님의 부르심은 아직도 시급하다. "회개하라, 하나님 나라가 너희 가운데 있다!"

바리공주 이야기
(전설)

옛날에 아들은 없고 딸만 많은 왕이 있었다. 일곱째 딸이 태어나자 왕은 몹시 화가 나서, 돌로 된 상자에 그 딸을 넣어 연못에 던져 버렸다. 그러나 하늘은 자비를 베풀어, 연못에서 그 여자 아이를 구해 하늘로 데려오라고 용왕을 보냈다. 그 여자 아이의 이름은 바리공주였다. 바리공주는 하늘에서 행복하게 살았다.

어느 날, 바리공주의 아버지는 자신이 지은 죄로 인해 죽을병에 걸렸다. 이제 병을 고칠 수 있는 유일한 방법은 서편 하늘에 있는 약수뿐이었다. 이 사실을 들은 바리공주의 어머니는 다른 여섯 딸에게 서편 하늘에 갔다 오라고 말했다. 그러나 그것은 너무나 힘든 일이었기 때문에 딸들은 모두 거절하고 말았다.

그러자 버려진 딸이었던 바리공주가 스스로 서편 하늘에 가서 약수를 가져오겠다고 나섰다. 병든 아버지를 보기 위해 이 세상으로 내려왔을 당시 바리공주는 겨우 14살이었다. 수많은 어려움과 난관을 겪고 서편 하늘에 도착하자, 수문장이 약수를 줄 테니 돈을 달라고 하였다. 그러나 바리공주는 돈을 가지고 있지 않았다. 그래서 그녀는 땔감을 모으면서 삼 년을 일했고, 밥을 지으면서 삼 년, 또 우물물을 길으면서 삼 년을 일했다. 그러나 이렇게 오랫동안 수고를 했어도 수문장은 아버지를 위해 물을 가져가라고 허락하지 않았다. 마침내 바리공주는 수문장과 결혼하여 일곱 명의 아들을 낳았다. 그러고 나서 아버지에게 약수를 가져가도록 허락을 받았다. 다시 이 세상으로 돌아왔을 때, 바리공주의 아버지와 어머니는 이미 죽었다. 서편 하늘에서 가져온 약수는 이 들을 살리고 건강하게 하였다. 바리공주는 한국에서 거부당하고 압제받는 여 성들의 승리자가 되었다.

여성의 관점에서 본 민중신학

레티 러셀(Letty M. Russell)

"여자 셋이 모이면 접시가 깨진다."[1]

수 세기 동안 한국 여성들은 자신들의 존재가 하찮고 열등한 것으로 가르침 받아왔다. 심지어는 함께 이야기하는 것조차 좋을 것 없고 생산적이지 못한 것으로 간주되었다. 이러한 상황에 대항하여 한국과 아시아의 다른 여성들은 자신들의 존엄성과, 신학적 행동과 반성을 회복시킬 수 있는 재능들을 표현하는 일에 동참하기 시작했다. 송천성(C. S.

---

[1] 아시아여성신학자협의회(Consultation of Asian Women Theologians)의 정현경이 "Doing Theology from an Asian Women's Perspective", February 22~23, 1985, Mercy Center, Madison, Connecticut에서 사용한 속담. 정현경이 이 모임에서 지적한 것처럼, 이들의 목적은 '많은 접시를 깨는 것!' 이었다. 신학적 논의들, 성서 공부, 문화 축제 그리고 예배 등의 시간을 가진 후, 나는 이것이 지금 일어나고 있는 변혁의 진정한 표현이라고 믿을 수 있었다. 그리고 나는 한국 여성들이 민중신학에 대해서, 짧은 글이 아니라 완전한 책들을 출간할 날이 곧 올 것을 기대하고 있다. 다른 민중신학자들과의 교류 가운데 이러한 공헌이 없다면, 신학은 기본적 모순을 갖게 될 것이다. 왜냐하면 신학의 주제는 민중이 될 것이지만, 바로 '그 민중의 민중'은 자신의 이야기들을 분명히 하고 해석하지 않을 것이기 때문이다.

Song)이 《제3의 눈 신학》(*Third Eye Theology*)에서 말했듯이 "여성 해방 운동은 자신들의 영성을 완성하려는 여성들의 노력이다. 남성들에게 종속되는 한, 그리고 사회적 관습이 여성들의 재능과 갈망을 스스로 억제하도록 요구하는 한, 여성들의 영성은 해방되지 못할 것이다. 이들은 자유로운 창조자가 되지 못할 것이다."[2]

나는 민중신학자들의 행동과 저서들에 깊이 감동받았고, 《민중신학: 역사의 주체로서의 민중》(*Minjung Theology: People as the Subjects of History*)이라는 책에 답하도록 초대받은 것을 영광으로 생각한다. 독특한 사회 경제적 그리고 문화적 역사에서 출발해, 정의를 위한 정치적 투쟁에 대한 헌신으로 기록된 이 책은 해방신학과 여성신학 분야에 대해 커다란 공헌을 하고 있다.[3] 미국에 살고 있는 백인 중산층 여성으로서, 나는 민중신학의 주제인 절망과 죽음을 부르는 억압의 구조에 참여하고 있다. 그러나 이 글에서 나는 문제의 일부가 아니라 해결책의 일부가 되기를 원한다. 이 기회를 통해 한국의 자매·형제 들과 계속 대화할 수 있게 되어 매우 기쁘다. 다만 이 대화에 영어로밖에 참여할 수 없는 것이 유감이다.

민중신학자들의 저서에서 듣고 배웠기에 나는 민중신학과의 연대에 가세하고자 한다. 또한 민중신학과 여성신학 모두의 발전에 있어 중요한 것으로 간주되는 공통점과 차이점을 공유함으로써 여성신학적 관점

---

2) *Third Eye Theology* (Maryknoll, N.Y.: Orbis Books, 1979), p. 3.
3) *Minjung Theology: People as the Subjects of History* (Maryknoll, London, Singapore: Orbis, Zed, CCA, 1983), pp. 16~17. 이후에는 *Minjung Theology*로 표기할 것임.

에서 민중신학을 비판적으로 고찰하고자 한다. 마지막으로 아시아와 한국 여성신학자들의 계속적인 관심과 작업을 강조하고자 한다. 민중신학에 대한 토론과 출판이 있던 시기에 이들은 그 대화에 거의 참여하지 않았었다.

제3세계 여성신학의 발견

제3세계 여성신학의 발전을 논할 때, 이 신학이 단지 '발전되고 있는 것이 아니라 발견되고 있다!' 는 것을 기억하는 것이 중요하다.[4] 즉, 제3세계 여성들과 아시아의 여성들은 자신의 목소리와 이야기들 또 민중에 대한 헌신들이 신학 형성을 위한 풍부한 자원임을 발견하고 있다. 대다수 이들의 유산들은 이미 이야기, 노래, 그리고 전통의 신학들 안에 형성되어 있다. 이들은 각자 민중의 구체적인 삶의 현실을 밝혀 주면서도 문화의 차이를 가로질러 공통적인 인간성을 말하는 이야기들을 나누고 있다.

나의 헌신의 뿌리

억압당하는 자들의 해방에 대한 나 자신의 헌신은 오래된 이야기에 근거하며, 미국의 사회, 그리고 문화와 연관되어 있다. 그 뿌리는 뉴욕시에 있는 동부 할렘 개신교구의 사람들과 함께한 사역을 통해 이루어

---

4) 정현경은 "Global Women Theologians in Dialogue", Stony Point, N.Y., January 15~16, 1986에서 지적했다.

졌는데, 거기서 나는 교사와 목사로 17년간 사역했다. 1969년 신학대학에서 가르치기 위해 동부 할렘을 떠날 때쯤 빈곤, 인종차별, 그리고 성차별 속에 아무 희망도 없이 살고 있는 흑인들과 남미계 주민들은 나에게 출애굽과 부활의 의미에 관해 많은 것을 가르쳐 주었다. 그와 동시에 세계 교회에 관해 많은 것을 발견하게 되었다. WCC와 세계 YWCA의 사업을 통해서 교회들의 삶에 맞는 토착적인 구조들에 대한 필요성을 배우게 되었는데, 이미 교회들은 각자의 상황에 맞게 복음의 메시지를 구현코자 시도하고 있었다.

나는 뉴욕 유니온 신학대학(Union Theological Seminary in New York) 선교학 교수로 있던 남편 한스 해켄지크(Hans Hoekendijk)와 함께 처음으로 아시아 여행을 했다. 우리는 한 학기 동안 인도 벵갈에 있는 연합신학대학(United Theological College in Bangalore)에서 가르쳤다. 그리고 나는 인도의 YWCA를 위해 시간제로 종교 상담일을 했다. 우리는 남편이 태어나 자란 인도네시아를 포함해서 아시아 여러 나라들을 방문했다. 한국에는 들르지 못했지만, 이 여행은 나로 하여금 세계 도처에서 신학하는 여성들을 발견하고, 나이로비에서 열린 WCC 총회와 또 그 이후의 총회 때 여성들의 참여를 위해 노력하게 했다.

가장 최근의 아시아 방문은 1983년이었다. 일본기독교교회협의회(National Christian Council of Japan) 여성위원회 사무총장 아이코 카터(Aiko Carter)와 한국여성신학자협회 사무총장인 정숙자의 초청으로 일본과 한국을 방문했다. 여성으로서 자신들의 신학의 의미를 찾으려고 애쓰고 있던 여성들이 여성신학에 대해 강의해 줄 것을 요청했다. 그들은 자신들의 신학적 작업에 도움을 줄 사람으로 나를 찾았지만, 나는 그들의 삶의 정황 속에서 그들과 짧은 만남을 가질 수밖에 없었다. 한국에서 나는 직접적으로 인권을 위한 투쟁이 무엇을 의미하는지, 그리고 이러한 상황 가운데서 어떻게 매주 민중신학이 다듬어지는지를 재발견했다. 페미니스트 입장을 견지하고 있는 나로서는 신학적으로 훈련받은 여성들 가운데서 여성 민중신학이 시작되고 있음을 발견한 것에 상당한 흥분을 느꼈다.

아시아 여성신학자들의 의제(agendas)

한국 여성신학자들은 그들의 독특한 상황 때문에 아시아 여성신학의 발견에 있어서 중요한 역할을 하고 있다. 한국 인구의 약 30%가 기독교인이기에 교회 안에 여성 조직과 교육기관을 끌어들일 수 있는 많은 자원을 갖고 있다. 동시에 한국의 정치 상황은 민주주의와 정의의 투쟁 가운데에서 남성뿐만 아니라 여성도 의식화시키고 있다. 이와 같은 상황으로 인해 다른 아시아 지역에서 연구하고 생활하면서 그 지역 여성들과 함께 지원 조직망을 형성하는 데 참여하는 한국 여성의 수가 늘고 있다.

미국 내에 있는 이들 지원 조직망의 하나는 '아시아여신학자협의회'(AWT, Asian Women Theologians)라고 부르는 단체이다. 이 단체는 아시아 여성신학자들이 아시아로 돌아가서도 도움이 지속될 수 있도록 하고, 이들 나라에서 여성신학의 발전을 위해 함께 일하는 데 도움을 주고 있다. 미국에서 이 단체는 미국 내의 모든 유색 인종 여성들뿐만 아니라 아시아 페미니스트들과 아시안-아메리칸 페미니스트들 간의 새로운 연결고리를 제공하고 있다. 남부 캘리포니아에서 모인 아시아 여성신학자 모임에서 홍콩의 곽 푸이 란(Kwok Pui Lan)은 자신들의 현재 임무를 다음과 같이 강조했다.

아시아 여성신학은 두 개의 전선에서 전투를 수행해야 한다. 한편으로, 우리 문화 속에 있는 가부장적 요소를 벗겨야 하며, 다른 한편으로는, 기독교의 가부장적 전통에 대해 진지한 비판을 가해야 한다. … 그 다음에는 여성을 해방하고 여성에게 힘을 주었던 우리의 과거 전통을 회복시키는 것이다. … 이것은 아시아 여성신학을 아시아적인 동시에 기독교적이도록 하는 최종적 단계로 이끈다. 이 신학은 아시아 여성들에 대한 현재의 억압을 말하고, 운명의 주체로서 여성의 능력과 희망을 명료하게 표현하고, 그리고 자유를 향한 긴 여정에서 여성에게 힘을 줄 수 있어야 한다.5)

또 다른 조직망은 '제3세계에큐메니칼신학자협의회' (EATWOT, Ecumenical Association of Third World Theologians)에 의해 후원되는 제3세계 신학 국제 여성 회의들을 통해 만들어지고 있는데, 국가별, 지역별, 또한 세계 차원의 모임에서 지속적으로 진행되고 있다. 1985년 11월 필리핀에서 열린 아시아 회의의 주제에 따르면 이들의 안건은 '전면적 자유' (Total Liberation)였다.6) 한국여신학자협의회(KWAT)의 한국 예비 모임에서 본 바와 같이, 이 안건을 반영할 수 있는 모델은 억압의 이야기(노동자, 농민, 도시 빈민)에서 시작하여, 그 의미에 대한 사회

---

5) "The Role of Asian Women Theologians Studying/Working in the USA", The Claremont School of Theology, November 22~23, 1985.

비판적 분석과 신학적 숙고로 진행해 가는 것이었다. 민중신학과의 연결고리는 더한층 분명해진다. 한국여신학자협의회의 대표자들은 한국 신학연구소의 후원 아래 민중신학자들과 만났다. 회장인 이우정과 안상님 총무의 주관하에 한국여신학자협의회는 여성 공장 노동자의 투쟁에 개입하기 시작했다. 한국여신학자협의회의 여성들은 13개의 다른 한국 여성 단체와 함께 국제 여성의 날 전야에 "1985년 여성운동의 선포 ― 민족, 민주, 민중운동과 함께"를 발표했다.[7]

시인이며 '하나님의 형상 속에'의 편집자인 박선애 목사가 표현한 대로 아시아에서의 여성운동의 의제는 새로운 삶의 운동을 펼치는 것이다.

한 개의 돌이

잔잔한 호수로 던져진다

그리고 그 돌은 물결을 만들어

퍼져나가 저 멀리 끝에 닿는다

호수 전체가

---

6) Park Sun-ai, "Introduction to the Report on the Asian Women's Consultation" (EATWOT Pro Mundi Vita) (February 1986). "Women in Third World Theology", *Voices from the Third World* (EATWOT, Vol. Ⅷ:3)(September 1985), Asian Theology Centre, 281 Deans Road, Colombo 10, Sri Lanka.

7) "Second Consultation for the Establishment of Feminist Theology in Asia : Our Confession", and "General Comments", by Rev. Chung Sook-ja. *In God's Image* (December 1984), pp. 19~23. *In God's Image* (April 1985), pp. 30~31.

활기차게 거품을 낼 때까지

호수 전체가
자신의 활기를 계속 유지하도록
용솟음 칠 때까지

1985년 4월 23일[8]

민중신학과 여성 해방신학의 대화

피상적으로 보면 민중신학자와 백인 미국 여성신학자가 함께 대화할
수 있는 것은 거의 없어 보인다. 미국의 경제적, 군사적 착취의 유산과
제1세계가 지배해 온 교회와 신학의 역사를 극복하고자 매일 투쟁하는
사람들이 미국 여성신학자를 환영하리라고는 거의 기대할 수 없었다.
그러나 이것은 대화의 출발점이 아니다. 우리 자신의 내부와 외부에서
발견하는 억압의 근원에 대한 공동적인 투쟁의 임무에 우리는 함께해
야 한다. 이와 같은 억압의 주요 원인들 중 하나는 성차별의 죄이다. 이
것은 제1세계나 제3세계에서 이미 빈곤, 인종 차별, 그리고 계급에 의해
억압을 받고 있는 사람들에게 또 하나의 억압을 가하여 여성들을 주변
화시키는 보편적 구조악이다. 여성신학자들과 민중신학자들은 이에 대
해 공통된 인식을 갖고 있다. 개인적으로는 내키지 않고 두렵기도 하지

---

8) *In God's Image*, p. 5.

만, 우리들의 갈라진 세계를 지배하는 억압과 죽임의 기제의 일부로써 성차별을 포함시키지 않고 사회적 또는 신학적 분석을 적절히 수행한다는 것은 거의 불가능한 일이다.(《민중신학》, 35쪽)

각양각색의 여성신학자들과 각양각색의 해방신학자들 간의 가장 중요한 공통된 연결점은 억압받는 자들의 해방에 대한 헌신에서 출발한다는 점이다. 그러나 이 공통점이 단지 행동에 투신한다거나, 투쟁의 이야기로 시작하는 귀납적 방식을 채택하기 때문만은 아니다. 왜냐하면 억압당하는 자들과 연대하여 행동할 때만 우리 자신이 주변화되었고 거절된 존재라는 사실을 발견하기 때문이다. 이 고통의 순간에서만 우리는 우리 가운데 그리고 세계 도처에서 고난을 겪고 있는 다른 사람들과 연대하여 신학하기를 시작할 수 있다.[9]

나 자신의 투쟁의 경험을 말함으로써 나의 관점을 일반화시키고 싶지는 않다. 오히려 나는 민중신학으로부터 신학의 주체로서 자신들을 발견하고자 애쓰고 있는 미국과 한국의 여성들의 이야기 속에 울려 퍼지고 있는 세 가지 주제를 지적하고자 한다. 흥미 있는 가능성이 많지만 그중에 세 가지는 신학의 주체, 경험의 권위, 그리고 메시아 정치이다.

신학의 주체

민중은 민중신학의 주체(subject)이지만 "이 용어를 정의하거나 개념화하는 데 분명한 저항이 있다."(《민중신학》, 42쪽) 서광선에 따르면 이

---

9) Letty M. Russell, "Reflections from a First World Perspective", *Doing Theology in a Divided World*, ed. by Virginia Fabella and Sergio Torres (Maryknoll, N.Y.: Orbis Books, 1985)

용어가 한국인들의 투쟁의 역사 속에서 나온 것이기 때문에 단순히 프롤레타리아 혹은 경제적으로 억압당하는 자들로 환원될 수 없다. 게다가, 이러한 과학적 정의는 민중을 객관화하여 신학의 주체(subject)이기보다는 연구의 대상으로 만든다. 민중이란 "… 역동적이고 변화하며 살아 있는 실체이며, 따라서 민중 자신이 주체적으로 정의하여야 한다." (《민중신학》, 34, 184~185쪽) 이것은 민중이 역사의 재발견을 통해 얻은 자신의 사회적·정치적·문화적 전기, 그리고 억압에 대항하는 민중의 현재적 투쟁을 공유함으로써 가능하다.

마가복음에서의 '오클로스'(ochlos)는 예수가 사랑했던 사람들, 즉 죄인, 세리, 병자, 예루살렘의 권력에 반대한 자, 갈릴리의 멸시받은 자, 창녀 등으로 나타난다.(막 2:13-17) 이와 같이 민중은 "…정치적으로 억압받고 경제적으로 착취당하고 사회적으로 주변화되어 있으며, 문화적으로 멸시받고 무시당하는 사람들이다."(《민중신학》, 35, 142~143쪽)[10] 이들은 한국인들의 깊고 풀리지 않는 고난을 공유하고 있는 다양한 범주의 계층을 포함하고 있다. 서남동은 "한의 신학을 향하여"에서 반복되는 외침으로 인해 고난을 겪는 나라, 지배자들로부터는 착취를 겪고 있는 한 맺힌 대다수 한국인들, 유교적 가부장제 아래서 고난을 겪는 여인들, 그리고 한때는 인구의 반을 차지했던 노예들에 대해 말한다.(《민

---

10) *Fire beneath the Frost*, by Peggy Billings with Moon Tong Hwan, Han Wan Sang, Son Myong Gul, Pharis Harvey (New York: Friendship Press, 1984), p. 9. Suh Kwang-sun David, "Theology of Storytelling: A theology by Minjung", *Ministerial Formation*, Programme on Theological Education, WCC, Vol. 31 (September 1985), pp. 10-22.

중신학》, 58쪽)

　그러나 신학의 주체(subject)로서 민중을 말하는 것에는 몇 가지 문제점이 있다. 첫 번째는 학문적으로 훈련받은 신학자들만이 민중에 대하여 말할 자격이 있을 뿐 아니라, 민중의 말과 민중에 의한 말을 할 자격까지 일부 신학자들에게만 있다는 것이다. 이들은 억압당하는 사람들과 민족의 일부로 (그러나 노예나 여자들로서가 아니라) 민중과 함께한다. 주체로 참여하는 것이 부적절한 경우에 신학자들은 다른 사람들의 이야기들을 고찰하고 문화적 전기를 통해 작업한다. 정의를 위한 정치적 투쟁에서 받은 자신의 고난을 통해 민중을 발견한 신학자 자신의 전기(傳記)는 민중의 경험과 연결되는 또 다른 중요한 고리가 된다. "민중신학은 한국 기독교인의 사회 정치적 전기이다."(《민중신학》, 16쪽)

　두 번째 문제(또는 기회)는 민중을 신학의 주체로 강조하는 것은 신학의 초점을 다시 맞추게 한다는 것이다. 신학이 민중의 삶 안에서 그리고 민중의 삶을 통해 알려진 하나님에 대해 생각하는 것으로 남아 있을 수 있는가? 민중의 이야기는 하나님이 인간을 다루는 것에 대한 패러다임 혹은 은유로 기능할 수 있는 것처럼 보인다. 하지만《민중신학》몇 곳에서 보면 다른 부분을 강조하는 걸 알 수 있다. 예수의 이야기가 민중의 메시아적 역할을 명확히 해준다는 내용이 그것이다. 서남동은 예수는 민중신학의 중심 주제(subject matter)가 아니라고 한다. "민중신학에서 민중이란 개념이 예수를 이해하기 위한 도구라기보다는 예수가 민중을 올바르게 이해하기 위한 수단이 된다."(《민중신학》, 160쪽)

　마찬가지로 그가 민중에게 부여한 독특성은 '오클로스' (ochlos)라는 단어가 부분적으로 설명해 주기는 해도 그 개념의 번역을 불가능하게 만든다.(《민중신학》, 142~152, 160쪽) 내 입장에서 보면 이것은 민중을 낭만적으로만 보게 만들 수 있다. 민중의 중요성은 한국적 정황 안에 살아 있는 하나의 실체라는 데에서 나오며, 그 때문에 민중의 계속되는 이야기는 하나님의 진리에 대해 유일하지는 않지만 권위 있는 근원이 된다. 바로 이 문제, 기독교 신학에서 경험의 권위에 대해서는 '민중'과 '페미니스트'에 대한 표현들 가운데 몇 가지 유사점을 찾아본 후에 살펴보도록 하겠다.

여성신학자들도 자신들이 하고 있는 것을 어떻게 불러야 할지에 관해 끝없이 토론을 하고 있다는 것은 흥미로운 일이다. 특히 '페미니스트'라는 명칭이 교회의 대다수 여성들과 제3세계의 대다수 사람들에게 부정적인 의미를 가지고 있기 때문에, '페미니스트'라는 명칭은 우리의 공동 작업을 논하는 데 계속 걸림돌이 되고 있다. 사실, 아시아 여행 중에 계속 마주해야 했던 질문 중 하나가 "기독교인이면서 페미니스트가 될 수 있느냐?" 하는 것이었다. 미국이나 한국에서 '공산주의'라는 말이 뜻하는 것과 같이 '페미니스트'라는 말은 종종 '무신론적 급진주의', 그리고 '가족과 사회에 대한 위협'이라는 반응을 불러일으킨다. 우리는 특정한 용어를 주장하기보다는 다른 여성들에게 다가가는 데 더 많은 관심을 가져왔기 때문에 오랫동안 '페미니스트'라는 용어를 사용하지 않는 사람들이 많았다. 그러나 우리가 하고 있는 것을 명확히 하고자 할 때, 우리의 작업에 이름을 붙이는 것은 우리의 과업 자체에도 중요하다는 것이 분명해졌다.

민중신학자들이 신학의 참여자로서 자신들의 역할을 분명히 하기 위해 계급의 범주를 넘는 단어를 선택한 것처럼 여성신학자들도 모든 인종, 계급, 그리고 국적의 남녀들의 동등권을 주장하는 사람(남자 혹은 여성)을 지칭하기 위해 페미니스트라는 용어를 선택했다. 이것은 여성신학의 형성에서 여성, 특히 사회 저변의 여성들의 인식론적 특권을 배제하지 않는다. 왜냐하면 이들은 평등과 자유가 무엇을 뜻하는지 말해야 하는 사람들이기 때문이다. 그러나 이것은 제1세계의 소수의 백인 중산층 여성 집단을 넘어서 이루어져야 한다.

바바라 스미스(Barbara Smith)는 인종차별과 여성 연구에 관한 글에서 자신을 페미니스트라고 부르는 사람들을 다음과 같이 정의한다. "페미니즘은 모든 여성, 즉 유색 여성, 노동계급의 여성, 빈곤 여성, 장애 여성, 동성애 여성, 늙은 여성뿐만 아니라, 백인이고 경제적으로 특권을 누리며 이성애적인 여성들도 해방하고자 투쟁하는 정치적 이론이며 실천이다. 이러한 전체적인 자유의 비전에 이르지 못한 그 어떠한 것도 페미니즘이 아니다. 그것은 다만 여성의 자기 강화에 불과하다." [11] 여성신학은 모든 사람의 참된 존엄성을 주장하면서 하나님과 함께하며, 인간을 비인간화시키는 모든 것으로부터의 해방을 탐구하고 실천하고자 한다.

다른 상황의 신학, 즉 민중신학이나 흑인신학과 달리 여성신학은 특정 인종이나 민족에 국한되지 않는다. 그 내용을 분명히 하기 위해 페미니스트란 이름에 또 다른 용어를 추가하지 않으면 안 된다. 그냥 페

---

11) *All the Women Are White, All the Blacks Are Men, But Some of Us Are Brave: Black Women's Studies*, ed. by Gloria T. Hull, Patricia Bell Scott, and Barbara Smith (Old Westbury, N.Y.: The Feminist Press, 1982), p. 49.

미니스트적인 페미니스트 신학은 없다. 페미니스트 신학들은 백인 페미니스트, 민중 페미니스트, 흑인 페미니스트와 같은 식이다. 그러나 페미니스트라는 말은 하나의 정치적 용어이며 해방신학의 특징이라 할 수 있는 주장과 지지, 그리고 헌신의 자세를 말한다. 페미니스트라는 말은 어떤 해방신학의 전유물이 될 수 없다. 가부장적 구조가 아직도 해방신학 속에서 작용하는 상황에서 여성이 신학의 공동 주체(co-subjects)가 아니라 객체(objects)가 되어 버릴 수 있기 때문이다. 페미니즘은 여러 다른 문화 양식 속에서 가부장적 사회 구조로부터 억압을 당하는 여성들의 완전한 인간성을 주장한다. 엘리자베스 슈슬러 피오렌자(Elisabeth Schüssler Fiorenza)는 이러한 특권과 권력의 표현을 다음과 같이 특징짓는다. "차등 종속과 착취의 남성적 피라미드로서의 가부장제는 우리가 속한 남성들의 계급, 인종, 나라 또는 종교에 따라 여성들의 억압을 구체화시킨다." 12)

신학의 주체가 하나님인지 여성인지에 대한 논쟁 또한 미국에서도 대단히 큰 문제가 되고 있다. 그러나 페미니스트라는 용어는 하나님이 주체가 되는 가능성을 허용하는 동시에 여성의 완전한 인간성을 주장한다. 하나님을 신학의 주체로 보는 것은 하나님이 가부장적인 사회, 경제, 정치 및 교회의 사고방식과 동일시되어 왔던 역사 때문에 여성신학의 입장에서는 복잡한 문제를 야기한다. 지배자들의 종교를 통해 현상을 유지시키는 신은 하나님을 대표하는 남성들에게 여성이 종속되어야 하는 존재론적인 필요성을 보증해 주는 아버지로서 아직도 그리스

---

12) *Bread Not Stone* (Boston: Beacon Press, 1984), p. xiv

도교 교회 모든 곳에 여전히 살아 있다. 이런 이유 때문에 페미니스트들은 그들 자신의 경험의 권위를 호소하면서 성서와 교회 전통과 씨름한다. 메리 앤 톨버트(Mary Ann Tolbert)는 "… 조력자로서의 하나님과 함께 적으로서의 하나님에 대해 투쟁하거나, 해방자로서의 성서를 사용해 가부장적 권위로서의 성서를 부수어야 한다."13)라고 말한다.

한국의 여성들 또한 이러한 가부장적 구조 속에 갇혀 있다. 여성신학자들조차도 남편과 가족에 의해 자신의 지위를 부여받고 있으며, 이에 따라 이들도 끊임없이 해방과 종속의 이중적 메시지 안에 살고 있다. 그리스도교의 복음은 남성과 여성의 문화적 고정관념으로부터 벗어나라고 말하지만 성서 해석은 종속을 통한 유교적 질서의 개념을 재확인한다. 가정 안에서 상호보완을 통해 조화를 이루어야 하지만 이 조화는 힘이 제일 약한 자의 희생으로 지탱된다.(《민중신학》, 58쪽)

한국에서 여성들은 다수의 민중에 속한다. 여성들은 민중의 한 부류일 뿐만 아니라, 모든 다른 부류 속에서도 '민중의 민중'이라고 할 수 있다. 이들은 이중적인 억압, 즉 우선은 여성으로서, 그리고 경제적·사회적·정치적으로 억압당하는 사람으로서의 억압을 공유한다. 이들은 자신들의 고난 속에서 죽음에서 삶을 끌어내려는 투쟁으로 표현되는 한국 민족의 한을 구체화시킨다. 박순경 교수가 말한 대로 여성은 민중(억압받는 사람들), 민주(민주주의), 민족(국민국가)이라는 '삼민투쟁'(三民鬪爭)의 세 가지 모두를 공유하고 있다. 완전한 동반자로서 비전

---

13) "Defining the Problem: The Bible and Feminist Hermeneutics", *SEMEIA* 28: The Bible and Feminist hermeneutics, Society of Biblical Literature (1983), p. 120.

을 공유하고자 하는 여성들의 삶은 해방과 신학의 주체로서의 민중에 대한 시험장이 될 것이다.[14)

경험의 권위

민중신학에서 나오는 두 번째 주제는 경험의 권위인데, 이것은 미국과 한국 여성들의 이야기들에서도 볼 수 있는 주제이기도 하다. 민중신학자들이 민중이라는 용어를 정의하거나 번역하는 데 주저하는 것처럼 여성신학자들도 서구 신학의 범주들을 사용하는 것을 주저해 왔다. 이와 같은 추상적 범주들은 신학자들을 민중의 살아 있는 현실로부터 멀어지게 한다. 그래서 서남동은 민중신학을 이야기 신학으로 정의한다. "본래 하나님의 계시는 가나안과 갈릴리 사람들 가운데서 일어났다. … 이것은 이들의 이야기이다. 이것은 결코 신학이 아니라, 이들의 삶의 이야기이다. 이 때문에 이것은 반(反)신학(counter-theology)이다. 왜냐하면 민중의 이야기들은 지배 이데올로기, 즉 지배 체제와 문화를 비판하고 바르게 하는 데 목적을 두고 있기 때문이다."[15)

신학적 통찰의 표현으로서 민중의 이야기에 충실함으로써 민중신학자들은 자신들의 노력을 민중의 경험 속에 뿌리내릴 수 있었다. 이 뿌리내림에는 민중을 미화시킬 위험이 도사리고 있지만, 이 이야기들의

---

14) 1986년 8월 12~26일, 노르웨이 스타반거(Stavanger) WCC 신앙과 직제위원회의 비공식 대화에서 인용.
15) *In Search of Minjung Theology* (Seoul: Hankilsa, 1984), pp. 305~306. Translated and quoted by Suh Kwang-sun David in "Theology of Storytelling: A Theology by Minjung", p. 20.

특성 때문에 이 위험은 면할 수 있다. 탈춤과 판소리와 같은 형식들로 표현된 이야기들은 민중과 종교 지도자들과 통치자들과 거리를 분명히 두면서 민중의 자기 초월성을 표현했다. 인간성의 사악함과 탐욕을 잘 알고 있는 민속 문화를 반영하는 것이다. 현영학은 탈춤을 통해 민중이 지배자들을 넘어설 뿐만 아니라, 민중 자신들과 그들의 종교까지도 넘어서게 된다고 한다. 민중의 사회 전기(傳記)는 억압에 저항하기 위해 자신들의 예술 형식을 사용하고 정치적 행위를 하는 민중에 의해 비판적으로 고찰된 경험도 포함한다.

서남동은 민중신학의 귀납적 방법론에서 세 가지 가장 중요한 전거를 출애굽과 십자가와 부활사건, 교회의 역사, 그리고 민중운동의 전통으로 본다. 그는 이것들을 '계시'가 아니라 '전거'(reference)라 표현함으로써, 역사신학으로부터 나온 '패러다임' 혹은 '전형'(archetypes)임을 분명하게 강조한다. 따라서 오늘날의 역사적·정치적 해방을 위한 인간의 투쟁의 상황에서 이것은 재발견하고 재해석되어야 하고, 사회 경제적 역사와 문학사회학 차원에서 연구될 수 있다.

문동환은 이와 같은 신학적 방법을 다음과 같이 요약한다. 1) 사회 문화적 그리고 사회 경제적 역사를 통해 분석된 민중의 경험 2) 민중을 지지하고 민중의 투쟁에 동참하는 실천 또는 행동과 반성 3) 이 민중의 경험을 세계의 다른 나라의 민중들의 경험과 비교, 또 과거의 역사 특히 성경의 민중 경험과의 비교, 그리고 4) 추상적이지 않고 학문적 교육을 거의 받지 못한 대다수 민중에게 즉각 이해될 수 있는 의사소통 수단으로서의 이야기 방식.16) 제임스 콘(James Cone)이 《민중신학》 서문에서 지적한 것처럼 이것은 다른 해방/여성 해방신학에서 사용하는 귀납적 방법과 다르지 않다. 이것의 독특성은 억압받는 자들을 위한 행동의 결심과 함께 시작하고, 역사 비판적 분석으로 상황을 이해하며, 투쟁의 이야기들을 축하하고 반영하는 코이노니아(koinonia) 공동체를 발전시키는 귀납적 방법을 사용하는 것에서 기인한다.

이 같은 귀납적 방법은 억압당하는 집단의 경험으로부터 나온 신학 혹은 반(反)신학(counter-theology)을 발전시킨다. 또한 정치신학과 문화신학의 분리나 행동과 사고 사이의 분리를 통합할 수도 있다. 그러나 이것은 민중의 경험의 권위에 호소하기 때문에 백인, 남성, 서구 신학의 기준에 의해서 '비(非)신학'으로 간주될 수도 있다. 물론 고전적 신학은 성서적·교회적 전통 속에 경험이 포함되어 있으며, 합리적인 분석은 신학의 발전 과정에 포함되어 있다는 것을 인정한다. 그러나 추상적 패러다임은 경험을 덜 중요한 규범으로 만들고 단지 신학적인 개념이 정리된 후에서야 쓰이는 것으로 여겨지도록 한다. 에드워드 팔리(Edward Farley)가 지적한 대로, 고전적 그리스도교 신학은 신학의 체제가 경험을 통해 입증되는 것을 허용하지 않는 권위의 집 위에 세워졌다. 오히려 이는 주어진 계시의 규범과 함께 시작하며, 이들 규범에 관한 모든 질문은 똑같이 폐쇄된 집 속의 다른 방에서 해답을 찾게 만든다.[17]

오늘날 한국에서 하나님의 역사하심을 이해하기 위해 민중운동의 경

---

16) "Korean Minjung Theology: An Introduction" *Korean-American Relations at Crossroads*, ed. by Wonmo Dong (Princeton, N. J.: The Association of Korean Christian Scholars in North America, Inc., 1982), pp. 14~16

17) *Ecclesial Reflection: An Anatomy of Theological Method* (Philadelphia: Fortress Press, 1982), pp. 165~68.

험에 기초한 '반(反)신학' 을 말해야 한다는 것은, 어떻게 낡은 '권위의 아성' 들이 사회 비판적 그리고 사회 문화적 관점에서 이해될 때에 무너지는가를 실제로 보여주는 것으로 보인다. 나는 또한 신학적 관계들이 억압당하는 자들과 그들의 미래가 갖는 신학적 권위를 통해 신학의 주제들을 연결시키는 방식은 해방/여성신학을 하는 우리 모두에게 큰 도움을 준다고 본다. 실천에 대한 헌신을 통해 억압당하는 자의 경험을 일반 신학과 연결하는 것을 강조하는 것은 매우 중요하다. (아래에서 보는 것 같이 '메시아 정치' 를 통해 만들어지는 연결고리도 같은 중요성을 지닌다.) 이 반(反)신학의 담지자로서의 이야기를 이용하는 것은 상호 대화 가능성을 풍부하게 만든다.

여성신학은 민중신학과 마찬가지로 경험의 권위에 대한 강조를 공유하며, 신학의 고전적 규범들이 '신학' 이 무엇인지를 결정하는 것을 거부한다. 여성의 경험으로부터 권위를 끌어내는 여성신학은 이런 면에서 반(反)신학이다. 민중이 한국의 종교 지도자들과 통치자들로부터 문화적이고 언어적인 소외를 경험한 것처럼, 여성들도 지식과 이해를 갖지 못하는 존재로 간주된 경험이 있다. 이들의 대항 방법은 모든 신학은 그 자신의 상황과 그 상황에 대한 이해를 생산하는 이들의 경험에 의해 편향되어 있다고 말하는 '의심의 해석학' (hermeneutics of suspicion)으로 시작한다. 그래서 이들은 다른 신학들이 (특히 가부장적인 편견들에 의해서) 어떻게 형성되었는가에 대한 의구심과 여성의 완전한 인간 존엄성을 주장하는 결심으로 시작한다.

두 번째로 여성신학은 신학을 형성하는 데 여성들의 경험이 어떤 기능을 하는지 묻는다. 낡은 '권위의 집' 이라는 소위 '편견 없는 과학적'

패러다임에 저항하면서, 여성신학자들은 여성들의 이야기를 듣고 여성들의 삶 속에 폭력과 소외를 영속시키는 구조들을 분석한다. 그 이야기를 제대로 듣기 위해, 그들은 다른 그룹들과 연대하여 여성의 문화를 재발견하고 예술 작업을 통해 그것을 재창조하는 데 힘쓴다. 동시에 이들은 사회 변혁을 위해 일하는 광범위한 여성운동에 참여한다. 경험의 신학적 권위를 더 연구하는 데 제일 중요한 것은 여성신학자들이 민중신학의 작업에 함축되어 있는 신학적 단계를 밟고 있다는 것이다. 이들은 모든 여성 그리고 모든 여성의 경험을 높이 평가하고, 여성들의 보편적 경험만이 아니라, 현재와 과거에 평등과 상호관계를 위해서 투쟁하는 사람들의 숙고된 경험에 근거해 경험의 권위를 두고 있다. 그러므로 여성신학은 가부장제와 억압에 대항하는 노력의 경험이 갖는 권위에 호소하는 신학이다. 비판적 반성을 통해 모든 나라와 교파로부터 나온 이러한 이야기들은 창조된 세상을 바르게 하시는 하나님의 행위를 이해할 수 있는 프리즘을 제공한다.

조라 니일 허스톤(Zora Neale Hurston)의 작품은 과거의 이야기들을 비판적인 자세로 되새긴 한 예를 보여준다. 흑인 여성 소설가이며 민속학자로서 허스톤은 1960년에 가난 속에 죽어 묘비도 없이 플로리다 한 묘지에 묻혔는데, 후에 현대 흑인 여성 작가인 엘리스 워커(Alice Walker)가 '남부의 천재' 라는 비문의 묘비를 세웠다.[18] 허스톤은 민중을 사랑했고 자신의 일생을 민중들의 이야기를 모아 묶어 그것을 소설

---

18) Alice Walker, *In Search of Our Mother' s Gardens: Womanist Prose* (San Diego: Harcourt Brace Jovanovich, 1983), p. 107.

과 이야기로 남기는 데 바쳤다. 예를 들면, 1930년대 초에 쓴 그녀의 수필 〈정복자 존〉(High John De Conquer)은 김지하의 설화 속의 장일담과 비슷하게(《민중신학》, 166~168쪽), 흑인 민족의 구세주/영웅을 생생하게 묘사하고 있다. 존은 흑인 노예들과 함께하기 위해 농장으로 왔으며, 백인 노예 감독들에게는 들키지 않은 채로 살았다.

애당초 그는 속삭임, 희망을 향한 의지, 웃음과 노래거리가 될 만한 것을 발견하고자 하는 소망이었다. 그리고 그 속삭임은 육신을 입었다. 그의 발걸음은 나지막하지만 음악적인 리듬으로 온 세상에 울려 퍼졌다. 마치 그가 걷는 세상은 울리는 북과 같았다. … 존은 이것이 지워질 수 없는 곳에 쓰여 있음을 알았다―어떠한 것도 인간의 육체에 살아서 번성할 수 없다는 것을.[19]

한국에서 공장 노동자들, 시골 농부들, 판잣집 거주자들, 관광 매춘의 희생자들, 폭행 피해자들에 대해 전해진 과거와 현재의 이야기들처럼 미국에서 고난받는 여성들과의 연대에 참여해 온 사람들에 의해 전해지는 이야기들도 악귀를 쫓는 굿의 한 형태이다. 한국에서 이 행위는 악귀를 쫓아내고 가족과 공동체의 조화를 회복하는 무당의 역할로 잘

19) Zora Neale Hurston, *The Sanctified Church* (Berkeley: Turtle Island, 1983), pp. 69, 71.
20) Moon, *Fire Beneath the Frost*, p. 25. "Lowborn Women of Influence", *Women of Korea: A History of Ancient Times to 1945*, ed. by Kim Yung-chung (Seoul: Ewha Womans University Press, 1982), pp. 129~144. Lee Oo-chung, *Women's History, 100 Years* (Seoul: Christian Missions Study Center, 1985 [in Korean]).

알려져 있다.[20] 그러나 무당의 기능을 인정하면서도 여성신학자들은 귀신을 쫓는 행위가 전통적인 개인적 악과 더불어 사회적이고 정치적인 악도 몰아내야 한다는 것을 알고 있다. 전날 밤 남편의 좌절감으로 인한 폭행으로 새벽기도에 나와 기도하며 우는 여성들을 위해서는 단순히 한(恨)에 갇힌 심정을 해소하는 것보다 더 많은 것이 행해져야 한다. 이들의 굿은 이태영 박사의 가정법률상담소에서 하는 것처럼, 교육과 법률적 변화를 포함해야 한다. 자신들의 노조 활동으로 인해 더 이상 직업을 가질 수 없는 여성 공장 노동자를 위해서 더 많은 것이 이루어져야 한다.[21] 학살되거나 투옥된 이들의 과부나 부인들을 지지하고 보살피는 일도 굿의 한 형태인데, 이것은 기도뿐만 아니라 인권을 위한 실천적 행동도 나누는 것이다. 이러한 이야기와 행동들은 가부장제와 억압의 모든 체계들을 타파하는 여성신학을 받쳐 주는 경험을 형성한다.[22]

메시아 정치

민중신학과 여성신학자들과의 대화를 위해 깊은 근거를 제공해 주는 세 번째 주제는 메시아 정치(messianic politics)이다. 다른 해방신학들

---

21) Cho Wah-soon, *Christ among the Minjung: A Woman's Witness*, unpublished. "Cho Wha-soon: A Modern Apostle", *Fire Beneath the Frost*, pp. 58~65. Pak Young-mi, "The Pole of Labor Unions in the Female Labor Movement in South Korea", Korea Scope, Vol.III:3 (December 1983), pp. 3~12.
22) '지구 여성신학자들의 대화'라는 주제로 모인 Stony Point conference에서 여성신학을 귀신 축출(exorcism)의 한 형태로 생각하는 개념이 논의되었다.

처럼, 종말론은 투쟁 가운데서 해방의 차원을 제공해 준다. "희망 없는" 상황에서 "바랄 수 없는 것을 바란다."는 성서 구절(롬 4:18)은 죽음 가운데서도 삶의 초월적 차원을 제공해 준다. 이 차원은 성서적 종말론에 뿌리를 내리고 있을 뿐만 아니라, 정의, 나눔(koinonia), 그리고 평화(shalom)에 대한 비전을 갖고 있는 세상의 모든 지역 사람들에게 자유에 대한 갈증으로 나타난다. 이러한 점에서 민중신학과 여성신학은 성서의 예언자적-메시아적 말씀을 부각시키고 있으며, 그 말씀은 오늘날 많은 여성들과 남성들의 삶 속에서 다시 살아나고 있다. 로즈마리 래드포드 류터(Rosemary Radford Ruether)가 말한 것처럼 "성서 속의 구원의 기본적 비전은 현재의 불의한 체제가 전복될 때 일어나는 대안적 미래에 대한 비전, 즉 새로운 평화와 정의의 사회다."[23]

"메시아와 민중: 정치적 메시아와 메시아 정치를 구별하기"라는 장(章)에서 김용복은 한국 민중의 메시아주의의 출현을 메시아적 미륵 불교, 동학 종교의 평등성과 윤리성, 그리고 그리스도교에서 증명하고 있다. 또 한국에서의 민중 메시아주의의 '가장 극적인 표현'을 1919년 3월 1일 독립운동으로 보았다. 그는 이 독립운동을 한국 민중의 '전형적 또는 근본적 경험'으로 간주한다. "이것은 민중에게 자신의 새로운 미래를 창조할 수 있는 동기, 범위 그리고 방향을 주었다." 그는 이 운동을 전통적인 불교의 헛된 정치적 메시아주의, 유교의 정치 이데올로기, 일본의 국수주의, 북한의 공산주의, 그리고 새롭게 등장하는 현대의 기

---

23) "A Religion for Women: Sources and Strategies", *Christianity and Crisis*, Vol. 39:19 (December 10, 1979), p. 309.

술정치(technocracy)와 대비시킨다.

위의 내용을 보면 메시아 정치는 민중이 메시아의 일에 합류하여 메시아적 역할을 완수하는 정치적인 것이 분명해진다. 이와 달리 정치적 (지배계급) 메시아주의는 거짓된 메시지로 민중을 이용하고 희생시키려 한다. 김용복은 고난당하는 메시아로서의 예수의 이야기를 민중의 집단적 메시아적 역할을 이해하기 위한 패러다임으로 사용한다. 김지하의 '한' 의 신학과 장일담의 메시아 이야기에서 보듯이 이것은 민중의 메시아적 전통을 통해 해석될 수 있다.

메시아 정치의 개념은 민중신학에서 핵심적 역할을 한다. 앞에서 언급한 것처럼 하나님의 해방의 성서 이야기를 민중의 이야기로 와해시킬 수 있는 위험성이 있지만, 종말론적 틀의 사용은 현재의 역사적 실체와 항상 긴장 관계에 있는 미래적 초월을 제공해 준다. 이것은 신앙의 차원을 정치적 분석 및 사회 문화적 분석과 연결시킬 뿐만 아니라 불의에 대한 풀리지 않는 분노와 저항이 불가능한 상황 속에 희망이 없는 상황, 즉 '한' 의 상황 가운데서도 힘을 부여해 주는 근거이다.[24] 서남동은 '한의 신학을 향하여' 에서 이렇게 말한다. "한은 한국 민중의 근본적인 정서이다. 한편으로 이것은 패배, 체념, 그리고 허무가 지배하는 정서이며, 다른 한편으로는 약한 존재들에게 나타나는 삶을 향한 강인한 의지의 표현이다. 첫 번째 측면은 위대한 예술적 표현으로 승화될 수 있으며 두 번째 측면은 혁명을 위한 에너지로 분출될 수 있다."

민중신학은 민중들 가운데서 반복되는 실패와 패배의 경험으로부터

---

24) *Fire Beneath the Frost*, p. 4.

세워진 메시아적 신학이다. 예수와 함께 신학은 아래로 이동하여, 사회의 밑바닥과 자신을 동일시하고, 그 밑바닥을 김지하가 말한 것처럼 성스러운 곳으로 간주한다. 그를 비롯해 다른 사람들이 약한 자들의 힘, 즉 결코 포기하지 않는 인간의 힘을 발견한 곳은 감옥이라는 성스러운 장소에서다. '한'을 새로운 삶을 위한 힘으로 전환하기 위해 김지하 자신이 '단'(斷)이라고 부르는 '회개'의 과정을 말한다. 그가 감옥에서 발견한 것처럼 정치적 메시아주의에 연료를 공급하는 탐욕의 악순환이 끊어지지 않는다면 '한'은 절망의 계속적 순환을 나타낸다. 민중의 메시아적 구원에 동화되기 위해 그는 탐욕, 지배자를 흉내 내려는 의식, 보복에 대한 갈망으로부터 자신을 끊도록 '단'의 힘을 간구했다. 민중신학의 책임이란 바로 이와 같은 것이다. "민중의 한의 탄식을 듣지 않는다면, 예수가 우리들의 문을 두드리는 소리를 들을 수 없다."

미국의 여성 신학자들은 '메시아 정치'(messianic politics)라는 용어를 일반적으로 사용하지 않지만 이들의 작업은 종말론과 깊이 연관되어 있다. 이것은 현재의 가부장적 구조 속에서 여성들의 구체적인 수난을 간과하고 또 여성들이 자신들의 '열등한' 몸을 떠나 하나님에게 받아들여질 그 날을 인내로 기다리라고 하는 피안적인 종말론에 대한 폭넓은 비판을 포함한다.25) 여성신학은 어떠한 사람도 하나님의 대리인으로서 지배자가 되도록 부름 받는 일이 없는 창조된 세상의 치유라는 미래적 실체의 권위에 호소한다. 따라서 여성신학은 창세기 1장 28~30

---

25) Rosemary Radford Ruether, "Eschatology and Feminism", *Sexism and God-Talk: Toward a Feminist Theology* (Boston: Beacon Press, 1983), pp. 235~238.

절을 이 땅을 정복하는 데 민중이 동반자임을 의미하는 것으로 해석하는 것을 주저한다.[26] 역사에 대한 인간 주체성의 이 같은 이미지는 어떤 억압된 무리의 인간적 존엄성을 보존하는 데는 주요하지만, 페미니스트 입장에서 보면 이러한 이미지 안에는 억압된 남성들이 하나님과 협력하여 여성들을 정복하고 지배하는 것을 허용해 주는 것처럼 보인다는 위험이 있다. 사회의 밑바닥에 있는 사람들의 희생으로 이루어진 주체성은 대다수 인간 사회에서 볼 수 있는 정치적 메시아주의(political messianism)의 또 다른 형태이다.

여성들을 옹호하는 과정에서 미래가 권위를 갖는다는 것은 여성 신학의 핵심적인 측면이다. 여성은 자신들의 경험의 권위에 호소할 수 있다. 그러나 민중들처럼 이러한 경험은 기본적으로 낡은 시대의 창조물이며 교회와 사회의 가부장적 구조의 산물이다. 우리는 아직도 하나님의 참된 자녀들이 어떤 모습을 띠고 있을지 모른다.(롬 8:19) 그러므로 우리는 부정의 방식을 취하여 과거와 현재의 사회, 정치, 경제, 그리고 교회 경험의 모순들을 설명한다. 동시에 우리는 창조된 세상의 치유에 대한 하나님의 계획을 우리의 비전으로 삼고 살아가며, 이것은 우리로 하여금 중단 없이 앞으로 나가는 희망을 준다. 그리스도교 페미니스트들에게는 미래만이 유일한 희망이라고도 할 수 있는데, 왜냐하면 성서, 관습, 교회의 가부장적 구조 때문에 남성의 세계에서 여성의 세계를 건

---

26) Phyllis Trible, *God and the Rhetoric of Sexuality* (Philadelphia: Fortress Press, 1978), pp. 12~23.

설하는 과정은 하나님의 미래로 현실을 바꾸려는 유토피아적 신앙을 필요로 하기 때문이다. 비버리 와일둥 해리슨(Beverly Wildung Harrison)이 지적한 대로 여성신학의 작업은 과거와 현재의 사물의 질서를 비판적으로 지적하고 분석하는 것뿐만 아니라, '유토피아적 상상력'(utopic envisagement)을 발휘하는 것이다.27)

대부분의 여성신학자들은 미래의 권위가 페미니스트 이론의 핵심이라고 하지 않는다. 그러나 억압을 넘어선 사회의 도래를 기다리는 자유에 대한 갈망은 여성들의 투쟁의 한 표현이다. 내 생각으로는 억압을 넘어선 세상은 인간, 자연, 그리고 모든 창조물이 신음으로부터 자유로워지고 치유된 곳이다. 하나님과 모든 창조물과의 협력이라는 이 비전은 여성들과 남성들이 동등한 하나의 공동체를 이루어 나가는 교제 속에서 양육되고 기대되는 것이다. 피오렌자는 이러한 미래의 공동체를 현재뿐만 아니라 과거의 '여성 교회'(women-church) 공동체에서도 발견한다.28) 즉, 신약성서의 역사적 재구성을 통해 "자기 정체성을 가진 여성들과 여성과 동일시된 남성들의 운동"까지도 추적한다. 그녀에게 동등한 제자 관계는 부활의 권능에 대한 응답으로 모인 종말론적 공동체이다. 이 공동체는 예수의 가르침을 재림의 날에 대한 기대로서 실

---

27) Beverly Wildung Harrison, *Our Right to Choose: Toward a New Ethics of Abortion* (Boston: Beacon Press, 1983), p. 285.
28) *Bread Not Stone*, pp. x iv- x vii. Elisabeth Schüssler Fiorenza, *In Memory of Her: A feminist Theological Reconstruction of Christian Origins* (New York: Crossroad, 1983), pp. 285~342.

천하며 살아간다.

여성신학자들이 남성적 메시아의 '원형'에 관해 많은 의문을 제기하고, 재림의 날은 남성/여성의 범주를 초월하는 것임을 주장한다 할지라도, 이들은 메시아적 용어로 여성들을 말하지는 않는다. 그러나 약한 자들의 힘을 드러내는 자신들의 경험에 호소한다.[29] 이들은 또한 사회의 밑바닥, 특히 인종차별과 계급차별로 인해 소외된 여성들의 삶에서 힘을 얻는다. 예를 들면, 케티 캐논(Katie Cannon)은 페니 로우 해머(Fannie Lou Hamer)와 같은 여인을 예로 들었는데, 해머는 우리들의 구체적인 삶 속에서 구원이 어떤 것인가를 보여준다고 했다.[30] 1963년 미시시피 주에서 소작인으로 일하던 그녀는 선거에 참여하기 위해 선거인 등록을 하면서 목숨을 잃을 뻔했다. 그녀는 붙잡혀서 너무 심하게 두들겨 맞아 평생 고통스럽게 살았지만, 자유를 위한 투쟁을 포기하지 않았다. 그녀는 밑바닥까지 내려갔으며 어느 누구도 더 이상 그녀를 건드릴 수 없었다. 그녀는 오직 미래의 자유와 그 자유를 향한 다른 사람들과의 여행이 지닌 힘을 알고 있었다.

고난의 경험이 각각의 맥락에 따라 다르듯이, 그 고난의 의미에 대한 경험도 또한 다르게 해석된다. 예컨대, 자기부정으로서의 '단'은 여성신학에서 다른 차원에서 강조될 것이다. 대다수의 여성들의 경험은 사회 안에서 자기부정과 복종을 강제적으로 요구받는다. 그럼으로 억압

---

29) Elizabeth Janeway, *Powers of the Weak* (New York: Morrow Quill, 1981).
30) Katie Cannon, "Rage and Redemption: Experiences of the Black Church", an oral presentation for the Women's Theological Center (Boston, MA: April 26, 1985). *When and Where I Enter*, pp. 289~290.

의 구조를 자르는 것은 자기 확신을 포함할 뿐만 아니라, 완전한 인간으로 살라는 하나님의 의도에 어긋나는 것을 거부하는 것도 포함한다. 한마디로 말해서, 이것은 정치적이고 경제적인 현실 속에서 존재해 왔고, 내면화되어 왔던 가부장 제도의 구조를 자르는 것을 의미한다.

한국 여성신학자들에게서 페미니스트적이고 민중적인 관심은 무력함과 '한' 의 주제들로 집중되는 것처럼 보인다. 만일 유교 사회에서 여성의 존재가 '한' 그 자체였다면, 이들에게 유일한 희망은 메시아에 관한 희망과 연관이 있는 것이었으리라 본다. 그러나 피안적인 샤머니즘이 제공하는 희망에서 벗어나는 변화의 희망은 사회 저변에서 무력함과 한에 시달리는 여성들을 변화시키면서 힘을 얻는 '한' 의 신학을 요구한다. 이러한 여성들을 변호하는 데 앞장서 온 한국여성신학자협회의 여성들은 '힘없는 여성들이 강력한 해방자' 라는 것을 발견했다.[31] 희망이 보이지 않을 때에도 미래를 위해 일하라고 우리를 가르치는 사람은 '민중의 민중' 이다. 박순경 교수는 아시아 여성 해방신학의 수립을 위한 제2차 협의회를 다음과 같이 요약했다. "여성신학은 이론으로만 그칠 수 없다. … 우리는 그것을 노동자와 농민의 입장에서 보아야 한다. 그러면 그 시각에서 나온 것은 비록 비슷하게 보일지라도 다른 것이다."[32]

한국이나 다른 나라에서 한국 여성이 민중신학자가 되려면 박사학위

---

31) Henna Yeogumhyun Han, "The Powerless Women as the Powerful Liberators", Unpublished Paper for Feminist Hermeneutics (Yale Divinity School, Fall, 1985).
32) *In God' s Image*, p. 34.

를 취득해야만 가능하다는 말을 가끔 듣는다. 그러나 민중신학 자체의 관점에서 보면, 여성은 민중의 일부이기 때문에 전문적 신학 교육이 있건 없건 간에 억압의 경험에 충실하다면 신학을 할 수 있다. 만일 여성들이 전문적인 신학자들이 된다 할지라도 민중 여성신학자의 취업 상황은 어쩌면 남성보다 더 궁색할 것이다.

감옥에 감으로써 인권 운동에 대한 자신들의 헌신을 표현했을 때, 여성들을 민중신학자로 여긴다는 말을 들은 적이 있다. 그러나 고난에 관한 여성들의 경험은 감옥에서 시작하지 않는다. 이들은 전통적으로 기대 받은 존재도, 부름 받은 존재도 아니었으며, 또한 모든 일에 있어서 아버지, 남편 및 아들에게 종속되는 사회 속에서 태어난다.

미국의 백인 페미니스트인 나의 입장에서 보면, 억압받는 자들과의 연대를 위해 헌신하고자 하는 모든 사람들 간의 대화는 반드시 계속되어야 한다. 그리고 이러한 대화를 가능케 한 제3세계 형제·자매들에게 감사한다. 전 세계의 모든 형태의 해방/여성신학들뿐만 아니라, 민중으로서 함께 길을 찾고자 하는 한국의 여성들과 남성들 간에도 대화가 지속되길 기원한다.

늙은 여인
(윤흥길의 《장마》에서)

　시골에서 두 아들과 함께 사는 한 늙은 여인이 있었다. 그 늙은 여인의 큰 아들은 결혼하여 서울에서 장모와 함께 살러 떠났다. 한국전쟁이 나자, 큰 아들은 아내와 장모와 함께 시골로 돌아와 엄마 집 바깥채에서 살았다. 늙은 여인과 장모는 서로 사이좋게 지내지 못했다. 그 이유 중 하나는 아들들 때문이었다. 전쟁 동안 대학을 졸업한 장모 아들 한명이 공산 게릴라에게 살해되었다. 그때 늙은 여인의 작은 아들은 공산 게릴라에 참가하고 있었다. 늙은 여인이 산속에서 위험하게 살아가는 작은 아들을 걱정할 때마다, 장모는 분노와 증오로 가득했다.

　어느 날, 늙은 여인은 작은 아들이 언제 집에 돌아올 수 있는지 알아보기 위해 점쟁이한테 갔다. 점쟁이는 아들이 돌아올 날짜를 말해 주었다. 그리하여 아들이 집에 돌아올 날을 기다리면서 늙은 여인은 큰아들과 장모에게 음식을 준비하라고 부탁했다. 그날이 되자, 작은아들 대신 큰 뱀이 마당에 나타났다. 그 뱀을 보자 늙은 여인은 실신하고 말았다. 그 뱀은 감나무에 올라가 늙은 여인을 바라보고 있다. 모든 사람들이 놀랐지만, 장모만은 침착했다. 그녀는 상에 있던 음식을 가져와 뱀 앞에 놓고 말했다. "어머니를 보려고 여기까지 왔구나. 걱정마라. 네 형이 어머니를 잘 보살필 것이다. 너를 위해 준비한 이 음식들을 먹고 잘 가거라." 이 소리를 듣자, 뱀이 나무에서 내려와 집을 뒤로한 채, 대나무 숲속으로 미끄러져 들어가 사라졌다. 늙은 여인이 정신을 차리자 "그

가 갔냐?"고 물었다. 장모가 그렇다고 대답했다. 그 이후로 이들은 좋은 친구

가 되었다. 며칠 후 그 늙은 여인이 죽었다.

흑인신학과 민중신학: 공통 주제의 탐구

디오티스 로버츠(J. Deotis Roberts)

이 글은 문화 간 신학적 대화(cross-cultural theological conversation)를 시도하는 내용을 담고 있다. 일반적으로 '해방신학'(liberation theologies)으로 묘사되는 두 신학적 전통에 나타난 몇 가지 공통 주제를 탐구하고자 한다. 그러나 이 용어는 정확하지 않을 수도 있다. 나는 라틴 아메리카의 해방신학이 전 지구적 해방 운동의 상징이라고 여기지 않는다. 흑인신학(black theology)과 민중신학(Minjung theology)은 라틴 아메리카의 해방신학보다 더 많은 공통점을 가지고 있는 것처럼 보인다.

흑인신학은 단편적인 모습만 지닌 신학이 아니라는 사실을 지적할 필요가 있다. 흑인신학은 흑인의 종교적 경험, 흑인 문화 그리고 흑인 교회의 전통에 근거해 있다. 이것은 다양성 속의 일치를 이룬다. 흑인 신학자들 간에 공동의 전통에 대한 견해는 서로 다르다. 또한 이들의 지적이고, 영적인 여정은 매우 다양하다. 폭넓은 의미에서 보면 하워드 써먼(Howard Thurman)과 마틴 루터 킹(Martin Luther King, Jr.) 목사도, 현대 흑인신학에서 결정적인 역할을 하는 흑인 경험을 토대로 활동한 흑인신학자들이었다. 대다수의 현대 흑인신학적 사고는 '정치적 모델'에 근거해 있었지만, 초기의 몇몇 활동은 윤리적이고 문화적인 관심에 초점을 두었다. 나의 견해는, 흑인신학이 역사와 문화에 대한 강한 강조를 포함하면서도 정치적 해방의 필수적인 역할을 약화시키지 않는 것으로 폭넓게 이해해야 한다는 것이다.

문화와 정치적인 관심을 균형 있게 다루는 이 포괄적 관점은 아프리카와 아시아 신학의 발전 과정과 유사하다는 장점을 가지고 있다. 예를 들면, 정치적 모델은 인종차별 철폐가 흑인신학 사고에 핵심이 되었던 남아프리카 상황과 직접적인 연관이 있다. 그러나 케냐의 존 음비티(John Mbiti)가 우리에게 상기시켜 주었던 것처럼, 정치적인 면을 강조하는 것은 이미 독립을 달성하여 탈식민(post-colonial) 문제를 다루고 있는 대부분의 아프리카 지역에서는 설득력이 없다. 민중신학에 대한 진지한 반응을 하기 위한 시도로서 이 글은 바로 이러한 포괄적 관점을 취하고 있다.

뿌리에 대한 고찰

논리적인 출발점으로, 역사와 문화에서의 흑인신학과 민중신학 간의 유사성을 들 수 있다. 1960년대 이래, 흑인신학의 출현은 몇몇 종교적인 학자들과 세속적인 학자들에 의해 미국에서 진지한 주목을 받았다. 여기에서 이 같은 역사를 기술하는 것은 불필요한 일이지만, 이에 대하여 간단하게 소개하는 것은 유익할 것 같다.

일부 아프리카계 미국인들은 대륙의 다른 쪽에서 왔지만, 대부분의 아프리카계 미국인들은 서아프리카에서 북아메리카로 왔다. 노예였기 때문에 이들은 주로 남부 농장지대에서 살았고, 목화밭에서 고된 일을 하게 됐다. 신세계에 대한 첫 경험은 바로 이러한 예속의 체험이었다. 여러 세대 동안 이들을 예속한 야만적 체제는 이들의 역사와 문화를 송두리째 빼앗아 갔다.

이러한 고통스러운 경험은 19세기 중반까지 계속되었는데, 이때에야 비로소 이들은 공식적으로 자유인으로 간주되었다. 그러나 불행하게도, 남북전쟁을 통해 흑인을 해방시키기 위해 취해진 행동과 노예 해방 문서는 인종차별, 즉 추한 인종주의(Racism)의 현실을 뿌리 뽑지 못했다. 그 결과 흑인의 투쟁은 계속됐다. 20세기 여명기에서조차도 이 문제에 대한 명확한 해결책은 없었다. 사실 흑인으로서 우리들이 지난 25년 동안 일구어 낸 성과들이 흔들리고 있다는 징조도 보인다. 실제로 흑인들은 아직도 노예제도의 그림자 안에 살고 있다.

흑인신학은 1960년대 흑인 의식과 힘의 성장과 더불어 일어났다. 흑인신학은 문화의 뿌리와 인종차별의 억압으로부터의 해방의 힘 혹은 방식을 결합시킨 탐구이다. 흑인신학은 마틴 루터 킹 목사의 포부였던 "자유를 향한 새로운 걸음"을 계속했다. 이 새로운 운동은 킹 목사의 목회와 연속적인 면도 있고 그렇지 않은 면도 모두 가지고 있다. 이것은 2세기가 넘는 투쟁의 절정이었다.

민중신학의 출현도 이와 비슷한 역사로부터 촉발되었다. 한국은 수세기 동안 아시아의 권력자들에 의해 억압적인 지배를 받아 왔다. 그것은 바로 러시아, 중국, 그리고 일본 등 국가 간의 충돌에서 비롯되었는데, 이러한 배경은 한국인에게 많은 고난을 가져다주었다.

20세기 초, 한국은 일본의 식민지였다. 이후 공산주의의 침략, 그리고 미국과 다른 나라들이 관련된 비극적인 전쟁의 쓴 열매인 남북의 분단으로 이어졌다. 이러한 비극적 시기가 끝난 후에도 한국은 여러 차례의 억압적인 정권을 겪어야 했고, 남한은 빈번히 안보를 표방하여 인권이 유린되는 국가였다. 이 같은 역사의 현실은 대다수의 한국 민중을 희생시켜 왔다. 억압적 환경에서 이들 국민은 삶의 의미를 추구하면서 생존해야 했다.

이 고난의 역사는 기독교 선교운동에서도 볼 수 있다. 로마 가톨릭교회가 한국에 처음 교회를 세웠는데, 이후 한국에 온 개신교 선교사들은 지난 1세기 동안 선교를 위해 부단한 노력을 했다. 정치적 억압으로부터 생겨난 엄청난 고난에 대한 한국인의 경험으로 인해, 복음은 19세기 기독교 선교운동을 통해 한국에 전래되기 시작할 때부터 예언자적일 뿐만 아니라 사제적인 의미도 가지고 있었다.

아시아와 아프리카의 세계관은 본질적으로 통전적(holistic)이다. 그러므로 한국의 신학과 흑인신학이 발전할 때 그리스도교는 비서구적인 토대들과 마주치게 된다. 미국의 흑인은 아프리카에서 온 미국인이다. 흑인신학은 아프리카의 뿌리를 인정하고 받아들인다. 민중신학은 기독교 이전의 종교적, 윤리적, 그리고 문화적인 요소에 기초를 두고 있다. 전통적인 아프리카의 문화적이고 종교적인 특징들을 제외한다면, 흑인신학, 흑인 교회, 또는 흑인 가족과 흑인의 문화적 전통을 깊이 이해하는 것은 불가능하다. 유교, 불교, 샤머니즘과 같은 요소들은 한국적 맥락에서 필수적인 것들이다. 민중신학의 발전은 이러한 상황과 관련이 있다. 결국, 신학적 사고를 발전시키는 데 있어서 아프리카와 아시아적 세계관에는 흑인신학과 민중신학 간의 유사성을 설명할 수 있는 통전성(holism)이 있다. 예를 들면, 두 신학 간에는 출애굽의 패러다임이 신학하기에 중요하다고 받아들이고 있다.

억압에 대한 대응: 역사의 주체로서 민중

억압적인 상황에 의해 희생당한 민중들에게 가장 어려운 것 중의 하나는 건설적이고 비폭력적인 대응을 발견하는 것이다. 비폭력적이라 함은 체념이 아니라 행위의 한 형태를 뜻한다. 비폭력적 수단으로 구조적인 악에 강하게 저항하는 것보다 운명론이나 폭력적인 혁명에 호소하는 것이 더 쉽다. 마틴 루터 킹 목사의 작업이 전 세계적으로 중요하게 받아들여진 이유가 바로 여기에 있다. 간디에 의해 비폭력적인 방법이 도입되었지만, 고전적인 기독교의 사랑에 대한 윤리적 표현은 마틴 루터 킹 목사에 의해 이루어졌다. 이것을 좀 더 심도 있게 전개하기 이전에, '역사의 주체로서 민중'의 의미를 해명할 필요가 있다.

흑인 성서신학자이며 교육자인 데이비드 새넌(David Shanon)은 아메리카 흑인들이 역사의 객체가 아니라 주체가 될 필요성을 강력히 강조했다. 이것은 버지니아 유니온 대학교(Virginia Union University) 총장으로서 자신의 최근 경험으로부터 나온 것이다. 그가 말하고자 한 것은 아메리카 흑인들이 새로운 사고방식을 필요로 한다는 것이다. 미국의 레이건 정부는 흑인, 라틴 아메리카인, 토착 미국인, 여성 또는 노인 등 오랫동안 억압의 역사에 의해 희생당하거나 불이익을 당해 왔던 사람들에 대한 지원을 줄였다. 이것은 이들이 자신들의 손으로 운명을 개척하지 않는다면, 환경에 의해 패배할 것임을 의미한다. 물질적이거나 정신적인 자원의 감소를 겪었을 때 이러한 기대가 어렵다는 것을 알지만, 이것은 미국 사회의 하층 계급에 대한 근본적인 태도인 것처럼 보인다. 미국의 흑인들은 사회복지와 교육적 기회가 축소될 뿐만 아니라, 인종차별을 철폐하는 국가 차원의 제도조차도 점차적으로 제거되는 상황에 놓여 있다. 심지어 사람들을 일하도록 훈련시키기 위해 고안된 프로그램들도 군사력 증강을 위한 예산과 같이 정부가 우선시 하는 정책에 밀려 저지되는 지경에 있다.

어떤 흑인들은 자신들이 처한 소외와 고난의 상태를 운명이라고 간주하고 포기한다. 높은 실업률은 술과 마약의 남용, 그리고 모든 형태의 개인과 가족의 비극을 낳는다. 다른 사람들은 종교의 위안에 의존한다. 종교의 감성적이고 피안적인 측면은 현실의 삶에서 성취감을 얻기를 포기한 사람들에게 보상을 제공해 준다. 그러나 다른 한편에서는 종교의 가능성 속에서 사회정의를 주장하는 사람들도 있으며, 이들은 흑인들에게 절망적인 상황 속에서도 자유를 위해 싸우고 인간의 존엄성을 주장하는 용기를 주었다. 종교적 신앙은 환경에 의해 역사의 객체로서 존재하는 사람들에게 역사의 주체가 되도록 '은총의 수단'을 제공한다. 이것이 바로 흑인 종교의 역사에서 출애굽이 갖는 본질적인 의미이다.

역사의 객체이기보다는 주체가 되고자 하는 이러한 관심은 역사적으로 중요한 시기에 흑인신학과 민중신학을 연결시켜 준다. 이러한 관점은 오래전부터 사람들이 관심을 가져 오던 것이었던바, 최근 세계의 많은 지역에서 다시 부상하고 있다. 특별히 이것은 식민주의로부터 독립,

발전과 해방으로 움직여 가고 있는 나라들 사이에 널리 퍼지고 있다. 프란츠 파농(Franz Fznon)의 작품들은 이러한 점에서 주목할 만하다. 의식화(consciousness-raising)에 대한 파울로 프레이리(Paulo Freire)의 작품은 라틴 아메리카뿐만 아니라 전 세계적으로도 환영받고 있다. 자유에 대한 갈망을 체현한 사람은 쉽게 노예화되지 않는다. 베트남 전쟁에 참전해 적과의 첫 대면을 회고하던 한 퇴역 군인은 적들의 비장한 각오를 목격하고 결코 미국이 이길 수 없는 전쟁이라고 느꼈다고 말했다. 그들의 적들은 심리적으로나 이데올로기적으로나 패배당할 만한 적당한 이유가 없었다. 역사의 객체에서 주체로 변화할 때, 사람들은 어떤 어려운 상황도 극복할 수 있는 힘을 가진다. 그들은 내면으로부터 동기를 부여받아, 해방을 향한 어떤 어려움과도 대항할 준비가 되어 있다.

한국 민중은 자신들의 경험을 성서의 이스라엘 백성들의 경험과 비교한다. 이들의 오랜 역사의 많은 부분이 히브리인들의 역사와 유사한 것처럼 보인다. 언급했던 대로, 한반도는 극동 열강들의 각축장이었다. 이곳의 지정학적인 현실은 아시아 제국의 이해관계에 따라, 보다 최근에는 미국의 이해관계에 따라 형성되어 왔다. 출애굽의 주제와 사회정의에 대한 예언서의 메시지는 한국 민중의 현실을 정의하는 데 도움을 준다. 이들은 히브리 민중의 초기 역사에서 그랬던 것처럼 자신들의 역사에 하나님의 손길이 미치는 것을 보았다.

이러한 점에서 성서의 메시지를 이해하고 적용하는 방식에 있어서 미국의 흑인들과 한국 민중의 경험 사이에는 유사성이 있다. 이 두 경험에서 모세의 지도 형태와 출애굽의 주제는 억압으로부터 자유를 추구한다는 위대한 뜻을 담고 있다. 흑인 영가와 같은 노예의 노래는 이런 메시지를 강하게 전달하고 있다. 그러므로 한국 민중과 미국 흑인들의 상황에서 억압에 대한 종교적이고 신학적인 반응은 서로 유사성을 지니고 있는 것처럼 보인다.

십자가의 의미

고난에 대한 공통적인 경험 때문에 흑인신학과 민중신학은 고난의 의미에 초점을 맞춘다. 이들의 신학은 신정론(theodicy)이 중심 주제가 되기 때문에 구조적인 악과 고난의 결과에 대한 문제를 피할 수 없게 된다. 유일하게 실행 가능한 선택은 이러한 현실에 대한 대응에 있다. 이 문제에 대해 체념이나 회의적인 생각으로 대응할 수도 있고, 고난 자체를 힘의 원천으로 변화시킬 수도 있다.

최근의 흑인신학자들뿐만 아니라 민중신학자들은 고난의 경험을 상황적으로 이해하면서, 고난의 이해를 바꾸려고 결심한 것처럼 보인다. 이들은 고난을 주어진 것으로 받아들일 뿐만 아니라, 고난을 악에 대한 도덕적이고 영적인 투쟁의 힘으로 바꾸고자 하며, 이것을 알베르 까뮈(Alvert Camus)와 같은 실존주의자들이 한 것처럼 반항하는 심정으로 하지 않는다. 또한 《하나님이 과연 백인 인종주의자인가?》(*Is God a White Racist?*, Garden Cit, N.Y.: Doubleday, 1973)에 나타난 윌리엄 존스(William Jones)의 '인간 중심적' 접근도 받아들이지 않는다. 이들은 대부분 그리스도 중심적 모델을 받아들였다. 여기에서 역사의 예수는 신앙의 그리스도이다.

악과 고난에 대한 생각을 발전시키는 데 있어서, 이들은 자신들의 기독론을 재검토해야 했다. 민중신학자들은 가난한 자들에 대한 예수의 메시지를 검토했다. 이들은 역사의 예수와 복음의 세속적인 의미에 대해 깊은 이해를 추구했다. (예수의 삶과 십자가의 의미를 숙고하는 데 본회퍼Bonhoeffer의 글들은 중요한 배경을 제공해 주었다.)

흑인신학자들은 '상속받지 못한 자들'의 예수를 찾았다. '흑인 메시아'와 같은 상징의 선택은 정체성의 위기와 인종차별주의와 빈곤의 상황을 다루는 하나의 방식으로 표면화되었다. 다시 말해, 그동안 전통적인 기독론적 모델에 대한 검토가 있어 왔다. 그것은 전통적인 기독론적 모델들이 계속되는 억압의 경험에 근거한 흑인들의 고난의 실체에 대해 어떻게 접근할 수 있는지를 알아보기 위한 작업이었다.

흑인신학과 민중신학의 작업에서는 예수의 왕권적 역할에 대한 강조를 거부하는 경향이 나타난다. 부활에 대한 강조는 그리스도의 십자가를 가볍게 보지 않는다. 예수의 주인 됨은 약한 자들에 대한 힘 있는 자들의 지배 상황을 방조하는 것으로 받아들일 수 있다. 그리고 부활에 대한 강조는 내세와 승리주의를 강조하는 것으로 보여, 억압당하는 집단에 불이익이 될 수도 있다. 흑인신학과 민중신학에는 예수의 십자가에 대한 강조를 볼 수 있는데, 이것은 부활에 대해 균형 있는 견해로 이끈다. 왜냐하면 십자가 없이는 부활이 없기 때문이다. 예수의 왕권적 역할은 그의 사제적이고 예언자적인 사명과 역동적인 관계를 놓는다. 여기에 잘 발달된 기독론적 모델이 없다고 보지는 않는다. 문제는 강조와 균형이기 때문이다.

내세적이거나 왕권의 역할을 강조하는 기독론의 모델은 일반적으로 억압적인 권력이 받아들이기 쉬운 것이다. 이와 같은 기독론은 가난 혹은 인종차별과 같은 억압으로부터 생긴 대다수 인간의 인권을 침해하는 기존 질서에 저항하지 않는다. 이것은 가난한 자들에게 구원을 이루는 것에 대해 말하지 않는다. 따라서 왕권적 그리스도는 특권 계급과 현 상태를 축복하는 존재로 나타나는 경향이 있다. 그리스도를 해방자로 보는 사람들은 권력을 잡은 사람들에 의해 탄핵과 박해에 처하기 쉽다. 이것이 흑인신학자들뿐 아니라 민중신학자들이 십자가가 중심이 되는 다른 차원의 기독론을 택한 이유이다. 그러나 십자가는 회피의 상징이 아니라, 오히려 악과 고난에 대한 참여의 상징이다. 그리스도의 승리의 부활은 십자가의 귀착점이고 그 궁극적인 정당성을 나타낸다.

결론

두 신학의 비교를 통한 짧은 여행은 하나의 도전이었다. 이것은 신학자들의 활발한 활동으로 얻을 수 있는 풍부한 인간 이해의 가능성을 암시한다. 흑인신학과 민중신학을 비교하면서 우리는 중요한 차이들을 언급했다. 그러나 우리의 관심은 유사성을 밝히는 데 있었다.

우리는 미국 흑인들과 아시아인들이 친밀감 있는 세계관을 갖고 있다는 것에 주목했다. 또한 이 양자의 배경에는 총체적인 종족적-종교적 견해를 낳는 유사한 요소들이 있다. 이것을 성서적 용어로 옮기면, 사회정의와 복음의 치유하는 면을 함께 보는 관점이라 할 수 있다. 두 신학에서 출애굽은 억압을 고발하고 정의와 자비를 주장한 히브리 성서의 예언자들의 메시지를 가리킨다. 또 흑인신학과 민중신학은 인간

해방을 위해 역사적인 예수와 복음의 세속적인 의미를 발견하고자 한
다. 이것은 십자가-부활 사건의 의미와 힘을 결코 희석시키지 않는다.
신앙의 그리스도는 주(Lord)이지만, 그러나 그는 또한 해방자이다. 여
러 면에서 흑인신학과 민중신학은 다문화적인 이해와 에큐메니칼한 대
화 그리고 예수 그리스도의 교회의 선교에 새로운 문을 열어줄 것이다.

심청 이야기
(전래 민속이야기)

   옛날에 심봉사라는 맹인이 있었다. 그는 딸 심청과 살았다. 심청이 아기였을 때, 엄마는 죽었다. 맹인 아버지가 젖동냥을 하고 음식을 얻어 먹여 딸을 키웠다.

   심청이 13세가 되면서, 맹인 아버지를 봉양하기 위해 남의 집에서 하녀 노릇을 하기로 작정했다. 어느 날 심청이가 늦게까지 일하느라 제 시간에 집에 오지 못했다. 그러자 맹인 아버지는 걱정이 되어 딸을 찾으러 나갔다. 그러나 길이 익숙하지 않아 심봉사는 도랑에 빠지고 말았다. 그때 지나가던 한 스님이 심봉사를 구해 주었다. 심봉사가 앞을 못 본다는 것을 안 스님은 절에 쌀 삼백 석을 바치면 눈이 떠질 것이라고 약속했다. 이 소리를 듣자 심청은 아버지의 눈을 뜨게 해줄 쌀 삼백 석을 위해 간절히 기도했다.

   어느 날, 심청은 중국(Nanking)에서 온 선원들이 물의 신령에게 바칠 16살 소녀를 찾는다는 소식을 들었다. 이 산 제물은 바다에서 종종 일어나는 일이었다. 심청이는 공양미 삼백 석과 자신을 바꾸었고, 그 공양미는 절로 보내졌다. 가난한 심봉사는 공양미 삼백 석이 절에 도착했다는 소식을 듣고 기뻐서 어쩔 줄 몰랐다. 그는 보름달이 뜨고 선원들이 심청이를 데려갈 때에야 비로소 그 사실을 알게 되었다. 심봉사는 딸을 보내기 싫어서 그녀를 꼭 껴안았다. 그러나 소용없는 일이었다. 심청이는 이미 공양미 삼백 석에 팔려 버린 것이다.

배가 바다 한가운데 다다랐을 때 갑자기 폭풍이 일어났다. 선원들은 바다 귀신들이 자신들을 따라오고 있다는 것을 알았다. 그들은 심청이를 바다로 던졌다. 그러자 큰 고기가 다가와 그녀를 바다 깊은 곳으로 데려갔다. 그곳은 용왕이 살고 있는 곳이었다. 아름다운 소녀를 보자 용왕은 그녀를 자신의 딸로 입양하였다.

용왕의 궁전에서 더할 나위 없는 생활을 하고 있지만, 심청은 행복하지 않았다. 그녀는 육지에 두고 온 맹인 아버지를 생각하였다. 용왕은 그녀가 슬퍼하는 것을 보고 그녀를 다시 육지로 보내기로 결심하였다. 그녀는 연꽃 위에 앉은 채, 바다 위로 흘러갔다. 그때에 나라의 왕자가 배를 타고 가다가 연꽃에서 살며시 나타난 아름다운 소녀를 보았다. 왕자는 즉시 사랑에 빠졌고, 그녀와 결혼하기로 결심하였다.

성대한 결혼식이 계획되었다. 여러 날 동안 사람들이 축하연에 참석하였다. 온 나라의 장님들을 위해 결혼식 후에 성대한 연회가 열렸다. 수많은 장님들이 연회에 참석했고, 마지막 날이 되어서야 심봉사가 나타났다. 말할 수 없는 기쁨으로 심청이는 아버지를 향해 달려가 껴안고 울었다. "아버지, 아버지!" 심청이의 목소리를 듣고서 심봉사는 또한 기쁨의 눈물을 흘렸다. 바로 그때에 심봉사의 눈이 떠졌고, 그는 자신의 아름다운 딸을 처음으로 보았다.

보통사람들의 종교:
북미의 민중신학을 향하여

하비 콕스(Harvey Cox)

나는 가톨릭노동자운동(CWM)의 여성 창립자 도로시 데이(Dorothy Day)를 딱 한 번 만난 적이 있는데, 그때 그녀는 얼마 전 브로드웨이 뮤지컬에서 어떤 노래를 듣고 감동을 받았다는 얘기를 했다. 이 노래의 제목은 "평범한 사람들은 과연 무엇을 하는가?"(What Do the Simple Folk Do?)였다. 지난 25년 동안 나는, 평범한 사람들의 믿음이 종종 지배의 수단으로 이용되어 왔음에도 불구하고 해방을 향한 거대한 잠재력을 가지고 있다고 믿어 왔다. 이것은 종교 유산 속에서 해방의 요소와 기만적인 요소를 구별해 내는 것이 중요한 신학적 임무라는 것을 의미한다.

이러한 임무가 기독교 신학자들에게 제시하는 것은 기독교 전통 전체가 성서에 근거를 둔 비판적인 관점에서 지속적으로 검토되고 이해되어져야 한다는 것이다. (바로 이것이 종교개혁의 내용이었다.) 기독교와 세계의 타 종교들과의 관계에 대한 나 자신의 입장은, 자신의 전통에 진지하면서도 비판적으로 참여하는 자세가 종교들 위에 서 있는 입장이나 통괄하려는 자세보다 타 종교와의 대화에 입문하는 데 유리하다는 것이다.

이것은 단지 신학적인 고찰이 아니라, 신앙 간의 대화 속에서 이루어진 실질적인 경험으로부터 왔다고 말하고 싶다. 나는 인도의 크리슈나 절에서 살기도 했고 일본의 불자들에게 강의한 경험도 있다. 신앙의 신비와 하나님의 신비가 아주 독특한 형태로 우리에게 다가온다는 게 내 경험이다. 나는 사물의 "모든 것을 보기 위하여" 모든 것으로부터 거리를 두는 일종의 아카데미즘을 신뢰하지 않는다. 이것은 신앙의 사람들이 다른 각각의 사람들의 전통들을 알고 평가하는 방식이 아니라고 생각한다. 제리 포웰(Jerry Falwell)과 같은 보수적인 침례주의자 혹은 초감 트룽파(Chogyam Trungpa)와 같은 티베트 승려와도 대화할 수 있다. 그것은 각기 다른 전통 속에서도 우리가 그 전통에 비판적으로 참여한다는 직관을 공유하기 때문이다.

하지만 비판적 참여자란 무엇인가? 민중 사상은 우리가 자신의 전통이나 다른 사람들의 전통에서 어떤 부분을 긍정적으로 받아들일 때 자기 비판적이어야만 함을 우리에게 가르쳐 준다. 이것은 우리에게 '통치자들의 종교'를 회피하고 민중을 찾아 나서기를 요구한다. 이렇게 할 때 대화는 실천적이면서 동시에 갈등을 유발할 것이다. 그 이유는 이것이 민중이 살아가는 방식이기 때문이다.

서구의 학문적 신학의 관점에서 민중신학과 여러 해방신학들을 볼 때, 이 신학들은 앞으로 몇 십 년 동안 기독교 신학에서 다루어야 할 매우 중요한 논점들을 제기하는 것으로 보인다. 실제로 기독교인 수를 보면 그 중심이 급격히 흑인종, 갈색인종, 황인종, 남반구의 가난한 사람들로 전환되고 있다. 이것은 천 년간 습관처럼 갖게 된 생각, 즉 기독교의 중심은 유럽이고 나머지 지역에 지부를 갖고 있다는 생각은 이제 사라지고 있다. 제3세계의 많은 교회들은 유럽 사상의 유형에서 벗어난 이러한 움직임을 위대한 해방으로 생각한다. 그들은 더 이상 신학자가 되기 위해 유럽인들처럼 생각할 필요가 없게 되었다는 것을 기뻐한다. 이처럼 기독교의 '탈유럽화(De-Europeanizing)'는 민중신학의 등장이 제기한 문제 중의 하나이다. 복음이 북미 또는 유럽이란 껍질에서 벗어나 전혀 다른 문화에 뿌리내려 꽃을 피울 때 그것은 어떠한 모습을 가질까?

그 껍질에서 벗어날 때 히브리 민족의 세계관에 기초해서 사랑과 믿음과 공동체를 중요시 했던 신앙이 희랍의 관점으로 바뀌게 된 과정을 다시 한 번 상기하게 된다. 희랍 사상은 서구의 기독교인들이 그들의 신앙을 이해하는 유일한 관점이 되어 버렸다. 기독교는 주로 교리를 통해 이해되었고, 이 사실은 너무도 평범하고 자연스러운 일이 되었다. "기독교인이 된다는 것은 무엇인가? 그것은 ABCD를 믿는 것이다." 어떤 지역에서는 26개의 교리적 내용을 믿어야 했다면, 다른 지역은 3개만 믿어도 됐다. 그러나 기독교의 핵심이 특정한 교리의 내용을 받아들이는 데 있다는 생각은 의심의 여지가 없는 것이었기 때문에, 그것이 서구 기독교가 형성되던 초기 몇 세기의 희랍 문화의 영향이라는 사실은 망각하게 되었다.

민중신학자들과 다른 제3세계 신학자들은 신학이란 신앙 공동체의 일차적 행동(기도, 증언, 봉사, 예언, 순교, 그리고 예식)에 대한 이차적인 고찰의 한 양식이라고 말한다. 신학은 그 자체를 창조하지는 않는다.

신학은 그 외적인 것에 대한 비판적이고, 건설적인 논평이다. 근대에 와서 신학의 사회적 공간은 신학이 고찰해야 할 일차적인 경험으로부터 격리된 것 같다. 예를 들어 미국과 캐나다의 대다수 신학자들은 신앙 공동체들을 의심의 눈으로 보고 낮추어 보기도 하는 학문의 기관에서 월급을 받는다.

한때 신학이 교권의 엄격한 통제에서 벗어난다는 사실은 해방적인 것이었음이 분명하다. 그러나 신학이 근대 대학의 정신세계의 일부가 되면서, 잘 드러나지는 않을지라도 또 다른 제한과 걸림돌을 만나게 되었다. 자신이 조심하지 않으면 교수들과 신학 교육을 받은 사람들이 구성하는 신학자들만을 위한 글을 쓰게 된다.

해방신학이 가져다 준 큰 교훈 중의 하나는 많은 사람들이 지적해 온 것으로 신학하는 사람의 지역적, 사회적 위치가 매우 중요하다는 사실이다. 근대 북대서양 지역의 신학은 비판적인 방법론을 개발한 것에 대해 자부심을 갖고 있다. 이 자부심이 근거가 없는 것은 아니지만, 이러한 비판적 입장의 맹점은 신학자의 '사회적 위치'와 그 위치가 그의 신학에 미치는 영향에 대해서는 생각하지 못한다는 것이다. 어떤 문제가 문제시 되는가? 어떤 과제가 당장 해결해야 할 과제로 떠오르는가? 누구에게 자신의 일에 대해 책임과 해명을 해야 하는가? 이런 질문들은 한 신학자의 사회적 위치에서 답이 나오는 경우가 많다.

해방신학자들이 화려한 고독 속에 산다면 해방신학이란 없을 것이다. 그들은 모두 바닥 공동체에서 민초들과의 연대 그리고 대중운동에 참여하면서, 사고의 방식과 연구의 방식을 바꾸어야만 하는 변화를 체험했다고 전한다.

다시 말해, 해방신학이 특별한 이유는 신학자들과 신앙 공동체(주로 가난한 사람들로 구성된 공동체)의 새로운 유형의 협력을 말하기 때문이다.

나는 해방신학이 유독 가난하고 억압받는 사람들에게서 나오고 신학자들은 그들의 목소리를 받아 적는 일만 하면 된다고는 보지 않는다. 하지만 라틴 아메리카의 억압받는 그리스도인들이 단지 청중의 역할만 하는 것도 아니다. 그들은 어떤 면에서 이 신학 운동의 건설에 동일한 참여자이다. 해방신학은 이 두 요소 즉 비판적인 신학으로 훈련받은 신학자들과 고통스러운 삶의 상황에서 나오는 민중의 경건함이 결합하여 만들어졌다. 이 결합은 더 큰 가능성의 미래를 예고하고 있다.

해방신학은 대립을 기초로 한 매우 정치적인 것으로서 종종 이해되었다. 그러나 정치적인 면은 해방신학의 일부에 불과하다. 거기엔 해방의 운동으로부터 나오는 영성도 존재한다. 요한 23세 교황은 제2차 바티칸 공의회를 소집하면서 이 공의회를 통해 교회가 가난한 자들의 교회라는 교회의 본래적인 의미를 회복하기를 소망한다고 말했다. 해방신학은 교회에서 실천해야 할 '가난한 자들의 우선권'을 그 출발점으로 한다. 이것은 여러 양식으로 이해될 수 있다. 해방신학자들에게 이것은 가난한 자들이 교회의 기본적 양심이 돼야 한다는 것으로 이해한다. 가난한 자들은 하나님의 온 백성의 맥박이 되어야 하며, 바로 그 신비스럽고 독특한 상황에 그리스도 그 자신이 존재한다는 것이다.

해방신학은 기본적으로 가난한 사람들의 관점을 통해 복음과 기독교 전통을 바라보는 방식이다. 따라서 그 전통 안에 있는 모든 것―훈련의 방법, 기도의 양식들, 성례전, 헌신적인 활동 등―은 개선될 수 있고 정화될 수 있다. 한 가지 예를 들어 해방신학이 어떻게 이 작업을 하는지 살펴보자. 세례 예식이 그리스도의 삶—그의 사역, 고난, 죽음—으로 들어가는 과정을 나타내는 눈에 보이는 표시라는 생각은 신학적으로 그리스도가 당시 가난하고 억압받는 사람들과 같이 했다는 사실을 받아들여야 한다. 세례는 자신을 포기하여 예수 그리스도의 소명, 사역, 계획을 자신의 것으로 받아들이는 '재현의 신학'(theology of recapitulation)을 요구한다. 그리스도가 이루어 낸 공동체의 일부가 되는 길이 바로 이것이다.

세례에 대한 이런 이해는 세례를 전적으로 원죄로부터 깨끗해짐으로 보는 이해와는 상당히 다르다. 또 세례를 받은 사람이 그리스도의 공동체의 일부가 되는 것을 표시한다고 보지만, 세상에서 계속되는 그리스도의 사역에 참여하게 되는 그에게 아무런 책임도 요구하지 않는 세례관과도 다르다. 해방신학의 세례관은 새롭게 들릴지도 모른다. 그러나 가톨릭 신학의 역사에서 많은 근원적인 요소들을 찾을 수 있다. (또한 제2차 바티칸 공의회의 신학과도 성실한 연속선상에 있다고 본다.)

나는 미국의 한 신학자로서 민중의 신앙에 관한 사상이 미국과 러시아의 관계에도 중요한 영향을 미친다고 생각한다. 최근 그곳을 방문하는 동안 러시아 사람들이 그들의 역사에 대한 애정, 조국에 대한 사랑, 그리고 그들의 존재를 대변해 온 공산체제에 대한 쉽지 않은 비판에서 나오는 활기찬 열정을 보았다. 이 열정은 도스토옙스키와 같은 이들로 대변되는 러시아 소설의 전통이 갖고 있는 깊은 기독교적인 주제와 사상, 그리고 러시아 문학과 음악이 갖고 있는 인문학적인 전통을 되찾으려는 노력과 연관이 있다.

많은 미국인들은 최근에 와서야 꺼지지 않은 생명력을 지닌 러시아의 기독교 교회들에 대해 알게 되었다. 어떻게 표현해야 할지 잘 모르겠지만, 그곳의 기독교인들은 서구의 기독교인들에게 전해 줄 말이 있다. 폴란드 작가 체슬라브 밀로즈(Czeslaw Milosz)는 서구에서 시작된 사상의 흐름들이 동구에 도달하면 죽음의 전염병이 되어 버리는 과정에 대해 언급했다. 합리주의, 과학, 진보와 같은 사상들은 엄청난 강도로 연구되었다. 밀로즈는 러시아의 작가들, 특히 도스토옙스키는 계몽주의, 합리주의, 과학에 대한 믿음, 그리고 진보가 갖는 장기적인 결과를 짐작하고 있었다고 믿는다. 그는 러시아 민중의 경험에서 글을 썼다고 할 수 있는 도스토옙스키가 계몽의 사고와 기독교 진리의 필연적 마찰을 예견했다고 본다. 도스토옙스키는 병적이었다고 또는 예언자적이었다고 할 만한 큰 열정을 갖고 이에 대해 글을 썼다는 것이다. 100년이 지난 지금 우리는 도스토옙스키가 경고했던 것들이 이루 말할 수 없이 파괴의 길로 우리를 이끌고 있는 시대에 살고 있다.

과학의 궁궐은 우리의 구원처가 되지 못했다. 기술은 악마를 돕는 목적에 쓰이기도 했다. 진보에 대한 희망은 지금 아무도 믿지 않게 되어 버렸다. 그리고 우리에게 남는 것은 도스토옙스키가 이미 느꼈고 예상했던 허무함, 영적 굶주림이다. 도스토옙스키가 바랐던 것은 인간으로서 하나님의 영을 불어넣기 위해 고난당하고 죽어야 했던 그리스도 속에 담겨 있는 기독교의 말씀, 즉 하나님이 인간의 삶 속에 오셨다는 말씀을 회복하는 것이었다.

다음 세기에 기독교의 부흥이 러시아와 유럽 사회주의 국가들로 부터 온다면 아이러니하지 않을까? 나는 그런 공상을 해본다. 가장 많은 기독교 인구를 가진 세 나라는 미국, 브라질, 러시아이다. 나는 서구에 대한 환상에 빠지지 않고 러시아의 제도를 비판하는 러시아 사람들에게 공감한다. 그들은 우리에게 중요한 것을 가르쳐 준다.

마지막으로, 너무 '교파'에 집착하는 것처럼 보이겠지만, 왜 민중 신앙(Minjung faith)이 나에게 여러 문제에도 불구하고 침례 교인으로 남는 결심을 하게 도와주었는지 말하고자 한다. 그것은 내가 전통적으로 침례 교인들이 믿어 왔던 개별 예배 공동체의 중요성, 성서에 대한 강조, 예수 그리스도 중심과 같은 것들을 믿기 때문만은 아니다. 그것은 또한 침례교회가 대단히 비계급적인 교회이기 때문이다. 침례 교인이 된다는 것은 미국에서 가장 흑인이 많은 교단과 관계를 맺는다는 의미가 있다. 도로시 데이는 자신이 가톨릭 교인이 된 이유를 말하면서, 미국의 가톨릭교회가 가난한 자들의 교회였다는 이유도 있었다고 말했다. 침례교회에 대해서도 같은 말을 할 수 있을 것이다.

나의 신학이 흑인 교회의 신학과 공감하는 면이 있는 이유는, 거기에서 예수가 중심이 되는 신학을 발견했기 때문이다. 예수도 결국 민중이었고, 예수라는 인물이 나의 자의식, 세계관, 그리고 하나님의 본질에 대한 생각에 그토록 큰 영향을 미치는 이유는 바로 이 때문일 것이다. 그 영향의 구체적인 내용은 바뀔 수 있고 또 그동안 바뀌어 왔다. 그러나 예수 그 자체는 남고 계속 영향력을 행사한다. 나는 '구세주'라는 용어에 대해 언제나 문제의식을 갖고 있었다. 왜냐하면 그 언어는 지금 내가 전적으로 동감하지 않는 세계관으로부터 신약성서에 들어왔다는 것을 알기 때문이다. 그러나 '구세주'라는 단어는 계속 긍정적인 면을 갖고 있다고 생각한다. 그것은 바로 예수 그리스도의 미래 속에서 우리는 인간 역사의 궁극적인 무엇인가가 드러나고 있음을 접한다는 사실이다. 예수 안에서 우리는 하나님의 모습을 보고 있으며, 하나님 외에 다른 신은 없다.

확실히 미국 안에 민중 신앙(Minjung faith)이 있다고 나는 생각한다. 그러나 진정한 '민중신학'(Minjung theology)은 아직 없다. 그 이유 중의 하나는 대다수 신학자들이 종교적이고 정치적인 고립 속에서 일하고 있기 때문이다. 만약 그 고립에서 벗어날 수 있고, 흑인 교회처럼 예수를 고백하고 믿을 수 있고, 러시아 사람들이 갖고 있는 도스토옙스키적인 열정과 민중의 신앙을 배울 수 있다면, 아주 중요한 무엇인가가 시작될 수 있다.

아시아적 관점

왕년이 이야기
(1977년, 천승세의 소설 《신궁》에서)

　왕년이는 작은 어촌에 사는 유명한 무당이었다. 그 어촌은 한반도 남서쪽 끝에 있는 장선포라는 섬에 있다. 왕년이의 시어머니도 유명한 무당이다. 왕년이는 굿을 해서 많은 돈을 벌었기 때문에, 남편을 위해 멋진 어선을 사기로 마음먹었다. 그러나 그 남편은 고기를 한 마리도 잡지 못했다. 삼 년간 허탕을 치자, 왕년이와 남편은 판수라는 부자 고리대금업자에게 돈을 꾸어야 했다. 사악하고 부도덕한 판수는 빚을 갚으라고 하면서 배를 가져갔다. 왕년이는 깊은 시름에 싸여 굿도 할 수 없게 되었다. 그러나 판수는 왕년이에게 고기를 잘 잡도록 굿을 해달라고 요청했다. 왕년이는 판수와 아무 연관을 맺고 싶지 않아서 처음에는 그 요청을 거절했다. 그때 왕년이에게 갑자기 귀신이 와서 황홀경에 빠졌다. 그녀는 굿을 하기 시작했다. 이 굿을 하는 중에, 왕년이는 판수의 머리 위에 그릇을 올려놓고 신궁(신의 활)으로 독 묻은 화살을 쏘아 판수를 즉사시켰다. 그리고 왕년이는 억압받는 사람들의 영웅이 되었다.

민중의 신학적 문화 만들기

송천성(C. S. Song)

이 글을 1984년 7월 19일 갑작스럽게 돌아가신 서남동 교수께 바친다. 그는 당시 한국기독교장로회 선교교육원장직을 맡고 있었다. 지각이 예리한 신학자이며 민중신학의 창시자인 그는 인간의 권리를 위해 투쟁하다 붙잡혀 고문당하고 감옥 생활을 했다. 사랑과 정의와 자유를 위해 헌신한 따뜻하고 참된 기독교인이었던 서 교수는 민족의 고난의 삶 속에서 자신의 신학을 삶으로 살아 냈고 민중의 고난 속에서 예수의 고난을 체험했다. 한국과 아시아에서 추구하고 있는 '민중'의 신학은 그의 신학적 유산이 될 것이다.

한국에서 기독교 신앙은 사회적, 그리고 정치적 삶의 역동적 힘이 될 수 있다. 이는 세계로부터 강요된 자아의 소외에서 벗어나게 하고 민족 의식에 강한 영향을 미칠 수 있다. 또한 통치자나 피통치자에게 똑같이 현실의 문제와 관심들을 직시하도록 요구하는 편치 않은 질문을 할 수 있다. 그리고 부와 권력이 있는 쪽이 아니라, 가난하고 굴욕 당한 쪽을 편들도록 고무할 수도 있다.

민중신학은 교회 안팎의 오해와 비방과 압력에도 불구하고 한국인들의 사회적이고 정치적인 정서에 지울 수 없는 흔적을 남겼다. 이 신학을 주장하는 많은 이들은 고통과 고문, 그리고 투옥의 경험을 겪었다. 대학과 신학교의 교단에서 추방되기도 했다. 민중의 상징이고 예수의 십자가의 궁극적인 표시인 고난은 더 이상 신학적인 분석을 요청하며 형이상학적으로 숙고해야 할 개념이 아니었다. 그들의 삶에서 현실적 경험의 일부가 되어 버렸기 때문이다. 고난은 참된 신학을 하기 원하는 사람들의 참고서가 되기도 했다. 고난을 숭배해서는 안 된다. 그러나 육체와 정신의 고난은 거의 모든 전통적 신학에서 결여되어 있는 면을 제공해 준다. 민중신학은 십자가의 신학이다.

그러나 민중신학자들이 그들의 신학적 경험에서 말하는 고난은 자신들의 수난이 아니다. 그 고난은 민중의 수난이다. 빈민촌의 사람들, 경제적으로 수탈당하는 사람들, 사회적·정치적 권리를 빼앗긴 사람들이다. 서남동은 다음과 같이 말했다. "복음을 증거하는 자는 선지자일 뿐 아니라 사제이기도 하다. … 사제의 기능은 부자와 권력자를 위로하고 그들이 가진 억압하는 힘과 착취를 축복하는 것이 아니다. 억압된 자에게 최면을 걸어서 그들의 저항력을 잠재우는 것이 아니다. 분명 사제의

---

1) Suh Nam-dong, "In Search of Minjung Theology", tr. from Korean by Suh Kwang-sun David in his paper "Called to Witness to the Gospel Today-The Priesthood of Han", 1984년 9월 19~20일 서울에서 열린 협의회 자료 〈Called to Witness〉를 참조하라. 이 협의회는 한국교회 100주년을 기념하여 세계개혁교회연맹(WARC) 후원으로 개최되었다.

의무는 민중의 상처를 돌보고 그들 스스로 자존심과 용기를 회복할 수 있도록 도와, 그들의 역사적 포부에 응답하는 것이다."[1]

유행을 따르지 않는 신학

민중신학자는 고난 받는 민중의 경험에서 이야기해야 하고, 민중에게 고난을 가하는 자들을 향해 말해야 한다. 거기에는 새로운 신학이 없다. 그들의 신학은 '새로운' 신학이 아니다. 히브리 성경만큼이나 오래된 것이다. 그들의 신학은 유행하는 신학이 아니다. 2천 년 전 예수만큼이나 유행을 따르지 않는다. 예수는 십자가를 직시해야 했다. 그들은 자신의 신학적인 작업을 방해하는 경찰의 방해를 받아야 했다.

그리하여 민중신학은 정치신학(political theology)이 된다. 그러나 신학적 정치학(theological politics)은 아니다. 정치적 술수하고는 거리가 멀다. 평화가 없을 때 "평화, 평화"라고 말하지 않는다. 건강하지 못한 사람에게 건강하다는 거짓 진단을 내리지 않는다. 매우 주의 깊게 사람들의 맥박을 듣는 이유가 바로 그것이다. 사람들의 은밀한 마음속에서 나온 말들을 듣기 위해 귀를 기울인다. 무표정한 얼굴 뒤에 숨겨진 그들의 마음들을 읽으려 한다. 예수의 마음으로 인해 예리해진 지각으로 그 내용을 이해하려 노력한다. 그러나 이 신학은 거기에 머물지 않는다. 신학적으로 이해한 것들이 갖는 정치적인 연관성까지도 밝혀내려고 최선을 다한다.

그리하여 민중신학은 민중을 역사의 주체라 주장한다. 역사를 민중의 '정치·사회적 전기'(sociopolitical biography)로 설명하는 것은 그것의 구체적인 실천에 속한다.[2] 그런 작업으로 인해 한국 역사의 가려졌던 일들이 보이기 시작했다. 과거에 묻힌 민족 역사의 깊은 곳으로부터 부르짖는 억압된 영혼의 한을 듣는다. 그리고 오늘날 사람들 가슴 속 깊은 곳에서 부르짖는 억압된 한(恨)의 목소리를 듣는다.

신학에서, 민중은 역사의 잠재의식을 깨고 나왔고, 민족의 사회적·정치적 삶에 나타나지 않는 지하의 감금상태를 탈출해 나왔다. 민중은 이제 정치·사회적 권력이 무시할 수 없는 대상이 되었다. 이것은 사회 구조와 정치적 의사 결정 과정에 있어서 피할 수 없는 변혁을 강력히 암시한다. "민중이 역사의 주체다."라는 말은 단순히 독특한 신학적 언어만은 아니다. 여기에 담겨 있는 사회적, 그리고 정치적 영향력은 심오하고도 변혁적이다. 서남동은 이렇게 말한다. "민중은 점진적으로 스스로를 역사적 객체에서 해방시켜 역사적 주체의 자리에 서게 한다. 민중의 역사와 신학은 민중이 자신들을 결정 지우고 가두는 외적 환경을 스스로의 힘으로 극복하고, 그들의 사회적 상황과 운명을 스스로 결정하는 주체가 된다는 사실을 증거한다."[3]

이 비전은 성경 속에서, 기독교 교회의 전통 속에서, 그리고 민족 역사 속에서 발견된 민중의 모습에서 받은 깊은 영감에서 나온 것이다. 이 신학의 비전이 어떻게 정치·사회적 프로그램으로 연결될 수 있을

---

2) Kim Yong-bock, "Messiah and Minjung: Discerning Messianic Politics over against Political Messianism", *Minjung Theology: People as the Subjects of History*, pp. 185~196.
3) Suh Nam-dong, "Historical References for a Theology of Minjung", *Minjung Theology*, p. 170.

까? 그 문제는 한국의 민중신학자들뿐만 아니라, 라틴 아메리카와 아프리카에 있는 해방신학자들에게도 복잡하며, 고민되는 주제이다. 적어도 서남동에게 그 신학적 비전은 자신을 십자가의 깊은 개인적 체험으로 인도하였다.

본질이 아니라 강조의 문제

계시와 역사의 문제는 모두 복잡하고 역동적이다. 성경에는 이 사실을 지적하는 이야기들이 참으로 많다. 예컨대 출애굽 이야기는 억압된 민중의 대표적인 이야기이다. 역사적으로, 이것은 압제자들로부터 필사적으로 도망치려는 히브리 노예들의 이야기였다. 그러나 그들은 어떻게 그것을 하나님의 구원 행위로 보게 되었을까? 출애굽은 고대 이집트에서 나온 히브리 노예들의 사회적·정치적·경제적 전기였다. 동시에 이것은 그들의 신앙의 전기였다. 어떻게 실제의 '물질적' 전기가 그들의 '영적' 전기가 되었을까? 명백한 대답은 아마도 어려울 것이다. 그러나 히브리 신앙의 근본과 기원으로 돌아가지 않으면 안 된다. 종교사학의 방법을 적용하지 않으면 안 될지도 모른다. 어떤 경우에건 역사에 의해서 발생된 것이 아니라 변화를 만들어 내기 위해 역사 속에서 움직이는 '힘'을 고려하지 않으면 안 될 것이다.

십자가와 부활의 이야기는 또 다른 예이다. 여기서도 마찬가지로 십자가와 부활을 정치·사회적 억압과 역사적 해방의 의미로 이해하는 것은 구원과 관련지어 이해하려는 신학적 노력과 대립을 일으킨다. 예수의 부활이 예수의 십자가라는 정치·사회적 충격을 겪은 제자들에게 엄청난 해방의 경험이었음은 의심의 여기가 없다. 그러나 그 의미는 예수 시대 민중의 정치·사회적 전기의 해방 경험으로 소진되는 것은 아니다. 사실 부활 경험은 그 전기를 하나님 통치의 신학으로 확장시켰다. 민중의 정치·사회적 전기로서의 십자가 경험은 부활의 경험을 통해 예수가 정치 권력과 종교 권력에 의해 처형될 때 이해하지 못했던 '구원'의 의미를 얻었다. 바울의 말을 기억할 수 있다. "우리는 십자가에 달리신 그리스도를 전합니다. 그리스도가 십자가에 달리셨다는 것은 유대 사람에게는 거리낌이고, 이방 사람에게는 어리석은 일입니다. 그러나 부르심을 받은 사람에게 (유대 사람에게나 그리스 사람에게나) 이 그리스도는 하나님의 능력이요, 하나님의 지혜입니다."(고전 1:23~24) 민중의 사회적·정치적·경제적 전기를 부활 이후 바울이 얻은 통찰력을 통해 읽는 것이 우리들의 신학적 작업의 일부가 아닌가? 민중 전기를 '유물론적'으로 읽는 데 성실코자 하는 우리의 노력은 예수의 삶, 십자가와 부활에 나타나 있고, 우리가 깊이 있게 경험하고 또 우리를 깊이 있게 만드는 구원 경험에 의해 영감을 받은 것이다.

분명한 것은 민중신학자의 신학적 자세가 자신들의 상황에서 신학을 하려는 노력이라는 면에서 다른 아시아 신학과 기본적으로 차이가 없다는 것이다. 차이는 본질적인 내용이기보다는 강조점에 있다. 우리의 공동 노력은 예수의 전기 속에 규정하는 하나님의 전기와 민중의 전기 사이의 역동적 상호관계를 강조하는 것이어야 한다. 이런 신학적 노력은 샤머니즘의 독특한 신앙과 실천에 대해 논하도록 이끈다.

샤머니즘의 신학적 고찰

　민중을 중요시 하는 신학은 민중의 종교인 샤머니즘에 대한 신학적 연구를 하지 않을 수 없다. 이 고대적이면서도 현대적이고, 고풍스러우면서도 근대적인 종교적 삶의 양식은 역경 속에서 살아남기 위한 인간의 끈질긴 의지, 그리고 정치적·사회적 변화 안에서 그들이 잠재적으로 감당할 수 있는 강력한 역할을 이해하기 위한 실마리를 제공할 수 있다. 샤먼적 신앙과 관습에는 춤과 노래의 예식 속에 담긴 민중의 전기가 담겨 있다. 그 전기에는 민중신학자들이 그들의 신학을 발전시키기 위해 행하는 사회적, 정치적 그리고 경제적 분석을 발견할 수 있다. 이화여대의 서광선을 비롯한 다른 샤머니즘의 권위자들은 우리에게 정치·사회적 또 정신적 하층사회도 신학적으로 관찰할 수 있게 했다.

　샤머니즘에 대한 고정관념 중의 하나는 그것이 현대 사회의 삶에서 시대착오적이고 미신에 지나지 않는다는 생각이다. 그러나 이상한 것은 그것이 오늘날 뒤집을 수 없는 현대화 과정 속에 살고 있는 아시아 전역의 사람들을 계속 강하게 붙잡고 있다는 것이다. 샤머니즘은 한국에서 이천 년 동안이나 그 강인한 생명력을 과시하고 있다. 불교와 특히 유교(지배계급의 종교로서) 같은 조직화된 종교들의 적대 행위로 인해 지하로 숨어 버릴 때도 있었으나, 억압된 다수의 민중의 삶에서 사라지지 않았다. 사실상, 민중은 적대 행위를 만나면 만날수록 그들은 더욱 신과 영혼의 세계로 후퇴해서 삶의 힘과 살아남는 지혜를 얻고, 그들에게 행해진 모든 불의가 설욕되는 세상을 마음에 그린다.

　샤먼적 신앙과 관습 속에는 단순한 면이 많은 게 사실이다. 그러한 단순 행위는 개인적 비극과 사회적 부조리를 가져올 수 있다. 예를 들어 질병은 신체적 원인이 아니라 악귀의 영을 불쾌하게 한 때문이라고 믿는다. 여러 종류의 터부를 만들어 사람들의 삶을 주관하고 제한하며 두려움이 스며들게 한다. 굿이 절정에 달했을 때 일어난다는 죽은 사람과의 대화도 의심스러운 건 당연하다.

　　그러나 샤머니즘을 원시적 심리 상태와 비과학적인 세계관에 사로잡힌 사람들의 미신이라고 간주하는 것은 그것을 전혀 이해하지 못하는 것이다. 샤머니즘에 대한 순수한 현상학적인 평가는 잘못되기 쉽다. 왜냐하면 샤머니즘은 깊은 수준에서 '소외된 집단들을 위한 신앙'[4]이기 때문이다. 이것은 매우 중요한 내용으로서 샤머니즘에 관한 사람들의 인식을 근본적으로 바꿀 만한 것이다. 민중의 삶과 민족의 역사 속에 깊이 숨겨진 한(恨)에 빛을 비춘다! 소외된 집단들은 불의가 응징되지 못하는 상황에서 받는 육체적이고 정신적인 고통과 괴로움을 안고 사는 한의 백성들이다. 무속적 의식에 참여하면서 그들은 몸과 혼과 정신에 쌓인 한을 푼다. 이 한풀이는 "거친 세상에서 억압받고 사는 사람들에게 희망을 준다."[5] 이 한풀이에 내재되어 있는 가능성은 상당히 크다. 이 가능성을 어떻게 이용하여 객관적인 정치·사회적 연구나 분석을 넘어서서 내적인 정신세계로부터 민중의 전기를 수립할 수 있을지가 민중신학의 중요한 과업으로 남는다. 역사의 주체로서의 민중을 다

---

4) Ryu Tong-shik, "Shamanism: The Dominant Folk Religion in Asia", 1983년 홍콩 타오 퐁 산(Tao Fong Shan) 에큐메니칼 센터에서 개최된 종교 간 대화 중에서.
5) Ryu Tong-shik, "Shamanism", p. 11.

루는 신학은 그들의 창조적인 사회, 정치 그리고 문화적 힘이 나타나는 민중의 심령의 보이지 않는 부분을 다루지 않으면 안 된다.

'쌓인 한'과 '한풀이'와 같은 표현은 샤머니즘에서 무당의 중요성을 상기시킨다. 무당은 의식을 주재하고 무속의 춤을 추는 여성이다. 무당은 어느 점으로 보아도 여성 사제이다. 무당의 남편일 수도 있는 남성은 2차적인 역할을 하는데, 예를 들면 무당 옆에서 반주를 제공한다. 샤머니즘과 같은 민속 종교에서는 남편이 아니라 아내가 주도권을 잡는다. 그녀는 가족을 대표하여 제사를 지내거나 소원을 빈다. 그녀는 사람의 세계와 신들과 영들의 세계 사이의 중재자이다. 비록 사회적 지위는 낮아도, 종교적 문제에 관해서는 마을 공동체가 귀를 기울이고 존중한다. 이것은 고대 사회에서 현대까지 계속되는 사실이다.[6]

이 사실은 한국과 같은 남성 지배 사회에서는 특이한 일이다. 이것은 인간 사회의 발전에 있어서 여성 중심의 사회제도가 가부장 사회제도를 앞섰다는 것을 의미하는 것인가? 여성이 본래 남자보다 영적 세계의 신비와 더 가까이 접촉할 수도 있다는 것을 말하는가? 혹은 우연한 기회에 남성에 의해 지배되는 계급 조직 사회에서 그들이 통제하는 다른 문화[異文化] 집단을 만들어 내고, 그 통제권을 아직까지 보존하고 있다는 것인가? 끝없는 추측이 가능하다. 샤머니즘의 관습에서 여성이 주체라는 것은 분명하다. 그들은 명확하게 규정된 종교적 영역에서 주인 역

---

6) Chang Yu-shik, "Shamanism as Folk Existentialism", *Religion in Korea*, eds. Earl H. Philips and Yu Eui-young, (Los Angeles: Centre for Korean-American and Korean Studies, 1982).

할을 한다. 그 영역은 인간의 삶에서 매우 중요한 부분이다. 그 종교적 역할을 담당하고 있을 때 그들은 더 이상 집안에 종속된 아내가 아니며 사회에서 멸시받는 존재들이 아니다. 그들은 권위 있고, 존경과 경외함을 받는 사람들이다. 그들이 근엄하게 신들에게 제사를 드릴 때 그들의 자부심은 높다. 그들이 가족들과 마을을 위해 신들에게 기도하며 부탁할 때, 그들은 두려움과 기대의 대상이 된다. 공동체의 번영과 운명이 그들에게 달려 있기 때문이다.

게다가 그들이 열광의 무아지경에 도달할 때에는 굉장한 해방감에 휩싸이게 된다. 그들을 예속하고, 억압하고, 비인간적으로 대한 남성들의 사회로부터의 해방이다. 그들의 종교적 의식인 춤은 해방의 춤이다. 그들의 노래는 해방의 노래이다. 그들은 신들과 영들을 불러 함께 춤을 추고 노래를 부르는 것처럼 보인다. 그들의 쌓인 한을 내려놓는다. 남성과 사회에 의해서 행해진 모든 종류의 불의를 대상이 된 여자의 한, 불의를 보고도 무력하고 절망해야 하는 자의 한, 말하자면, 남성 지배의 세상에서 여자로 태어난 한이다.

한국의 민중신학자들은 민중이 주체가 되는 한국 역사를 연구하면서 또 사회과학적이고 정치적인 분석을 하면서 가난하고 억눌린 자들의 한을 듣게 됐다. 그들은 또한 샤머니즘과 같은 민속종교 속에서 민중의 쌓인 한을 듣기 시작했다. 그러나 남성 민중의 쌓인 한만을 들어서는 결코 안 된다. 대부분의 민중신학자들이 남성인 상황에서, 여성 민중의 쌓인 한을 듣지 않으면 안 된다. 이는 잠재적으로 폭발할 수 있는 한이다! 이것은 남성 지배의 정치와 사회체제뿐만 아니라, 남성 중심의 신학과 교회에게도 도전하는 강력한 한이다.

내가 여성의 쌓인 한으로 눈을 돌려야 하는 긴박함을 느낀 것은 한 뜻있는 여성 기독교인 그룹과 이야기할 때였다. 그들은 나에게 여성의 관점에서 본 한국의 기독교 역사를 준비하고 있다고 말했다. 얼마나 훌륭하고 시의적절한 작업인가! 그들은 늙은 여성신도들의 이야기를 수집하기 위해 공책과 녹음기를 가지고 시골로 나갈 것이다. 그들의 한국 교회사는 그런 여성신도들의 기억에서 나온 이야기들에서부터 출발할 것이다. 이것은 아주 재미있는 이야기 신학이 될 것이다. 나는 그들에게 전적인 격려를 보냈다. 그러나 그들은 걱정스럽게 "우리들의 이야기가 가치 있는 역사가 되겠는가?"라고 물었다. "누구에게 가치를 인정받고 싶은가?" 하고 되물었을 때, 그들의 대답은 "남성신학자들과 역사가들"이었다. 나는 다시 그들에게 조금 격하게 물었다. "누가 가치의 기준을 정합니까? 남성들입니까? 왜 당신들은 당신들 자신의 가치를 만들지 않습니까? 남성신학자들과 역사가들로부터 가치를 인정받을 생각 그만두십시오. 그저 당신들의 자신 그대로를 보여주고, 당신들의 이야기 신학을 가지고 전진하십시오! 당신네 여성들이 사회에서 그리고 교회에서 어떻게 대접을 받고 살아왔는지 남성 세계에 말해야 합니다. 당신들은 당신들 자신의 민중신학을 하지 않으면 안 됩니다!"

샤먼적 의식과 춤으로 여성들의 쌓인 한이 출구를 찾고, 기독교 여성들의 쌓인 한도 풀리기를 추구한다! 민중신학의 앞에는 멀지만 활기찬 길이 놓여 있다.

민중의 문화

그래서 신학은 더 이상 관념이 아니다. 신학은 민중의 삶이다. 신학은 단순히 머리의 문제가 아니다. 마음의 문제이다. 이는 통계, 사회적인 연구, 또는 정치적 계획만 다루는 것이 아니다. 사람들의 땀, 눈물, 그리고 웃음도 다뤄야 한다. 신학이 통계를 이해하고 데이터를 분석하고, 민중의 고난과 아픔을 감지하고 경험하며, 민중의 역사와 삶에 풍성하게 담겨 있는 문화를 재구성하려면 몸의 언어가 되어야 하고 '마음의 의미론' (heart semantics) 또는 '영혼의 구문론' (soul syntax)이 되어야 한다.

만일 역사가 민중의 전기로 재평가되고 다시 쓰여야 한다면, 문화도 역시 민중의 문화로서 다시 구성되어야 한다. 인간과 민족의 삶과 생각과 활약을 표현하는 문화는 그 형식과 내용에서 매우 엘리트 중심적이었다. 문화는 세련된 삶, 높은 교육, 교양 있는 매너 그리고 음식, 의복, 실내장식에서는 고상한 감각과 거의 같은 동의어이다. 이러한 문화는 왕과 통치자의 궁정에서 찾을 수 있는 것이다. 오페라 하우스나 미술관에서 볼 수 있는 것이다. 문화가 과연 이런 것이라면 빈민가 주민들에게는 문화가 없다. 가난한 자들도 그것을 갖고 있지 않다. 억압된 자에게는 문화 창조의 자유도 없다. 만일 이것이 문화라면, 민중에게 문화는 억압의 상징이며 실체이다.

그러나 사실은 민중이 문화를 갖고 있다는 것이다. 그들은 비참한 삶에서 문화를 창조한다. 그들은 적대적인 세상에서 몸부림치고 살아나가면서 무의미한 삶에 의미를 부여하며 문화를 만든다. 민중의 전기는 민중 문화의 전기이다. 한 민족의 문화는 그 문화의 민속적인 음악, 춤, 연극, 설화가 없으면 완성될 수 없다. 그 바탕에는 사회에서 멸시당하고 억압받는 계층 출신인 무당에 의해 전해지는 샤머니즘의 의식과 관련된 춤과 노래와 연극이 있다.

10월에는 집안의 행운을 기리는 날이 있다. 새로 추수한 곡식으로 만든 떡과 술을 평화와 행복을 얻기 위해 터줏대감에게 바친다. 그리고 무당을 불러 굿을 한다.

> 용의 날에 기초를 닦았네
> 학의 머리 위에는 모서리 돌이 놓였네!
> 그리고 황금 기와와 옥돌로 지어졌네
> 아, 아름다운 집!
> 굴의 모서리에는 풍경이 걸렸고
> 그리고, 동남풍이 불 때면,
> 아, 아름다운 음악!
> 이 집주인,
> 그의 몸은 맑은 물에서 깨끗해지고,
> 그가 당신 앞에 바치오니,
> 오 집의 신이시어,
> 그가 마음과 혼으로 당신께 비오니,
> 맛있게 드시고,
> 더 많은 부를 이 집에 가져오시고,
> 그의 소원을 채워주소서.

병마가 이곳에 오지 못하게 하시고,

악령이 가까이 오지 않게 하소서.

당신께 비오니, 찬란한 권세로 이 집을 지켜주소서!⁷⁾

신학적 의미가 있기에는 너무나 세속적인 기도인가? 아마도 그럴 것
이다. 그러나 대다수 사람들의 종교는 세속적인 관심으로부터 출발한
다. 그들에게 있어서 몸은 영의 매개체이다. 기독교 신학은 사람들의
신앙의 '육체적' 현실을 인정하지 않으면 안 된다.

이 기도에는 아름다움이 있다. '동남풍이 불 때에, 아 아름다운 음
악!' 사람은 바람에서 음악을 듣는다. 이것은 아름다운 가을날을 찬양
하는 음악이다. 그 음악은 나무와 꽃을 장식하는 색깔의 향기를 가져온
다. 그는 들판의 황금 추수를 위해 신들에게 기도한다. 그리고 공동체
가 평화 속에 잘되고 지속되기를 소원한다. 기도의 아름다움에는 신을
숭배하고 그와의 화해를 바라는 마음과 그 신의 '찬란한 권능'에 대한
신실한 믿음이 나타나 있다. 그것은 민중이 그들의 혼과 몸속에 한을
간직하게 하는 그러한 믿음이다. 그것은 그들로 하여금 그들의 쌓인 한
을 진실의 순간까지 견딜 수 있게 만드는 믿음이다. 참을 수 없는 사회
적, 정치적, 그리고 경제적 압박 아래 있는 한이 그들의 몸과 혼을 폭발
시키는 순간 역사의 방향을 바꾸는 강력한 힘이 된다.

역사의 주체인, 그러나 억압의 대상인 민중은 자연과의 공감으로부

---

7) Ha Tae-hung, *Folk Customs and Family Life* (Seoul: Yonsei University Press, 1958), pp. 53~54.

터 삶의 희망과 힘을 얻고, 그들처럼 불의를 겪고 있는 사람들과의 공감을 통해 도덕적 힘을 보여준다. 음력 2월이나 3월에 있는 '한식날' 조상을 기리며 산소에서 부르는 민속 노래 중의 하나는 가슴을 찢을 정도로 감동시킨다.

음력 2월이 오고 나는 한식을 먹는다.
저 멀리 산에는 봄 새싹이 나오고,
말라빠진 나무들은 다시 살고 시들었던 꽃들이 피네.
그렇소, 그 사람의 기억이 내 마음속에 되살아나오,
그러나 사람은 한 번 가면 다시 오지 못하네.
내 뜨거운 눈물이 이 차가운 음식 위에 떨어지네,
이 차가운 음식이라도 당신 무덤에 바치오,
그대의 굶주린 혼이 함께하도록.
나비는 무거운 날개로 춤을 추고
나는 무거운 마음으로 얼음물에서 목욕을 한다.
그리고 그대 추억을 노래하려고 개울가에 앉는다.
보라, 산은 붉게 물들고 진달래는 웃고 있네,
버들가지는 산들바람에 파랗게 물결치는데
열여섯 처녀의 머리카락과도 같네.
농부들은 밭을 갈려고 쟁기를 잡고
목동들은 그들의 사랑스러운 짐승을 타고
봄을 잡으려고 황금 채찍을 높이 드네.

인간의 전기와 자연의 전기가 놀랍게 얽혀 있다. 그리고 매년 2, 3월에 조상의 산소에서 "아이고! 아이고!" 하는 애도의 곡소리로 과거와 현재, 죽은 자와 살아 있는 자를 만나게 하는 무한한 한의 이야기가 있다.

사람들의 기억 속에 살아 있고 언제 어디서나 도처에 메아리치는 다음과 같은 이야기가 있다.

옛날 옛적에 중국의 진나라에는 개자추라는 이름의 충성스러운 신하가 있었다. 그는 간신들의 미움을 받아 궁에서 쫓겨났다.

불쌍한 개자추는 멀리 도망하여 진산이라고 하는 산 속에 숨었다…. 이 내용을 들은 왕은 개자추의 변함없는 충성을 칭찬하면서 전국에서 그를 찾게 했으나 찾을 수가 없었다. 마침내 그가 산속의 굴에서 숨어 지낸다는 게 알려졌고, 그를 나오게 하기 위해서 숲에 불을 질러야만 했다.

그는 나오지 않았고, 굴속에서 질식해 죽고 말았다. 그의 충실한 정절을 동정하고 칭송하고 그의 슬픈 종말을 기념하기 위해, 그 나라의 모든 사람은 불을 피워 음식을 만드는 것을 금하고 오직 찬 것만을 먹었다. 시간이 지나 이 관습은 한국에 전해졌다.[8]

민속(folk things)의 역사적인 뿌리는 사람들의 삶과 역사 속에 깊이 내리고 있다. 현재 산소에서 부르는 민속 노래와 옛날 부당한 취급을 받은 충성스러운 대신의 이야기는 그들의 사회 속의 불법을 그들 자신이 기억하고 그들의 조상을 애도할 때에 사람들의 의식 속에서 혼합하

---

8) Ha Tae-hung, *Folk Cultures and Family Life*, pp. 27~28.

게 되었다. 사람들은 이것을 한의 문화라고 부를 수 있을 것이다. 이것이 기독교인과 신학자들에게 주는 신학적인 충격은 강력하고 심원하다. 그렇다면 민중의 신학적인 문화를 수립하는 것을 돕고 민족정신의 의식 속에 잠재된 사람들의 한에 빛을 가져오는 것이 민중신학자들의 과업이 아니겠는가?

한의 춤

일반적으로, 민중문화는 내면화된 문화이다. 억압된 상황에서 사람들은 자신의 감정을 숨기는 것을 배운다. 억압적인 사회와 정치체제 하에서 사는 남성들과 여성들은 그들의 분노와 슬픔을 억제하지 않으면 안 된다. 그들은 눈물을 배 속으로 삼키지 않으면 안 된다. 그들은 창자 속에서 끓는 불의의 분노를 복잡한 언어로 표현하지 않는다. 그들의 혼을 괴롭히는 분노를 보여주고 분출하기 위해 정교한 예술의 양식을 사용하지 않는다. 그들의 삶의 가혹한 현실의 슬픔을 감상주의적인 언어로 세련되게 표현하지 않는다.

그러나 오래 억압된 분노와 슬픔이 열광과 격분 가운데 존재의 심연에서 화산처럼 폭발하는 때가 있다. 항의와 폭동 혹은 혁명이 바로 그것이다. 또한 말없이 참는 아픔과 고난이 놀이, 극, 춤과 노래로 승화되는 수도 있다. 이들 민속 예술의 양식은 다듬어지지 않고 순간적이며 단순하다. 또한 직접적이고, 강하고 폭발력이 있다. 고상하고 진실하고 아름다운 예술의 중심을 가난함과 비참함과 무력함 속에서 사람들이 인간이 되기 위해 어떻게 애쓰는가를 밝히면서 드러낸다.

민중의 신학적 문화의 주체를 탐구한 사람들은 살아 있는 민중 문화의 가장 거친 모습과 강력한 표현을 목격했으며 놀랍고도 뛰어난 예술의 형태로도 보았다. 내게 그런 기회는 1983년 가을 어느 저녁 서울의 한 극장에서 있었다. 극장을 가득 메운 사람들 앞에서 여성 예술가 공옥진은 〈수궁가〉(水宮의 노래)란 창극을 단독으로 공연했다.

그 창극은 병중에 있는 바다 밑 수궁 용왕의 심한 통증을 고칠 수 있다는 산토끼의 간을 구하려고 떠난 거북이에 대한 옛이야기를 기반으로 한 것이다. 거북이는 산토끼를 발견했고, 죽어서 간을 꺼내기 위해 수궁으로 데려올 수 있었다. 그러나 약삭빠른 산토끼는 목숨이 걸린 그 위급한 시기에 재치를 잃지 않았다. 토끼는 용왕과 바다의 모든 생물들을 속여서 그가 간을 땅에 놓고 왔다는 것을 믿게 하여 거북이로 하여금 자신을 해안으로 공손히 데려가게 했다. 그가 위험에서 안전하게 빠져나온 후, 산토끼는 어리석은 거북이에게 말했다.

너는 분명 거북이구나! 이제야 '거북이처럼 바보스럽다'는 말을 이해할 수 있겠다. 너는 아직도 내가 내 간을 장난감처럼 빼냈다가 도로 집어넣을 수 있다고 믿고 있느냐? 나는 목숨을 건지려고 너의 용왕과 궁정의 조신들을 속인 것뿐이다. 너의 용왕의 병과 나는 아무런 관계가 없다. 너는 그럴듯한 속임수로 나를 납치해서 내 목숨의 대가로 더 행복하게 살려고 했다. 그래서 나는 너를 죽이고 싶지만, 수궁까지 바람과 파도를 무릅쓰고 나를 태우고 갔다가 여기까지 데리고 온 너의 수고를 생각해서 네 죄를 용서하고 남은 목숨을 살려준다. 이제 너는 돌아가서 너의 용왕에게 내 간은 잊어버리고, 영원한 생명을 보장하는 약이나 왕자나 농부나 똑같이 시간이 오면 받

아들여야 할 죽음을 대항하는 약은 없기 때문에 죽음을 기쁜 마음으로 받아들이라 말하여라.[9]

이것은 아주 흥미진진한 민속 이야기이다. 깊이 생각할 수 있는, 신학적으로 흥미가 가는 내용이다. 민중의 풍성한 정치적 문화가 그 속에 간직되어 있다.

공옥진은 연약하고 겸손하게 보이는 50대의 자그마한 여인이었다. 한국의 전통 악기의 반주에 따라 춤을 추기 시작하면서 그녀는 변해 갔다. 더 이상 연약하게 보이는 여성이 아니라, 가장 원시적인 창조의 에너지로 청중과 그녀 자신을 폭파할 수 있는 에너지였다. 춤이 진행됨에 따라, 그녀는 몸에서 나오는 땀으로 흠뻑 젖었다. 그녀는 춤에 깊이 빠져들었다. 그녀의 존재는 춤 그 자체였고, 춤은 그녀의 모든 것이었다. 그녀는 춤과 구별될 수 없고, 춤도 그녀로부터 구별될 수 없었다. 그녀는 이제 더 이상 50대 여성이 아니었다. 그녀는 20대 초반의 민첩하고 유연하고 정력적인 소녀였다. 나는 아직까지 그와 같은 초월적 힘과 밀접한 관계를 가진 한 존재의 무아경에서 결합된 몸과 마음, 그리고 정신의 확신에 찬 힘을 가진 춤을 본 적이 없다. 이 초월의 힘은 불법을 시정하고, 잘못을 바로 잡고, 의지할 데 없는 이들을 축복하고, 힘없는 이들에게 힘을 주기 위한 것이다. 그 춤은 샤머니즘의 춤이었다! 무당의 춤이었다! 관중은 매료되었다. 그들의 인간 속성의 깊은 곳에 조심스럽게

---

9) Ha Tae-hung, *Folk Tales of Old Korea* (Seoul: Yonsei University Press, 1958), pp. 50~57.

격리되었던 그러나 지금은 넓은 곳으로 터져 나온 영의 세계의 문화 속에서 황홀해졌다. 장엄하면서도 해방되는 경험이었다.

그녀는 배가 심하게 아픈 용왕이었다. 그녀의 얼굴은 고통으로 일그러졌다. 몸은 아픔을 못 이겨 비틀렸다. 고통 속에서도 용왕은 역시 절대적 권력을 가진 왕이었다. 그녀는 이제 여왕이다. 왕의 병을 고치지 못한 왕자와 공주들은 슬픈 얼굴에 두 손을 모으고 있다. 그다음 그녀는 용왕의 치료에 실패하면 목숨을 잃게 된다는 것을 눈치 채고 두려워서 떨고 있는 의사 오징어였다. 또 그녀는 어두운 얼굴로 발소리를 죽이며 오가는 크고 작은 물고기들이었다. 왕의 병보다는 그에게 무슨 일이 생기면 자신들의 운명이 어떻게 될까 더 염려하는 그들이었다.

그다음은 산토끼를 수궁으로 꾀어 데려오는 '불가능한 임무'를 맡은 거북이였다. 그녀는 바닥을 기어 다니는 거북이가 됐다. 마침내 산토끼가 발견되었을 때, 그녀는 바닷가의 벼랑을 깡충깡충 뛰는 산토끼였다. 산토끼가 수궁에 도착했을 때, 그녀는 재빠르게 모든 역할을 번갈아 가면서 했다. 아픈 용왕, 그를 돌보는 의사, 임무를 완수하고 자랑하는 거북이, 그리고 처음 본 바다 밑 세계의 경이로움에 빠져 있다가 곧 그를 기다리는 운명을 깨닫고 공포에 사로잡힌 산토끼의 역할까지. 다음 장면은 산토끼를 등에 업고 해안으로 돌아가는 거북이의 긴 여행이었다. 마침내 그녀는 바위 위에 우뚝 선 토끼였다. 수궁에서 아슬아슬하게 빠져나와 해방감을 느끼고 의기양양해진 토끼. 자신과 같이 순진하고 의심할 줄 모르는 피조물의 희생으로 영원한 생명을 얻고자 한 용왕을 향해 경멸을 터뜨렸다. 그러다 그녀는 갑자기 무슨 영문인지 몰라 당황하는 거북이였다.

어떻게 그녀가 관객을 사로잡는 힘을 가진 그러한 예술가가 되었는가? 어떻게 그녀는 그러한 몸짓과 얼굴의 표정으로 일반적으로는 인간 존재의 잠재의식 영역에 숨겨져 보이지 않는 것을 보이게 만드는 것을 배웠는가? 그런 질문들은 가난에 짓눌린 가정에서 앞을 보지 못하고 듣지도 못하는 남동생과 살았던 그녀의 삶의 이야기로 이어진다.[10]

필사적으로 동생을 기쁘게 하고자 그의 얼굴에 웃음이 나올 때까지 그녀는 그녀의 얼굴을 일그러트리고 몸을 잡아 비틀었다. 감각기관이 작동하지 못하는 심각한 불구가 된 동생의 인간성의 한 부분에 다가가기 위한 그녀의 몸짓은 대화를 위한 헌신이었다. 그녀는 틀림없이 자주 절망에 빠졌을 것이다. 또 절망 가운데 여러 번 포기하고 싶었을 것이다. 얼빠지고 바보처럼 보이는 동생의 외모를 뚫고 그 내면으로 들어갈 수 없고, 그 마음에 가까이 갈 수 없어 모든 노력이 헛된 것처럼 보일 때, 그녀는 틀림없이 가슴이 터지도록 울었을 것이다.

그녀는 자신도 모르게 불구가 된 동생 앞에서 한의 춤을 추고 있었던 것이다. 그녀는 몸과 정신의 고통으로 마음의 상처를 입은 사람들에게 그녀를 다가갈 수 있게 만드는 그녀만의 예술을 완성시키고 있었다. 그녀는 불구가 된 동생과 마음과 혼을 나누기 위해 춤을 출 때 한의 무당이 되어 있었다.

그날 저녁 그녀의 앙코르 춤 중에 하나는 정신박약자의 춤이었다. (그녀의 에너지가 무한정인 것처럼 그녀의 레퍼토리도 무한정으로 보였다.) 그녀는 정신박약자가 되었다. 심한 장애로 손상되고 몸과 마음에

---

10) 현영학의 미출간 논문, "Crippled Beggar' s Dance"

의해 가두어진 그녀의 속마음을 내놓으려 애썼다. 그녀는 비틀거렸다가 쓰러졌다. 다시 일어서려고 애썼다. 그녀는 미소 지으려 했지만 끔찍하게 찌푸린 얼굴이 되었다. 말을 만들어 보려는 시도는 헛소리가 되었다. 인간과 대화하기 위한 열망은 그녀를 더욱 바보스럽고 혐오스럽게 보이게 했다. 그녀는 정신적으로 지체된 사람의 아픔을 재현하고 있었다. 육체적으로 정신적으로 불구가 된 모든 사람의 고뇌를 그녀의 몸으로 말하고 있었다. 그녀는 그들의 인간성이 그들의 아픔과 수난에서 빠져나오게 하는 데 성공했다. 여기에 한의 춤이 있었다. 그것은 희망의 춤이었다.

민속 문화는 공옥진의 완숙한 춤, 몸의 예술을 통해 빛났다. 이것은 민중의 억압된 인간성 속에 갇혀진 내적 생명력에 대한 위대한 증언이었다. 그날 저녁 서울의 공간 극장에서 민중 문화의 넓은 지평이 민중 신학 앞에 펼쳐졌다. 백성들의 이야기, 시, 음악, 춤과 같은 예술로 신학하는 작업은 상처받은 인간성의 깊은 곳에서 민중의 참된 외침을 듣는 데에 필요 불가결한 것이다. 그것들을 신학적으로 탐구하는 것은 인간성 말살의 족쇄로부터 자유로워지고자 힘쓰는, 역사를 움직이고 그 과정을 변화시키는 인간의 영적 능력과 관련되는 것이다.

나는 그녀와 악수하고 완숙한 예술성에 대해 감사하면서, 그녀의 얼굴이 아직도 그녀가 민중의 인간성 태내에 불붙인 그 불로 빛나고 있음을 보았다. 그녀의 온몸은 여전히 절망과의 싸움에서 나온 희망의 열을 분출하고 있었다. 그날 저녁 그녀가 남긴 불과 열은 우리를 압도했다. 민중신학도 그 민중의 인간애의 불로 불탈 수 있을까? 정의, 자유 그리고 사랑을 위한 그들의 투쟁에 힘을 더해 줄 수 있는 열을 분출할 것인가?

밥이 하늘

(김지하의 〈장일담〉 중에서)

밥이 하늘입니다.

하늘을 혼자 못 가지듯이

밥은 서로 나눠 먹는 것

밥이 하늘입니다.

하늘의 별을 함께 보듯이

밥은 여럿이 같이 먹는 것

밥이 하늘입니다.

밥이 입으로 들어갈 때에

하늘을 몸속에 모시는 것

밥이 하늘입니다.

아아 밥은

모두 서로 나눠 먹는 것

"의(義)로 세운 집":
민중신학의 에큐메니칼 지평

고수케 고야마(Kosuke Koyama)

"불의로 궁전을 짓고, 불법으로 누각을 쌓으며, 동족을 고용하고도, 품삯을 주지 않는 너에게 화가 미칠 것이다. '내가 살 집을 넓게 지어야지. 누각도 크게 만들어야지' 하면서, 집에 창문을 만들어 달고, 백향목 판자로 그 집을 단장하고, 붉은 색을 칠한다. 네가 남보다 백향목을 더 많이 써서, 집짓기를 경쟁한다고 해서, 네가 더 좋은 왕이 될 수 있겠느냐? 네 아버지가 먹고 마시지 않았느냐? 법과 정의를 실천하지 않았느냐? 그 때에 그가 형통하였다. 그는 가난한 사람과 억압받는 사람의 사정을 헤아려서 처리해 주면서, 잘 살지 않았느냐? 바로 이것이 나를 아는 것이 아니겠느냐? 나 주의 말이다. 그런데 너의 눈과 마음은 불의한 이익을 탐하는 것과 무죄한 사람의 피를 흘리게 하는 것과 백성을 억압하고 착취하는 것에만 쏠려 있다."

(예레미야 22:13~17, 새번역)

"불의로 그의 집을 짓고 있는" 여호야김 왕에 대항한 예레미야가 전하는 하나님의 말씀인 이 글은 한국 민중신학의 정신을 표현한다. 하나님의 윤리적 계명을 무시하고 민중을 착취하는 자들에 대한 비판으로 인해 예레미야는 체포되어 감옥에 갇히게 되었다. 1970년 이후, 한국 민중신학자들 역시 대학과 교회 현장에서 추방되었고, 가난하고 궁핍한 자들의 목소리를 듣지 않는 권력의 심문을 끊임없이 받아야 했고, 감옥까지 가야 했다.

한국의 민중신학은 감옥 신학이라는 기독교의 명예로운 전통 속에 있다. 지난 15년 동안, 감옥의 체험과 기독교 신학은 민중신학의 이야기 속에서 성례전적 일치(sacramental union)를 발견했다. 김지하는 서대문 형무소에서 이렇게 말한다. "왜 우리는 박 정권에 대항해 싸워 왔는가? 인간의 자유를 위하여, 하나님이 우리에게 주신 인간성을 회복하기 위하여, 자유로운 백성이 되기 위해서였다. 이보다 더 중요한 것은 없다. 우리는 계속 싸워야 한다." 김지하는 감옥에서 남한 독재 정부에 저항하면서 12년을 보냈다.

예레미야의 말은 그들이 개인이든, 그룹의 일원이든, 민족이나 제국의 권력자든 이웃을 억압해 자신을 섬기게 하는 자들에게는 성가신 것이다. 예레미야의 하나님은 정직하지 못한 소득, 죄 없는 사람의 피 흘림, 폭력과 압제를 싫어한다. 민중신학의 메시지는 바로 이 하나님이다. 민중신학은 옛 성서의 전통을 되살려 말하고 표현하고 있다. 데스몬드 투투 주교(Bishop Desmond Tutu)의 표현을 빌리자면, 민중신학은 워싱턴이나 모스크바에서 명령을 받는 게 아니라 갈릴리로부터 받는다. "그리스도는 본래의 권리를 억압당한 사람들을 위해 살았고 또 죽었다. 따라서 기독교인이 된다는 것은 억눌린 사람들을 위해 싸우고 그에 필요한 희생을 하는 것이다."라고 김대중은 말했다. ("Christianity, Human Rights and Democracy in Korea", 1983년 3월 31일. 미국 에모리 대학 연설.)

민중신학은 예레미야처럼, 인권의 억압과 착취의 행위와 "하나님을 안다는 것"은 서로 양립할 수 없다는 깊은 확신을 가지고 있다. 민중신학은 '신학적 인식'(보라, 세상 죄를 지고 가는 하나님의 어린양)과 '윤리적 실천'(정의를 행하고 친절을 사랑하고, 하나님과 함께 겸손히 걷는 것)의 일치를 주장한다. 이 일치는 민중신학의 중심을 이룬다. 이 신학적 운동의 시작에 대해, 문희석은 다음과 같이 말하였다.

> 1970년 이래, 한국 신학자들은 여러 다른 신학적 견해에 직면하게 되었다. 거리와 대학 캠퍼스에서 평범한 사람들, 지식인들, 노동자들 그리고 시인들조차도 한국의 현재 경제·사회·정치적 현실과 연관된 성서의 메시지를 외치기 시작했다. 이런 상황에서, 학자들은 민중들의 현실(정치적으로 억압 받고, 빈곤에 처해 있고, 모욕과 멸시를 받는)을 이해할 수 있는 성서적 관점을 제공하라는 도전을 받았다.("An Old Testament Understanding of Minjung", *Minjung Theology* [Maryknoll, N.Y., London, Singapore: Orbis Books, Zed, CCA, 1983], p. 123)

성서의 하나님에 대한 믿음은 사람을 모욕하고 멸시하는 것과 조화되지 않는다. 한국인의 한의 문화적 감성을 한국의 기독교신학을 만드는 데 필요한 중심적인 가치라 상정하면서 서남동은 이렇게 말했다. "만일 민중의 한을 듣지 못한다면, 우리의 문을 두드리고 있는 그리스도의 음성을 들을 수 없다." 서남동에 의하면 김지하의 민중신학의 가장 중요한 주제는 "하나님과 혁명의 일치"이다. 서광선은 민중신학이 "한국의 사회 경제적, 정치적 역사와 한국의 기독교 공동체의 정치·사회적 전기를 포함하는 정치신학의 테두리를 제공해 준다."고 한다. 이런 표현들은 '신학적 인식'과 '윤리적 실천'의 일치를 말해 준다.

이처럼 활력 있는 신학 운동은 단지 하나의 이름으로 불릴 수 없으며, 여러 방식으로 말해질 수 있다. 취조실의 신학, 한국의 감옥 신학, 값비싼 제자의 신학, 궁핍한 자와 매춘부와 대화하는 신학, 승자와 패자 사이의 신학, 한국 문화와 사회적 관심이 교차하는 신학, 선언과 설교의 신학, 주기도문의 관점에서 출발한 사회정의 신학, 하나님의 정치신학 등등. 모든 신학적 고찰과 행위를 포괄하는 기독교의 책임과 열정이란 '하나님을 안다는 것'은 불의를 통해 집을 짓는 것을 중단하라는 구체적인 의미이다. 이것이 민중신학의 주제이다. 이 주제는 에큐메니칼적 지평이 넓어지고 있으며, 그에 상응하는 신학적 도전을 제시해 준다. "왜냐하면 이것은 어느 한 구석에서 일어난 일이 아니기 때문이다."(사도 26:26)

민중신학의 에큐메니칼적 중요성

민중신학과 관계하여 물어야만 할 세 가지 의문이 있다. 그것은 "종말론(eschatology), 갈등(conflict), 그리고 문화(culture)의 영역에서 민중신학이 제시하는 개념이 갖는 에큐메니칼적 의미는 무엇인가?" 하는 것이다.

종말론

인류의 종교적 삶의 성격에 대한 고찰은 우리에게 두 가지 형태의 보편성을 제공할 것이다. 그것은 우주론적인 것과 종말론적인 것이다. 우주론적으로 규정된 보편성은 하늘과 땅의 관계 속에서 이해된다. 이것은 자연적 우주론이며 모든 것을 포용하는 방법(어머니는 땅, 아버지는 하늘)으로 구원을 베푼다. '하늘과 땅' 밖에서 살 수 있는 사람은 아무도 없다. 나는 이러한 보편성의 본질을 시편 139편의 유명한 한 구절의 몇 단어를 바꾸어 설명할 수 있다. "내가 하늘로 올라가면, 하늘이 거기에 있고, 만일 내가 스올(음부陰府)에 있다면 땅이 거기에 있습니다!" 자연을 지향함이 여기에 나타난다.

다른 한편으로 종말론적으로 규정된 보편성은 '하늘과 땅의 창조자' (시편 121:2)로 나타난다. 그것은 자연적인 보편성은 아니다. 하늘과 땅을 넘어서는 자를 말하기 때문에 초월의 요소를 갖는다. 하늘과 땅의 보편성은 예측이 가능하기 때문에(예를 들어, '태양은 매일 일정하게 아침마다 동쪽에서 떠오른다'는 사실) 우리에게 안정감을 주지만, 하늘과 땅의 창조자의 보편성은 우리에게 그런 즉각적인 안정을 주지는 않는다. 창조자는 하늘이나 땅과는 다르게 예측이 가능하지 않다. "만일 내가 하늘에 오르게 되면, 당신은 거기에 있고, 만일 내가 스올에 있다면 당신도 거기에 있습니다!" 이는 역사적 방향을 제시한다. 우주론적 보편성이 우리를 포용하는 반면 종말론적 보편성은 우리에 대항하고 있다. 셈족의 신앙('아브라함의 자손', 곧 유대교, 기독교, 이슬람교)은 종말론적 보편성을 취하고 있다. 힌두교와 동방의 중국 종교들은 우주론적 보편성으로 이해된다. 이 두 전통에서 보편성이란 개념은 구원 교리의 중심이 된다. 두 전통 모두 구원은 어떤 보편적인 맥락 속에서 이루어져야 하고 또 그래야만 구원일 수 있다고 말한다.

사회 윤리의 체계가 종말론적 보편성의 상황 안에서만 발견될 수 있고, 우주론적 보편성에서는 찾을 수 없다고 하는 것은 좁은 생각이다. 우주론적인 심성은 조화로운 우주의 전체성(균형 상태) 안에서 가장 높은 사회 윤리적 가치를 발견한다. 일반적으로 '천황'은 이 전체성의 지축에 서 있는 사람으로 인류에게 이익을 가져오는 우주적 운동을 대변한다. 일본의 최근 역사(1945년 이전)에서 우리는 천황이 신이라는 사고가 중심이 되는 우주론적 정치의 광신적인 형태를 본다. 이 우주론적 사회 윤리의 약점은 제국주의에 대한 비판적 요소가 부족하다는 것이다. 우주론적 정치의 고대 형태는 매우 깊이 인류에 뿌리를 내리고 있고 아직도 무시할 수 없을 정도로 정치적 상징의 세계에 퍼져 있다.

'하늘과 땅의 창조자'라는 셈족 전통은 역사에 대한 깊은 관심을 나타내는 사회 윤리적 통찰력을 인류에게 주었다. 여기엔 제국의 권력을 비판할 수 있는 초월의 원칙이 들어 있다. "주님에 대항하여… 세상의 임금들이 그들 스스로 나서고…. 하늘 보좌에 앉으신 분이 웃으신다."(시편 2:1-4) "주께서 기름 부어 세우신 이, 고레스에게 말씀하신다."(이사야 45:1) 여호야김은 바로 이런 종말론적 사회 윤리에 의해서 비판받았다. 그리고 이 전통은 한국 민중신학에 의해 제목소리를 찾게 됐다.

한국은 동양의 정신적 전통을 이어오고 있다. 우주론적 보편성은 한국 문화적 삶의 일부분으로 자리 잡고 있다. 그러나 한국인들은(필리핀의 기독교인들을 포함한) 다른 아시아 사람들보다 더 강하게 종말론적 보편성의 메시지를 한국인의 종교적 성향 속에 담고 있다. 이것이 다른 아시아인들이 한국인들에 대해 수수께끼처럼 느끼는 것이다. 지난 200년 동안 한국과 일본에 많은 메시아 운동이 있었지만, 한국의 메시아 운동은 일본보다 더 강한 역사의식을 보인다.

한국 백성은 구약의 선지자들이 말한 '회개'(불연속과 급진적인 사고의 변화)의 역사적 의미를 다른 아시아인들보다 훨씬 더 잘 이해하고 있다. 한국인들이 신성한 하나님 앞에 서 있는 인간이라는 성서적 개념을 이해했고, 근대화를 이교도적인 인류학의 기초 위에 이루었던 일본인들은 그렇지 못했다는 전근모(Chon Kyon-mo)의 말은 옳은 것이다. (Sekai, 2월 1979. pp. 143~156) 내가 보기에 이런 '한국의 칼빈주의'의 핵심은 고난의 역사적 경험을 통해 한국인들이 역사의 의미를 성숙하게 이해할 수 있었다는 것이다. 자연적 우주론의 구원 교리가 한국에서 무시되지 않고 있다는 사실은 한국의 사상이 얼마나 성숙한가를 말해준다. 우주론적 사고는 이 종말론적 인식 아래 있어도 분명히 보존되어 있다.

민중신학의 보편성은, 우주론적 보편성보다 종말론적 보편성을 우위에 두는 성서신학적 구조의 풍부한 유산 위에 세워졌다. 현영학은 그의 글 "한국의 가면극에 관한 신학적 시각"("A Theological Look at the Mask Dance in Korea", *Minjung Theology*, pp. 47~54)에서 이 신학적 구조에 대해 언급한다. "가면극은 춤뿐만 아니라 리듬 있는 사물놀이, 노래, 그리고 연주자와 공연자 사이 또 연주자와 청중 사이의 대화로 구성된다. … 가면극엔 유머와 익살과 풍자 또 성에 관련된 비속어가 풍부하게 담겨 있다."

이것은 우주론적인 정서가 이런 춤 공연의 주된 문화적 배경으로 존재한다는 것을 나타낸다. 현영학에 따르면 가면극과 같은 간접적인 방식으로 민중들은 예레미야가 권력자들에게 말했던 내용을 전한다. 우주론은 근본적으로 음담패설(성과 관련된 비속어)이다. 우주적인 성(sexuality)은 언어와 춤과 음악을 제공하고, 이를 통해 종말론('불의로 집을 짓지 않는다')이 선언된다. '가면'은 '상스러운 말'을 통해 중요한 메시지가 효과적으로 전달되게 하는 상징이다.

현영학은 이 변증법적 배열을 '비판적 초월'이라 부른다. "가면극을 통해서 민중과 평민들은 이 세상을 비판적으로 초월을 경험하며 그 모순을 비웃는다."(p. 50)

서남동은 그의 글 "한의 신학을 향하여"("Toward a Theology of Han", *Minjung Theology*, pp. 55~69)에서 우주론을 극적으로 이용해 종말론적인 것을 보여준다. 그는 양성우의 시에서 발견되는 한의 개념을 소개한다. 한은 "5천 년의 역사 동안 우리나라 백성의 骨와 근육 속에 흡수되어져 아직도 죽은 자의 무덤을 덮고 있고 잔디의 뿌리 속에서까지 숨 쉬고 있다."고 한다.

한국의 한은 일본의 '우라미'와 일치된다. 우라미는 죽은 자의 달래지지 못한 영혼의 상태를 말해 준다. 그런 달래지지 못한 영혼은 '온료'(onryo)라 불린다. 특히 온료는 살아 있는 자들에게 복수하는 힘이 있기 때문에 일본인들이 두려워한다. 자신을 죽음으로 몬 자들에 대한 복수로 그들의 삶을 파괴해 버릴 수 있다고 믿기 때문이다. 온료는 우주를 떠돌다 지친 우라미 혼이다.

일본인들은 온료의 에너지를 사회적, 윤리적 가치로 만들지 못했다. 우주적인 예식으로 온료를 달래기에 급급했기 때문이다. 따라서 일본의 온료 담론은 사회 윤리적 차원이 배제되어 있다. 반대로 서남동은 "한은 혁명을 향한 활기찬 에너지로 승화될 수 있다."는 김지하의 언급을 소개한다. 김지하는 한의 잔인한 지속성을 끊을 '단'(斷)을 말한다.

> 한의 순환적 사슬을 끊는 단(斷)은 세속적 세계와 세속적 집착을 변화시킨다. 한편으로 죽이고, 복수하고, 파괴하고, 끝없이 미워하는 두려움의 한이다. 역으로 이 잔인한 순환이 폭발하는 것을 막는 단이 있어 한은 높은 영적 힘으로 승화할 수 있다. 한과 단이 변증법적 일치를 이루어 민중의 총체적인 영역을 여는 것. 이것이 나의 예술적인 노력의 핵심적 기초이다. 단은 한을 극복하는 것이다. 개인적으로, 이것은 자기 부정이다. 집단적으로, 이것은 복수의 잔인한 순환을 끊는 것이다.(pp. 64~65)

여기서 우리는 한의 에너지가 사회적 윤리로 변화하는 것을 본다. 단을 통해서, 한은 사회적 가치가 되었다. 그것은 단순한 한이 아니라 단이 된 한이며, 단이 된 한은 "불의로 집을 세우지 말라."고 선포한다.

우주론적인 것을 내세워 종말론을 나타내는 뛰어난 기법을 현영학, 서남동, 김지하의 글에서 잘 볼 수 있다. 같은 예를 예수의 가르침에서도 발견할 수 있다. "너희 가운데 아버지가 되어가지고 아들이 생선을 달라고 하는데 생선 대신에 뱀을 줄 사람이 어디에 있으며, 달걀을 달라고 하는데 전갈을 줄 사람이 어디에 있겠느냐? 너희가 악할지라도, 너희 자녀에게 좋은 것을 줄 줄 알거든, 하물며 하늘에 계신 아버지께서야 구하는 사람에게 성령을 주시지 않겠느냐?"(누가 11:11~13) 자연적인 것, 예측 가능한 것, 우주론적인 것들을 동원해 은총, 예측할 수 없는 것, 종말론적인 것을 표현했다. 여기서 그것을 가능케 만든 것은 하늘과 땅을 넘어선 그 사람에 대한 믿음이다. "믿음이 적은 사람들아, 오늘 있다가 내일 아궁이에 들어갈 들풀도, 하나님께서 이와 같이 입히시거든, 하물며 너희들을 입히시지 않겠느냐?"(마태 6:30)

한국의 민중 속에서 신학하고 있는 이 세 명의 신학자는 "하나님이 이와 같이 입히시거든"과 같은 고백은 자신들의 말이 아니라, 민중이 그들의 언어로 하는 말이라 한다. 이 사실은 선교학적으로 매우 중요한 것이다. 기독교 신학에서의 '보편성'은 제국적인 개념이 되어서는 안 된다. 종말론적인 것을 표현하기 위해서 우주적인 것을 사용하는 지혜가 있어야 하고, 민중이 그들의 언어로 역사 속에서 하나님이 우선됨을 표현할 때까지 기다리는 지혜가 있어야 한다.

갈등(conflict)

같은 아브라함의 뿌리를 갖고 있는 유대교, 그리스도교, 이슬람교는 '불의로 집을 짓는 것'을 비판한다. 아시아의 가장 슬기로운 두 선생인 붓다와 공자는 이 비판에서 예레미야와 함께한다. 이 점에서 한국의 민중신학은 고대 인류의 훌륭한 지적 전통의 지지를 받고 있으며, 그 전통들의 합의점이라 할 수 있는 종교적인 내용과도 일치한다. 그 보편적 믿음은 '의(義)로 집을 세워야 한다'는 것이다.

민중의 압제자들은 권력을 잡고 있는 자들이다. 억압받는 민중은 누구인가? 현영학에 따르면 민중은 다음과 같다.

우리는 논을 빼앗긴 가난한 농민, 비인간적인 환경에서 노동을 강요받는 젊은 산업 노동자들, 빈민촌 월세를 못 내 쫓겨날 위기에 있는 도시 빈민, 일용직 노동자, 행상인, 사기꾼, 고물상인, 넝마주이, 건달, 창녀, 포주, 마술사, 점쟁이, 무당, 술집 접대부를 생각할 수 있다.

(유니언 신학대학 공개 강연, 1982년 4월 13일)

억압과 탄압은 공공연하게도 나타나고 눈에 드러나지 않기도 한다. 미묘하게 우둔하게 또 교묘하게도 나타난다. 불행하게도 억압된 자들은 권력자에게 이용되어 그들의 억압에 앞장서기도 한다. 권력자들이 약한 자들을 억압한다는 것은 마르크스주의자가 아니더라도 쉽게 알 수 있다. 역사 속에서 착취는 인간 삶의 현실이 되어 버렸다.

요즘 세상의 새로운 변화는 정보 통신과 수송 기술의 발달로 가진 자들의 영향력이 국제화되었다는 것이다. 압제의 범위는 세계화되었다. 권력은 기업의 이사회와 군사적 체제 내에서 합병되어 힘없는 자들을 더 압박해 온다. 그러나 압제받는 이들은 세계를 지배하려는 압제자들의 탐욕에서 나온 극악한 착취의 계획에 반드시 존재해야 하는 것이기에 보존된다. 여기에 두 가지 에큐메니즘적인 합의가 있다. 탐욕을 반대하는 인류의 종교 전통에서 주장하는 합의가 있고, 탐욕을 조장하는 기업과 군사 체제에서 주장하는 합의가 있다. 그 두 합의는 갈등관계에 있다. 인류는 이 갈등의 상황 속에서 존재한다. 그러나 아직도 이 두 합의는 혼란스럽게 얽혀져 있고, 갈수록 점점 더 증가하고 있다. 예수의 잘 알려진 비유는 우리 역사의 바로 그 아픈 현실을 말하고 있다. 종들이 주인에게 말하기를 "그러면 우리가 가서 그것들을 뽑아 버릴까요?" 그러나 주인은 이렇게 대답하였다. "아니다. 가라지를 뽑다가 그것과 함께 밀까지 뽑으면 어떻게 하겠느냐? 거둘 때가 될 때까지 둘 다 함께 자라게 내버려두어라. 거둘 때에, 내가 일꾼에게, 먼저 가라지를 뽑아 단으로 묶어서 불태워 버리고, 밀은 내 곳간에 거두어들이라고 하겠다."(마태 13:28~30)

인간 현실의 불행한 진실은 '엘리야'와 '바알의 예언자들'(왕상 18장)이 우리의 기대와는 달리 함께 관련되어 있다는 사실이다. 오늘처럼 빠르게 변화하는 기술 경제의 사회에서는 더더욱 그렇다. 천문학적 돈이 군사 예산으로 쓰이고, 엄청난 액수의 돈이 몇몇 대기업에 의해 움직이는 상황에서 '깨끗한' 돈은 없다. '엘리야들'(기독교 목사, 신학교 교수)이 '바알'이 만졌던 돈과 연루되지 않는다는 건 불가능하다.

엘리야는 바알의 예언자들(450명)을 기손의 개울에서 죽였다. 지나친 행위였다. 그는 "그때가 오기 전에는"(고전 4:5) 판단을 금하라는 인간의 제약을 넘어섰다.("너희가 심판을 받지 않으려거든, 남을 심판하지 마라." 마태 7:1). "하나님의 진노가 불의한 행동으로 진리를 가로막는 사람의 온갖 불경건함과 불의함을 겨냥하여, 하늘로부터 나타납니다."(로마 1:18) 엘리야는 하나님에 대한 질투로 '최후의 심판'을 오직 하나님의 손에 달린 종말의 것으로 남겨두지 않았다. 이 두 가지 에큐메니즘적인 합의는 양과 염소를 분리하는 종말론적 순간을 간절히 기다리는 역사의 고통스러운 애매함을 포함하고 있다.(마태 25:31~32) 기독교의 에큐메니즘은 이 종말론적 긴장으로부터 자유로울 수 없다.

그러나 민중신학은 바로 이때 오늘 현실의 구체적인 상황, 즉 종말론적 상황에서 '하나님을 아는 것'은 '불의로 집을 짓는 것'을 반대하는 것이라 말한다. 신학적 인식과 윤리적 실천을 일치시키면서 민중신학은 종말론의 결정적 중요성을 설명한다. 기독교 종말론은 마지막 심판의 가능성은 하나님 고유의 것(신학적 인식)일지라도, 우리의 책임은 악에 대항하면서(윤리적 실천) 그 마지막 심판에 다가가는 것을 말한다. 이 시점에서 서남동이 구분한 하나님 나라의 상징들과 천년 왕국의 차이는 중요하다.

> 하나님 나라(the Kingdom of God)가 초월적이고 궁극적인 상징이라면, 천년 왕국(the millennium)은 역사적이고, 땅과 연관된 반(半) 궁극적 상징이다. 마찬가지로 하나님 나라는 사람이 죽은 다음 믿는 자들이 들어가는 장소로 이해됐으나, 천년 왕국은 역사와 사회가 재탄생하는 것으로 이해된다. 따라서 하나님 나라는 개인의 구원을 확실케 하고, 천년 왕국은 인류의 사회적 현실의 구원을 확인해 준다. 결과적으로, 하나님 나라는 지배자의 이데올로기로 사용된 반면, 천년 왕국은 민중의 열망을 상징한다.(*Minjung Theology*, pp. 162~163)

이것에 대한 나의 응답은, 서남동의 지적처럼 불행히도 교회는 예수 그리스도의 삶에 나타난 하나님 나라의 역동적인 상징을 잘못 이해하고 있다는 것이다. "내가 하나님의 능력으로 귀신을 쫓는 것이면, 하나님의 나라가 너희에게 왔다."(누가 11:20) 하나님 나라는 우리 세계 속에서 기대하지 않았던 하나님의 능력이 나타남을 말하며, 믿는 자가 죽어서 가는 곳을 말하지 않는다.

일반적으로 신학 용어인 '종말론'은 '미래'에 일어날 일을 의미한다. 그러나 기독교 종말론의 풍성함은 종말의 순간(초월하신 하나님이 갑작스럽게 우리의 역사 속으로 오심)을 과거, 현재, 그리고 미래에서 발견하는 데 있다. 마틴 루터(Martin Luther)의 표현을 빌리면 믿음의 전통은 이 자유로운 '하나님의 방문'을 믿는 것이다. 하나님의 방문으로서 종말론은 우리 일상의 삶 속에서 기독교의 성례전을 만들었다. "나를 기념하라."(고전 11:24) 마지막 만찬의 그리스도를 기념하는 것이, 우리의 과거, 현재, 그리고 미래가 분열되고 분해되는 것을 막고 구원받는 길이다. 민중신학에 의하면 "시간을 신성하게 하는" 순간은 "세상의 양식(빵)과 하늘의 양식(자유)"이 일치되는 때이다.

우리를 방문하신 하나님은 우리를 다시 방문하실 하나님이다. 예수가 배반당한 날에 있었던 신성한 사건을 우리가 기억할 때에 하나님의 방문은 재현된다. 신성한 사건은 배반을 가져온 역사로부터 분리될 수 없다. 그리고 또한 "나를 기념하라."는 말 속에는 세계 역사를 기억하라는 뜻을 포함한다. 그리스도의 역사와 사람들의 역사는 함께 기억되어야만 한다. 만일 우리가 정의로운 집을 짓는 법을 배우려면 '불의로 짓는 집'의 역사 또한 기억해야 한다. 이 두 가지가 우리의 사고 속에 공존하지 않는다면, 그리스도의 제자가 된다는 것은 낭만적이고, 무책임하고, 효과적이지 못할 것이다. "그 빛이 세상에 오셨으니, 모든 사람을 비추는 참 빛이시다."(요한 1:9) 그리스도의 이름은 세계의 역사를 포함한다.(계시 21:6)

하나님 나라의 상징 속에서, 그리스도의 역사와 세상의 역사는 서로 교차한다. 한국 민중신학자들은 이 두 역사를 모두 기억하고 있으며, 그리스도의 치유적인 임재하심으로 아픈 과거가 극복되는 이유가 거기에 있다. 그들은 오늘날 인류의 에큐메니칼한 경험 속에서 갈등과 충돌을 기독교적으로 이해할 수 있는 길잡이를 우리에게 제공해 준다.

한반도와 일본군도의 역사는 일본에 의해 자행된 상처의 역사였다. 두 나라의 역사를 통해서 볼 때 한국은 결코 일본을 침략한 적이 없다. 뒤떨어졌던 일본은 한국으로부터 많은 문화적 선물들을 받았다. 그러나 옛날부터 일본인들은 한국인들을 멸시의 눈으로 보았으며 호전적인 태도를 보였다. 일본의 침략적 태도는 1910년에서 1945년까지의 한국 식민화에서 최고조에 이른다. 1910년 8월 22일 맺어진 '조약'은 군사적 협박과 한국 지도층을 매수하여 이루어졌다. 조약에는 "한국의 왕은 한국의 전체 영토에 관한 모든 주권과 권한을 일본의 왕에게 완전하고 영구적으로 양도한다."는 내용이 있다. 36년 동안 한국은 군사적 배경을 갖고 있던 9명의 일본 총독에 의해 연속으로 통치되었다. 총독이 군인 출신이어야 한다는 것은 1910년에 선포된 제국령 354조 10항에 명시되어 있다.

36년의 일본 강점기 동안 끝없이 자행된 잔학 행위는 이루 다 언급할 수 없다. 일본이 연합군에 항복한 날(1945년 8월 15일)은 해방의 날이 되었고, 노예의 땅으로부터 한국의 백성이 '탈출'한 날이다. 한국의 도시와 마을은 환희에 가득 찼다.

불행하게도, 일본인들은 그들이 한국에서 행했던 일들을 빠르게 잊어버렸다. 지난 40년간 일본 정부의 공식적인 입장은 식민 통치가 한국에 피해보다는 이득이 더 많았던 것이라며 정당화하는 것이었다. 1963년 11월, 일본은 모든 한국인이 경멸하는 메이지 시절 일본 제국을 설계한 이토우 히로부미의 얼굴을 1,000엔짜리 지폐의 주인공으로 만들었다.

1982년에는 일본의 역사 교과서 수정판의 문제가 아시아로 확산돼 큰 논란을 일으켰다. 일본에 의해 점령당했던 아시아의 많은 국가들은 일본의 역사 교과서가 학생들에게 전쟁에 대한 진실을 말할 것을 요구했다. 이를테면, 일본 군대가 중국에 진출했다가 아니라 침략했다고 밝히는 것이다.

1982년 8월 5일, 한국의 교육부는 고대부터 현재까지 일본의 문서에서 한국인을 의도적으로 왜곡시킨 내용을 설명하는 20,000단어 분량의 자료를 발표했다. 예를 들자면, 일본 정부가 한국인들에게 신토 사당에 경배하도록 ('강요'가 아니라) '권장'했다거나, 한국인들은 일본어를 쓰도록 강요받지 않았고 자유롭게 선택할 수 있었다는 것 등이다. 일본의 천황은 1983년 한국의 전두환 대통령이 일본을 방문했을 때 환영사를 하면서 식민 통치를 단지 불행한 과거로만 언급하면서 그 자료의 요구를 냉정하게 무시했다. 이웃 나라들을 희생시켜 상처를 준 나라가 그 행위를 잊어버린 것이다. 일본인들은 일본이 한국에게 큰 상처를 입히고도 무책임한 무지 속에 살고 있다. 하지만 민중신학은, 일본의 지배 아래 겪었던 한국인의 경험을 한국인의 총체적인 역사 경험으로 통합시켰다.

민중신학이 페르시아 종교의 사고처럼 역사를 선과 악 사이의 싸움의 무대로 보는 것은 아니다. 민중신학이 관심 가진 것은 역사적 경험과 역사적 이야기들이며, 예를 들면 '어떻게 일본 총독이 피할 수 없을 정도로 많은 특수 경찰력을 이용해 한국을 통치했는가'이다. 그 관심은 또 히로시마에 징용으로 끌려가 군수 공장에서 일하다 1945년 8월 비참하게 사라진 한국인들의 가족이 느끼는 위로받을 수 없는 한탄을 지적한다. 전쟁 기간 동안, 수천 명의 한국 여성은 위안부로 동원돼 충성을 강요받았다. 민중신학은 이런 역사의 이야기들을 선과 악의 원칙에 대한 형이상학적 사색이 아니라, 신학의 '상황'으로 진지하게 받아들인다.

민중신학은 억압자와 억압당하는 자 사이의 갈등을 형이상학이 아니라 역사적으로 이해하기 때문에 형이상학적인 '갈등의 이데올로기'로부터 자유롭다. '형이상학'보다 '이야기'를 선택한다는 건 더 어려운 길을 선택하는 것이다. 역사는 형이상학보다 언제나 더 어렵고 복잡하다. 예레미야의 고통스러운 탄식은 역사에 대한 인간의 솔직한 고민을 담고 있다. "왜 사악한 자가 번창하며, 도둑들이 번영하는가?"(예레 12:1) "왜 하나님은 카인을 보호하는가?"(창세기 4:15) 민중신학은 그리스도를 역사에서 찾기 때문에 이러한 문제를 피할 수 없다. 이 길이 어려운 것은 사실이지만, 기독교 에큐메니즘을 위해선 유일한 가능성이다.

갈등의 이데올로기는 인류의 삶을 풍요롭게 하지 않는다. 오히려 더 정교한 무기를 찾게 한다. '적'이라는 개념은 갈등의 이데올로기의 구조 속에서 고정되어 있다. 그러므로 민중신학은 고난과 희망에 대한 '많은 이야기'를 이 세상에 해야 한다. 그 신학이 그 '많은 이야기' 속에 살아 있을 때 이데올로기화되지 않을 것이다. 많은 진실한 이야기들은 그 어디에서든지 스스로 옳다는 독선을 좌절시킬 것이다.

문화

'문화'는 애매한 개념이다. '좋은' 문화가 있고 '나쁜' 문화도 있다. 전자는 풍요롭게 만들고, 후자는 빈약하게 만든다. 문화는 끊임없이 변하는 역사적, 사회적 현실이다. 활발하게 스스로를 경작한다. 그래서 문화들은 '복음화' 되어야 한다. 교황 요한 바오로 4세는 다음과 같이 말했다. "문화와 복음의 분리는 다른 시대에도 그랬듯이 명백히 이 시대의 사건이다. 그러므로 모든 노력을 기울여 문화의 복음화를 이루어 내야 한다." (Evangelii Nuntiandi, 1975)

바오로 4세의 제안은 오늘날 한국의 문화적 정황 속에서도 적용될 수 있는가? 한국의 문화는 복음화될 수 있는가? 문화는 어떻게 복음화 되는가? 백성들의 좌절과 열망에 가까이 다가감으로써 민중신학은 이 작업을 실행할 준비가 잘 되어 있다는 것이 사실인가? 혹시 문화에 관한 질문은 민중신학이 보기에 너무 민감한 내용은 아닌가? 아니면 복음의 메시지가 세상에 명확하게 전달되기 위해 문화와 복음의 거리가 유지되어야 한다고 보는 것은 아닌가? 아마도 '문화와 복음'에 관련된 질문들은 사회의 지도층에게나 물을 것인지도 모른다. 교황의 제안에 대해 민중신학자들의 반응은 어떤 것인가?

예레미야는 "불의로 자신의 집을 짓는 자에게 화가 있다."고 말한다. 불의로 집을 짓는 사람들의 방법은 문화마다 다르다. 또 그것에 따르는 죄의식의 강도 역시 마찬가지이고, '화가 있다'나 '불의'를 이해하는 감정의 폭도 다르다. 예를 들면, 환대나 적대와 같은 단어들도 문화에 따라 그 의미가 넓어지기도 하고 축소되기도 한다. 문화의 세계는 혼란스러운 다름과 다양성의 세계이다. 억압이라는 현실도 문화에 따라 다르게 인식된다. 다소의 억압이 존재하지 않는 문화는 없다. 전체 공동체가 제 기능을 발휘하려면 어느 정도의 억압은 감수해야 한다는 인식이 모든 문화의 일부인 것 같다.

그러나 모든 문화는 그 억압이 더 이상 용납될 수 없는 한계의 수준,

그 이상의 억압은 저항되어야 하는 인내의 한계를 어떻게든 설정해 놓는 것으로 보인다. 문화가 근원적인 차원에서 암시하는 것은 신화의 기본 의도인 공동체의 존재가 지속되어야 한다는 것과 동일하다. 의식할 수 있는 차원에서 문화는 그 구성원들이 창출하는 것을 부정하고 긍정하는 변증법적인 것으로 보인다. 그 결과는 공동체의 무질서를 그대로 두지 않고 질서를 강요하는 것이다. 간단히 말하면 문화는 불명료한 것이지만, 공동체를 혼란으로부터 지키려 한다.

한국의 주된 문화적 성향은 샤머니즘적이라 말할 수 있다. 김용복은 기독교의 신을 '하나님'이라 부르는 배경에 샤머니즘이 있음을 지적하고 있다. 그는 1911년 로버트 무어(Robert Moore)가 쓴 *Village life in Korea* (Nashville, Tennessee, 1911, p. 191)에서 한 단락을 인용한다. 한국에 샤머니즘의 문화가 팽배해 있음에도 불구하고(종교적 예식, 영성, 감성, 공동의 삶, 그리고 무당의 행위와 연관된 구원 의식이 복합적으로 존재한다), 민중신학에서 크게 부각이 안 된다는 사실은 특이하게 여겨진다. 민중신학자들은 이 주제를 중요하지 않다고 결정한 것인가? 무속의 신 개념에서 성서적 하나님으로 속히 전환해야 한다는 것을 강조하는 것인가? 이런 빠른 사고의 전환 과정에서 샤머니즘에 대한 논의가 불필요하다는 것인가? 샤머니즘을 제대로 다루다 보면 혼합주의 논쟁에 빠질까 두려운 것인가?

이 문제에 대해 나의 생각은 비록 짧고 부족하지만 둘로 나누어 볼 수 있다.

1) 만일 민중신학 안에서 민중이 계속 '역사의 주체'라면 앞서 말한 교황의 제안을 무시할 수 없다. 모든 사람의 문화가 그렇듯, 한국인들

의 문화적 삶은 대단히 복잡한 것임에 틀림없다. 여기서 발생하는 질문들이 있다. 어떻게 문화를 복음화할 수 있는가? 그런 복음화의 가치는 무엇인가? 그런 복음화는 사회적 불의와 억압을 제거하는 것과 어떤 관계가 있는가?

2) 왜《민중신학: 역사의 주체로서의 민중》은 다른 면에서는 창의적이고 흥미롭지만, 성서는 많이 이용하지 않는가? 그 이유는 민중신학자들이 일반적으로 문화에 관심이 없기 때문이라 할 수 있는가? 문화에 대한 논의(혹은, 문화신학culture-theology)가 가난한 자들을 교묘하게 이용하려는 권력층 또는 인텔리겐챠의 책략이라 보기 때문인가? 만일 신학자들이 문화와 관련된 질문에 관심이 있다면, 성서는 자연스럽게 중요한 논의의 대상이 될 것으로 생각한다.

현영학과 서남동은 (그리고 그 책의 다른 저자들도) 어떻게 백성들의 문화적 경험을 신학적으로 해석하면서도 성경의 말씀과 그 경험은 교차해서 읽지 않는가? 성경을 인간의 경험을 정당화하는 데 써야 한다는 것은 결코 아니다. 민중신학자들은 한국 밖의 기독교 공동체들이 갖고 있지 못한, 성경을 문화와 관련해서 이용하는 새로운 방식이 있는가?

내가 이런 질문을 하는 이유는 내 개인적으로 인간의 문화와 신의 계시 그리고 문화와 사회적 해방의 관계를 이해하는 데 성경이 매우 유용하다고 보기 때문이다. 내 입장은 '그리스도와 문화' 와 '그리스도와 해방' 의 주제가 밀접한 연관이 있다는 것이다. 살아 있는 민중신학은 민중 문화의 언어인 한국어로 이루어져야 한다. 엄밀하게 말하면 영어로 된 한국 민중신학의 책은 모순이다. 영어는 한국 민중의 언어가 아니기 때문이다. 성경이 위대한 것은 계시의 내용을 파괴하지 않고도 계시와 문화라는 두 역동체를 함께 묶을 수 있기 때문이다. 계시와 문화의 연결 속에서 우리는 두 가지를 깨닫는다. 첫째, 문화 연구가 중요한 이유이다. 계시는 문화와 분리되어 우리에게 오지 않는다. 둘째, 해방의 과정에서 문화의 역할이다. 문화는 해방의 과정에서 긍정적 역할과 부정적 역할을 모두 수행한다.

나는 이 글을 어떤 선언이 아니라 질문으로 마치고자 한다. 한국적 관점에서 복음을 보면서, 민중신학은 인간과 자연과 궁극적인 실재에 대한 한국적 이해를 복음의 핵심적인 요소들로 인정하지 않을 수 있는가?

"한국에서의 기독교 코이노니아(koinonia)의 정치·사회적 전기"에 대한 신학이 어떻게 문화와 계시의 관계에 대한 진지한 신학적 질문들을 그 신학의 일부로 만들 수 있는가? 민중신학은 어떻게 한국의 문화를 해방의 메시지와 실천의 일부로 만들 수 있는가?

이 질문들에 대한 응답은 어려울지 모르지만, 민중신학이 더 크게 성장하기 위해 불가피한 질문들이라 생각한다.

라틴 아메리카와
아프리카의 반응

에밀레종 이야기
(실화의 가능성이 있는 전래이야기)

경주에는 불국사라는 유명한 사찰이 있다. 그것은 신라시대(기원전 57~기원후 935)에 지어진 것이다. 불국사를 제외하면, 방문객을 가장 놀라게 하는 것은 경주국립박물관 마당에 있는 에밀레종이다.

신라 시대에 독실한 불교 신자였던 선덕여왕은 백성들이 부처님께 귀의한 징표로 거대한 종을 만들기를 원했다. 이러한 불사(佛事)로 인해, 부처님은 외세로부터 국가를 보호해 줄 것이다. 에밀레종은 경주에 있는 국가 사찰에 놓았다.

선덕여왕은 가장 종을 잘 만드는 사람에게 명하여 세상에서 최고의 종을 만들라고 지시했다. 이 사람은 최선을 다했지만, 최고의 소리를 내는 종을 만드는 데 실패했다. 그리하여 이 사람은 여왕에 의해 지명된 종교 지도자들과 논의하였다. 이들은 최고의 소리를 내는 종을 위해서 순수하고 어린 여자아이가 종과 함께 녹여져야 한다고 생각했다. 여왕의 명령으로 군인들이 어린 처녀를 데려오기 위해 출동했다. 산속 깊은 가난한 농촌에서 군인들은 한 어린 아이를 데리고 있는 어미를 발견했다. 군인들은 그 아이를 잡아왔고, 그때 그 아이가 소리쳐 울었다. "에밀, 에밀(엄마, 엄마)."

그 아이는 뜨겁게 녹인 철물 속으로 던져졌고, 종이 완성되었다. 그 후, 종은 아름다운 최고의 소리를 내었다. 이 종을 에밀레종이라고 불렸다. 그 아름다운 소리의 끝에 "에밀, 에밀(엄마, 엄마)"이라는 소리가 났기 때문이다. 그

소리는 엄마를 부르는 소리였다. 엄마는 그 소리를 듣고 울부짖었다. 그래서 에밀레종의 소리는 한의 소리이다. 그 한은 한국 여자와 아이들의 한이고 바로 민중의 한이다.

한 남미인이 본 민중신학

호세 미구에즈 보니노(Jose Miguez Bonino)

서론: 방법론 모색

두 권의 책과 몇 편의 논문 그리고 5일간의 한국 방문은 민중신학에 대한 깊은 관심과 공감을 일깨워 주기에 충분했지만, 민중신학에 관해 쓴 글을 정당화시켜 줄 만큼 충분치는 않았다.

한국의 교회와 신학에서 일어나고 있는 일들을 처음 접한 남미 사람들은 그 즉시 깊은 연대감을 느끼게 된다. 분석과 개념을 논하기 전에 근본적인 공통점을 발견하기 때문이다. 이러한 느낌에 몰두해 그 투쟁과 신학의 본질과 양식에서 유사성과 일치점들을 찾게 된다. 그러나 이것은 첫 번째 오류이다. 많은 유사점을 찾는 것은 쉬운 일이다. 하지만 그것은 실제적인 유사점인가 아니면 피상적 일치인가? 똑같은 기호가 두 가지 상황 속에서 같은 실제성을 나타낼 수 있는가? 유사한 말과 표현들이라도 같은 의미를 낳고, 같은 의도를 표현하는가?

이런 식의 투영법이 갖는 두 가지 오류는 타인의 현실 속에서 자신의 관심사를 찾는 것이다. (따라서 이미 알고 있고, 찾으려고 했던 것을 단순히 발견한다.) 다른 하나는 나의 관점 속에 이미 포함되어 있는 공통점을 해석하는 것이다. (그럼으로 타자의 상황에서 그 현실이 갖는 의미를 왜곡시킨다.) 이런 오해를 북미의 신학자들로부터 경험한 남미의 신학자들은 이런 왜곡을 극복하는 것이 얼마만큼 힘든 일인지 알기 때문에 제3세계의 자매·형제들의 투쟁과 고찰에 대해 같은 오류를 범하지 않도록 각별히 주의해야 한다.

그렇다면 우리는 침묵해야만 하는가? 침묵과 칭송은 존경하는 마음의 표현이다. 그리고 형제로서의 존중은 우리의 첫 번째 응답이어야 한다. 그것이 우리의 관심이나 범주나 행동을 타자에게 강요하지 않고 그를 인정하는 것이다. 반면에, 존중한다는 것은 타자의 말을 적극적으로 포용하는 것을 배재하지 않으며, 오히려 요구한다. 이 경우 설령 첫눈에 보이는 유사점들을 무시하더라도, 근본적인 일치에 관한 깊은 느낌을 억누르기 어렵다.

그러나 우리의 다양한 경험과 해석 그리고 고찰에 대한 성급한 종합과 해결책에 도달하려는 유혹을 이겨내야 한다. 그럼에도 불구하고, 우리는 그러한 다양함의 연구를 통해 배우고, 우리의 해석을 검증하고, 우리의 고찰을 더 깊고 풍요롭게 할 필요가 있다.

이러한 정신으로 나는 부족한 만남을 인정하면서 민중신학에서 본 것에 대해 생각해 보고자 한다. 이 논문의 구성은 민중신학 안에서 내가 인식하고 있는 세 가지 주된 관점인 민중, 한, 그리고 메시아니즘에 대한 논의로 되어 있다.[1] 이로써 민중신학의 관심사들을 내 자신의 상황 체계 속에서만 이해하지 않으려고 한다. 이 글이 생산적인 대화를 위한 '적극적인 포용' 의 한 예가 되기를 기대한다.

상황 속에서 민중을 이해하기

서광선은 "민중은 위험한 말이다."라고 한다. 다른 언어에서 상응하는 실체를 언급하는 다양한 용어들도 그러할 것이다: people, volk, pueblo, popolo. 사전에 어떻게 쓰여 있던지 그 단어들은 동일하지 않다. 각기 고유의 역사와 의미가 있다. 그 차이는 언어적인 차이만은 아니다. 그것들이 나타내는 현실의 '사회사'(social histories)가 다르기 때문이다. 그러므로 우리는 민중이 대중을 뜻한다고 말할 때 그 의미를 안다고 짐작할 수 없다. 이러한 상황은 다소 역설적이다. 이유는 일반적으로 어떤 주어진 상황 속에서 사람들은 누가 예를 들면 '민중'에 속하고 누가 속하지 않는지 알기 때문이다. 이러한 역설의 이유는 우리가 사회적이며 이론적인 범주가 아닌 '민중의 사회 전기'의 방법으로 이해할 필요가 있는 '살아 있는 실체'를 대하고 있다는 것을 깨달으면 더 분명해진다.

민중이라는 말이 신학에 적용되면 복잡성은 더해진다. 어떤 성경의 표현으로 그 말을 언급할 수 있을까? 암(am)/고임(goyim)과 같은 히브리어나 라오스(laos)와 같은 그리스어는 내용이 분명한 용어로써 역시 '위험한 말'들이다. 그러나 곧 민중(또한 스페인어의 pueblo)의 함축된 의미들이 신약 성서의 오클로스라는 그리스어와 히브리 역사에서 언급

---

1) 나는 이 주제를 서광선 데이비드(Suh Kwang-sun David)가 쓴 서문에서 가져왔다. in *Minjung Theology: People as the Subjects of History* (Maryknoll, London, Singapore: Orbis, Zed, CCA, 1983). 이 뛰어난 책은 내가 민중신학을 알게 된 최고의 입문서였다. 인용은 이 책에서 한 것이다.

되는 하피루와 더 깊은 관련이 있을 거라고 보게 된다. 마지막으로, 라오스와 같은 용어는 신학에서 '하느님의 백성'이나 '평신도'와 같은 표현들에서 교회의 용어로 활용되어 왔다.

그러한 복잡성은 혼란을 가져다 줄 수 있다. 그러나 또한 연구를 통해 도움을 줄 수 있는 풍부함을 의미하기도 한다. 나는 한국에서의 논의에서 볼 수 있고 우리의 상황에서도 경험할 수 있는 몇 부분에 집중하고자 한다. 민중신학과 라틴 아메리카의 해방신학에서 '대중'(people)은 간단히 '인간'(human being)을 뜻하지 않는다는 것은 분명하다. 또한 그 나라의 모든 거주자나 토착인도, 민족적 실체(volk라는 말이 독일 나치 체제에서 가졌던 의미처럼)를 나타내는 것도 아니다. 현영학은 '피지배자'(통치자에 반대하는)와 '약자'를 말한다. 여기서 말하는 것은 하나의 '사회계층'인가? 서남동은 "한국의 사회 경제 역사에 대한 연구는 민중의 실체를 객관적으로 이해하게 해준다."라고 말한다. 그는 또한 '농민'과 '도시 민중'을 구별하고, 도시 민중을 또 운동가와 혁명가로 나누면서 "공장 노동자들이 주로 이런 유형에 속한다."라고 말하여 마르크스주의의 개념에 근접하게 된다. 계급으로서의 인민(people) '그 자체로서'(in itself)와 인민 '그 자체를 위한'(for itself)을 구분하는 헤겔–마르크스주의의 구분은 마찬가지로 담론의 세계에 속하는 것이다.

민중을 프롤레타리아로 규정하는 것에 만족하는 사람은 없다. 그것은 몇 가지 이유가 있다. 프롤레타리아는 결정론이 지배하는 유물론 철학에 바탕을 둔 순전히 경제적인 표현이다. 이런 점에서 프롤레타리아는 '고정된 범주'이다. 반면에, 민중은 그러한 고정된 형식을 초월하는 살아 있는 유기체이며, 역동적이고 변화하는 개념이다. 이것은 마르크스적인 관점에서도 프롤레타리아에 대한 다소 메마르고 정형적인 정의라 할 수 있다.

그러나 문제는 점점 깊어진다. 라틴 아메리카인의 경험은 계급에 대한 고전 마르크스주의의 정의와 그 밖에 모든 것을 계급적인 문제로 규정하는 경향은 '대중'의 사회적 현실을 분석하는 데 부족하다는 우리의 확신을 확인시켜 준다. 유럽의 산업혁명 당시 노동 계층의 역사적 상황에서 추상적인 분석의 도구로 시작된 계급이란 개념이 '억압받은 자'들의 다양한 현실과 경험을 포괄할 수 있는가?

문화적 소외, 인종적 차별 그리고 성적 억압이 단순히 경제적 착취의 부차적인 결과로 이해될 수 있는가? 우리의 대답은 분명하다. 아니다! 때문에 우리는 '인민'(the people)이나 '가난한 자'(the poor)와 같은 훨씬 포용적이고 풍요로운 용어를 선택하여 사회학적으로 문화적으로 억압된 자, 인종적으로 차별받는 자 그리고 인구 중 경제적으로 착취 받는 대다수의 사람들을 나타낸다.

그러나 우리는 두 가지 물음에 직면한다. 인민이나 가난한 자, 역사의 패배자와 같은 포괄적인 용어로 상징적인 가치를 얻지만, 잃는 것은 엄밀한 정확성이다. 우리는 포괄적인 용어들이 갖는 깊은 상징적 의미를 필요로 하지만, 반면에 사회 경제 분석이 주는 분석적인 이해도 필요로 한다. 인민의 정체성과 그들의 역사적이고 유기적인 지속성은 경제 생산의 관계에서만 설명될 수 없다. 그러나 이러한 민중의 사회적 현실의 현 역사적 상황은 국제적 또 국가 내적 차원의 경제 구조 밖에서는 설명될 수 없다.

"프롤레타리아는 사회 경제적으로 규정되어 있고, 민중은 정치적으로 알려져 있다."라는 김용복의 주장은 옳은 것이다. 그러나 경제적 관계로 생산되고 결정된 계층화와 사회적 조건들을 제쳐두는 오늘의 세계에서 진실로 민중의 정치적 실존을 이해할 수 있겠는가? 민중 속의 여러 집단들, 즉 농촌과 도심, 그리고 공장노동자 계층의 자세(따라서 의식의 형성)에서 나타나는 흥미로운 특징을 보면 이러한 질문에 답할 수 있을 것 같다. 경제 결정주의나 현실의 일방적인 이해를 거부하는 행위는 특히 초국가적 자본주의 구조의 세계적인 확장으로 만들어진 세계의 구조 속에서 경제 요인의 중요성을 인정하지 않을 수 없다. 이러한 분석적인 단계에서 실제적인 임무는 여러 차원의 민중의 실존과 고통이 어떻게 상호 간의 관계 속에서 형성되었는지를 연구하고 밝히는 것이다. 우리의 상황에서, 경제적인 빈곤은 민중을 규정하는 데 충분하지는 않지만 필요한 요소라고 할 수 있다. 생산의 방식과 관계에 관한 연구는 그러므로 민중을 알아가는 데 충분한 조건은 아닐지라도, 필요한 것 같다.

한의 해석

한국 내의 논의에서 떠오른 민중의 초월성에 관한 문제는 더 앞서나가는 것이다. 한 사회적 실체에 대한 단순한 관찰에서 그 실체의 주체성에 관한 인식으로 생각의 전환을 요구하는 것이다. 이것은 관심 있는 관찰자의 입장에서 볼 때, '한'이 갖는 중심적 역할에서 강하게 나타난다. 분명 한은 분석적으로 이해하기 어려운 주제이다. 언뜻 보기에 모순되어 보이는 해석도 있지만, 한에 대한 다양한 설명은 모두 피상적인 일반화를 경계한다. '의로운 분노', '해결되지 않는 슬픔의 감정', '억압된 불만', '목적의 집요함' 같은 표현에서 공통점을 발견할 수 없을지도 모른다. 그러나 그것들이 각기 다른 시간과 관계와 배경 속에서 이끌어 낸 민중의 집단적 주체성의 응답으로 받아들여질 때 좀 더 분명하고 논리적인 의미가 생겨난다. 한은 체념으로 이끌지도 모르며, 의례적인(세속적이거나 종교적인) 춤이나, 유머나 이야기로 한풀이를 찾을지도 모른다. 혁명으로 폭발할 수도 있으며, 집단적인 행동으로 이끌 수도 있다. 그러나 이런 다양한 반응은 실존의 물질적인 조건을 초월하고 구조적인 요인으로 환원될 수 없는 집단적 자기정체성, 기억, 의식으로부터 나온다.

반면에, 바로 이러한 공동체적 정체성은 '계급'과 같은 일반적인 범주나 '3세계'나 '해방을 위한 투쟁'과 같은 보다 큰 집합 속으로 해체되지 않고 정당하게 인정받기를 요구한다. 이러한 집합적 정체성을 거론하지 못하는 신학, 혹은 이런 기억과 경험의 바닥에서 태어나지 않은 신학은 사회학적이고 경제적인 방법으로 민중의 삶을 훌륭하게 분석한다 할지라도, 또 해방을 위해 힘차게 싸운다 할지라도, 언제나 추상적이고 민중의 실제적인 삶과 무관한 것이 된다.

그러나 이러한 '집단적 정체성'은 문화적 독특성을 가지기 때문에 의사소통이 불가능한지를 물을 수 있다. 나는 우리의 경험과 사고는 의사소통의 가능성뿐만 아니라, 상호 간의 지원, 교환, 생각 그리고 행동에 대해서도 희망적이고 긍정적인 것이라 생각한다. 경험의 차원에서, 지난 몇 년간 제3세계 신학자 에큐메니칼협의회(EATWOT)의 후원으

로 이루어졌던 국제적인 협의, 출판과 교환을 통해 나는 세 가지를 배우
게 되었다. 1) 인민의 정체성을 축소시키거나 변질시킬 수 없는 독특함,
2) 거듭 발견되는 '경험의 공통 언어' 인 깊은 연대성, 3) 이미 거론하였
듯이, 우리 모두를 엮어 주는 객관적인 역사적 조건들이다. 이는 다른
상황 속에서도 유사한 많은 경험들을 살펴볼 수 있다. 서로를 인정함에
서 시작하고, 강한 대립의 과정을 거칠 때도 있지만, 개별적이고 독특한
정체성을 발견하고, 이런 다양함 속에서 새로운 일치감을 인식하는 것
으로 이어지는 이 과정은 (EATWOT 운동이 이런 것으로 보이며) 필연
적인 것으로 보인다.

　내 견해로는, 이러한 경험의 가능성은 앞으로의 대화 속에서 추구될
필요가 있는 두 가지 사실에 따른 결과이다. 첫째는 민중의 주체성과
관련되어 있고, 둘째는 민중의 미래와 관계된다. 라틴 아메리카에서 해
방신학이 태동되고 탄생하여 성장한 약 25년을 두 시기로 나누어 이야
기 할 수 있다. 교회의 젊은 목사와 교인들을 중심으로 가난한 자, 소외
받은 자, 착취당한 자의 현실에 대한 인식, 그리고 그들과의 연대감이
생기기 시작한 시기를 우선 말할 수 있다. 다음은(주로 1964년 이후) 사
회 분석의 방법에 집중하면서, 그런 현실들이 만들어지고 재생산되는
구조를 이해하는 데 깊은 관심을 가진 시기였다. 지난 10년 동안 민중
투쟁에 참여하고, 그들의 현실과 깊은 만남을 가지며 커가는 기초 공동
체 운동의 역동성을 경험한 것은 가난한 자의 '영성' 에 대한 새로운 이
해를 가져다주었다. 그 구체적 내용은 민중의 집단적 역사에서 나온 것
이다. 그러므로 어떤 공통분모로 나누어질 수 없다.

　아메리카 대륙 원주민들의 오랜 전통을 이어받은 사람들, 특히 (주로

지중해 지역의) 유럽인들이 이주해 오면서 태어나게 된 사람들과 노예로 끌려온 아프리카인들의 영향이 결정적이었던 지역의 사람들은 종교, 예술, 언어, 그리고 습관적 태도 차원에서 독특한 전통을 만들어 냈다. 이들 대다수는 스페인-포르투갈의 정복을 당해 식민지화됐고, 복음화라는 종교적 정복을 당했다는 공통적인 경험을 갖고 있다. 우리 민족의 이야기는 정복당하면서 야기된 군사적, 경제적, 사회적, 문화적 억압의 고통과 기독교 신앙의 위안/소외/소망의 기반 속에서 형성되었다. 아메리카 원주민들의 고유의 기억과, 또한 아프리카에서 가져온 초기 기억은 그 기반 속으로 합류되었고, 그나마 느낄 수 있고 회복할 수 있는 것은 그 기반의 영향을 받은 것뿐이다. 좋든 싫든 라틴 아메리카의 사람들은 그들 자신이 만든 독특한 혼합주의 속에서 이루어진 기독교인이다. 이것이 그들의 '영성'이며 현실이다.

이러한 영성의 의미를 서술하고 표현하는 방법을 찾을 때, 우리는 그들만의 정체성 안에서 표출되고 저항할 수 있는 능력을 말하는 '연대성', '끈질김', '집요함'과 같은 용어를 사용한다. 스페인어로는 반역, 저항 또는 체념까지도 나타내는 'terquedad' (문자적으로 해석하면 '완고함')라는 말을 쓰기도 한다. 흥미로운 사실은 그런 단어들이 한에 대한 번역어로 사용되거나, 미국 흑인의 경험을 표현하는 단어로 쓰이기도 한다는 것이다. 더욱이 민중의 주체성이 갖는 이런 차원은 그들의 종교적인 문화적인 창조물들 안에서 표현된다. 그렇다고 이것이 서로 다른 전통들이 상호 교환될 수 있다는 것을 의미한다고 주장하려는 것은 아니다. 그러나 가난하고, 억압받고, 지배당한 자들을 포함한 민중들의 주체적인 반응은 그것을 의사소통 되게끔 하는 공통점 또는 (구조주의 인류학에서 쓰는 의미로) 내적인 구조의 일치를 갖고 있다는 것을 주장할 수 있다. 민중을 위하고 그들에 의해 이루어진다는 신학에서 이 사실은 두 가지 중요성을 갖는다. 교회 운동 차원에서 그것은 풍요로운 교통을 가능케 하기 때문이다. 해석학적으로는 하나님의 현존과 행위 가 많은 경우 고난과 응답이라는 민중(아피루apiru, 암하레츠am-haaretz, 오클로스ochlos)의 영성 속에서 나타나는 성서의 이야기와 연결되기 때문이다.

첫 번째 것과 밀접한 관련이 있는 그 질문의 다른 면은 민중의 미래에 관한 것이다. 그들은 '역사의 주체'이다. 권력을 쥐는 사람들이라는 의미에서가 아니라, 그들의 실체가 역사 속에 끈질기게 남아 있으며 위기와 변혁을 거치면서도 그 지속성을 잃지 않으면서 역사의 '기억'을 간직하고, 또 그로 인해 역사를 '초월'하기 때문이다. 그렇다면 그들이 권력의 상속자가 되는 것인가? 민중에게 '메시아' 약속은 존재하는 것인가? 그 약속을 이루는 데에 그들이 실제적 역할을 하는가?

창세기와 예언서를 연결시키는 그의 해석학을 어떻게 평가하든, 그 문제의 논란은 문희석이 분명하게 말하고 있다. 한편으로, 미가서에서 그렇듯 민중은 "가지지 못하고, 억압되고, 소외된 자"들이다. 그러나 그런 사회학적인 표현에 반대하여, 신학은 그들이 창조를 담당하고 있는 인간으로 보아야 한다. 출애굽기는 그러한 본래적인 권리의 회복으로서 읽혀져야 한다. 그 점에서, 그들은 하느님의 해방의 대상이다. 그리고 문희석은 "그들의 해방을 위한 일은 야훼 혼자 했는가?"라고 정확하게 묻는다. 그의 대답은 "하느님은 자신의 형상으로 창조된 인간에게 협력자로서 행동하기를 요구하고 있다. 민중은 자신의 권리를 회복하기 위해 협력해야 한다."는 것이다. 억압된 자들은 "주로 생존에 관심을 가지기" 때문에, 자신의 해방을 위해 노력하지 않는다. 따라서 타인의 주인이 아니라 창조의 주인이 되어서, 자신의 해방에 참여해야 할 본래적 권한을 일깨워 줄 예언자적 임무가 있다. 몇몇 민중신학자들이 지적하고 있듯이, 민중의 역사 속에 이러한 역할의 예가 실제로 있었으며, 그 해방의 역사를 추적할 수 있다. 더욱이 어떤 이들은 기독교 신앙이 한국 사람들에 의해 억압에 대한 정치적인 저항의 전통으로 동화되었다고 한다.

메시아주의와 사회 경제적 구조

그러나 민중 전통의 이러한 메시아주의와 우리 세계의 객관적인 사회 경제 구조를 결정하는 권력 다툼은 어떤 관계에 있는가? 김용복은 최근 한국 역사에서 세력을 경쟁해 온 일본 민족적 제국주의, 마르크스 공산주의, 서구 기술주의와 같은 체계들의 연구를 통해 '메시아적 정치' (messianic politics)와 '정치적 메시아주의' (political messianism)를 구분하면서 이러한 질문을 한다. 민중이 역사결정주의를 초월하며 그들의 주체적인 정체성을 발전시키는 메시아 정치는 소외를 낳는 '정치적 메시아주의'와 일치하지 않는다. 언제나 '이미' 있는 것이고 '아직 아닌' 것이다. 그들만의 기억과 이야기를 만들어 가면서, "악용과 억압의 대상이 되는 것을 운명으로 받아들이기를 거부하면서" 그들만의 기억과 이야기를 만들어 갈 때, 그들은 실제적인 역사의 주체가 된다. 예를 들어, 춤 공연과 같은 것을 통해 한의 감정이 녹아질 수 있다. 종교적 차원이 두드러지게 나타나 있지 않더라도, 초월의 의미가 존재한다. 그러나 "고통당하는 사람들과 하나가 되고 해방을 열망하는 민중을 위해 종의 역할을 하는 메시아의 두 가지 특성"을 이루는 고난 받는 메시아는 기독교의 이야기에서 찾는다.

김용복이 주체성/주체의식, 상징적(이야기, 춤, 기억) 역사의 초월, 그리고 민중의 고통에 강조점을 둔 것은 정치적인 변혁에 깊은 관심이 없는 것처럼 보일 수도 있다. 사실 그는 민중의 권력과 '권력의 정치'를 강력하게 구분한다. 이것은 김용복의 의도와 전적으로 일치하는 것으로는 보이지 않는다. 그는 구체적인 구조적 요소들을 포함하는 기독교적인 정치적 관점에 관해 다음과 같이 말하기 때문이다. "한국의 통일과 관련된 샬롬(shalom)과 한국 역사의 사회 정치적 발전과 관련한 코이노니아와 정의…." 이것은 "정치적 투쟁 속에서 권력의 문제를 다룰 것"을 요구한다. 여기서 그는 주저한 것 같다. 그에게 "우리가 지금까지 알고 있는 권력"과 메시아 왕국, 메시아 예수의 무력한 모습, 민중은 궁극적으로 양립할 수 없는 것이다. 그럼에도 불구하고, 위에서 지적한 목적을 추구하기 위해서 "어떤 한도 내에서의 정치적 현실주의는 허용되어야 한다."

비판적 관심들

나는 여기서 우리의 신학적인 대화 속에 가장 비판적인 질문들 중 하나를 찾고자 한다. 이것을 두 가지 관점에서 논의하고 싶다. 첫째는 '서구 기술주의'(Western technocracy) 속에서 (혹은 김용복이 설명하는

'공산주의' 속에서) 민중의 상황에 대한 현 역사적 경험에 관한 것이다.

우리는 진정 뿌리를 빼앗긴 상태로 도시 빈민촌으로 내몰린 제3세계의 민중이 기억과 주체의식을 간직하고 역사의 상징적인 초월성을 유지할 것이라고 말할 수 있는가? 우리는 인간이 비인간화, 비사회화, 군중화되어 가는 잔인한 과정의 결과를 진지하게 받아들이고 있는가? 라틴 아메리카에서는 이것이 뜨거운 논란의 주제이며 많이 논쟁이 된 문제이다.

어떤 이는 이러한 토속 민족성(한의 형태)이 변혁을 위한 잠재력을 갖고 있다고 주장한다. 다른 이들은 이것이 근대성에 의해 사라질 것이라고 본다. 그러나 그들 모두는 민중의 주체적인 의식 속에 나타난 상징적인 변화를 지향하는 의도적인 헌신과 새로운 인식이 절대적으로 필요하다고 믿고 있다. 사실상 전체주의적 사회주의와 기술주의 사회의 비인간화에 대한 대안은 오직 민중의 기억을 지속적으로 간직하면서도 새로운 인식과 투명함을 얻는 의식의 탄생이다. 우리의 상황에서는 기초 교회 공동체가 새롭게 태어난 민중성의 기반이다. 우리가 흔히 민중에 관해 세 가지 정의를 내리는 이유는 그 때문이다. 그들은 1) 가난하고, 억압받고, 소외된 자, 2) 스스로를 인식하고, 삶의 현실을 깨달아 해방을 위해 일하는 사람, 3) 가난한 자를 위하고 그들의 역사적 투쟁에 참여하여 연대하는 사람들이다. 이러한 정의는 각기 다른 세 집단을 말하거나 상하의 관계를 나타내는 것이 아니라 민중의 독특한 현실 속의 변화 과정을 설명하고, 김용복의 용어를 빌리자면, 민중의 '주체성/주체의식' 의 발달을 묘사하는 것으로 이해해야 한다.

김용복은 분명하게 '메시아적 정치' 와 '우리가 알고 있는 권력' 사이의 불연속성을 강조하고 있다. 그러한 불연속성이 절대화된다면, 우리는 절대적 주체에 도달하게 될 것이다. 그러나 김용복은 보다 변증법적인 관계를 유지하려고 노력한다. 민중의 저항의 역사가 증명하듯 지배 권력과 '민중의 힘' 사이에는 지속적인 모순이 있어 왔다. 이러한 모순 속에서 민중(그리고 민중신학)이 어디에 서 있는지 분명하다. 여기서 김용복은 약간 주저하면서도 "어떤 한도 내에서의 정치적 현실주의"의 허용을 말한다. 이런 의지를 담지 않은 양보는 역사 안에 민중의 실제적인 역할을 제대로 표현할 것인가? 내가 보기에 김용복은 두 가지 방식으로 이 문제를 벗어난다.

한편으로는 "절대적인 정치적 냉소와 현실의 정치"를 거부하고, 다른 한편으로는 민중의 힘의 인정을 요구한다. 이 두 관찰을 종합해 보면 1) '민중의 힘'이 정치 투쟁의 현장에서 민중의 주체의식을 구현하는 역사적인 정당성이 있는 것으로 인정하고, 2) 정치적 삶('정치적 현실주의')의 영역의 상대적인 자율성에 대한 인식과 민중의 관심(정의, 코이노니아, 샬롬)의 본질에 적합한 정치 윤리의 필요성을 느끼게 한다. 앞으로의 대화는 이런 방향으로 지속되어야 한다.

김용복은 왜 불연속성을 그렇게 강조했을까? 그것은 아주 분명하게, 기독교 국가주의의 이데올로기에서 나오는 정치적 메시아주의(그는 '스스로 의롭다' 하는 것과 '승리주의'에 대해 언급한다.)의 요소들이 끊이지 않기 때문이다. 나는 이것이 정말 옳은 말이라 생각한다. 나는 다른 라틴 아메리카 신학자들과 더불어, "특히 제3세계 신학자들의 중요한 사명 중의 하나는 기독교의 고백과 선언과 신학에서 정치적 메시아주의의 요소들을 없애는 것"이라는 그의 주장에 전적으로 동의한다. 과

연 우리가 이것을 실천하고도 우리의 신앙과 정치적 노력 사이에 좀 더 의미 있고 본질적인 관계를 설정할 수 있을까? 나는 이러한 방향 안에서 두 영역에 대한 생각을 제안하고자 한다.

하나는 우리의 신앙의 매개체와 연관된 것이다. 의심할 바 없이, 신앙은 초월자와 절대적인 관계이다. 그러나 그러한 관계는 사회적이고 심리적인 조건(태도, 윤리적 결단, 이데올로기적 관점, 사회적 위치) 속에서 구체적이고 독특하게 존재한다. 시간과 공간 속에서 이러한 객관적이고 주관적인 조건들은 그들만의 자율적인 법칙과 특징을 가지고 있다. 우리가 알고 있는 정치 권력의 작용은 문화 영역이나 주체성의 영역이나 심지어 '민중'의 삶의 필수적인 차원으로서 그 당위성을 인정받는 종교적 제도와 그 표현에 비교해 똑같이 자율적이다. 그런 조건들은 권력이나 계층 또는 인종의 정치적인 관계가 갖는 매개성과 마찬가지의 매개 능력을 지닌다. 그렇기 때문에 우리는 그 모든 것을 같은 시각에서 보아야 한다. 그 조건들을 신학적인 성찰을 구성하는 개념들로 보는 것은 필요하다. 우리의 문화적 정체성의 구성도 비슷한 방식으로 이해할 수 있다. 민중의 초월적인 주체정신은 구체적인 역사적 기획 속에서 상상되고, 비판적으로 접근할 수 있으며, 역사에서 이루어질 수 있다. 이것이 라틴 아메리카의 해방신학이 하고자 하는 일들이다.

끝으로 한국과 라틴 아메리카의 신학에 한 질문을 던지고자 한다. 예수 그리스도와 '민중' 혹은 '가난한 자'를 동일시하는 것에 대한 문제이다. 예수가 민중이나 가난한 자와 동행했다는 것과 예수 그리스도가 민중과 같다는 것은 다른 문제이다. 만약 그런 동일화가 이루어진다면 그게 정치적이든, 문화적이든, 아니면 인종적이든 어떤 형태의 '메시아' 에 관한 혼동을 암시하는 게 아닌가 생각한다.

이러한 의미에서 "기독교적인 정치 관점을 하나의 구체적 방법으로 전개한다"거나, "민중과 메시아의 관계는 주체인 민중과 메시아적인 기능을 하는 민중과의 관계로 이해해야 한다."와 같은 표현은 건전한 동일화의 외적 한계인 것으로 보인다. 만약 이것이 오해된다면 예수 그리스도의 구체적인 역사성을 해체시킬 뿐만 아니라, 그 역사성이 갖는 초월과 성육신의 변증법적인 상징의 중요성까지도 잃을 수 있다. 그 역사성은 그리스도인의 신앙의 정체성을 위해서 또 민중적 과제들의 개방성을 위해서도 꼭 필요하다고 본다.

이러한 의미에서 매개의 개념은 우리에게 이런 변증을 열려 있게 하며 결실을 맺게 해준다. 나는 한국의 종교와 사회사에서 우리의 상황과 다른 면이 존재하고, 따라서 우리가 명확하게 이해하지 못했던 차원의 고찰이 필요하다는 것을 안다. 이러한 이유 때문에 민중신학에 대한 나의 언급은 민중신학을 이해하고 그로 인해 도전받는 차원에서 쓴 글이었으며, 비판이나 평가는 아니다. 이 글이 대화에 도움이 된다면, 그것으로 나의 목적은 달성된 것이다.

하늘

(1984년, 박노해의 《노동의 새벽》 중에서)

우리 세 식구의 밥줄을 쥐고 있는 사장님은

나의 하늘이다

프레스에 찍힌 손을 부여안고

병원으로 갔을 때

손을 붙일 수도 병신을 만들 수도 있는 의사 선생님은

나의 하늘이다

두 달째 임금이 막히고

노조를 결성하다 경찰서에 끌려가

세상에 죄 한 번 짓지 않은 우리를

감옥소에 집어넣는다는 경찰관님은

항시 두려운 하늘이다

죄인을 만들 수도 살릴 수도 있는 판검사님은

무서운 하늘이다

관청에 앉아서 흥하게도 망하게도 할 수 있는

관리들은
겁나는 하늘이다

높은 사람, 힘 있는 사람, 돈 많은 사람은
모두 하늘처럼 뵌다
아니, 우리의 생을 관장하는
검은 하늘이시다

나는 어디에서
누구에게 하늘이 되나
代代로 바닥으로만 살아온 힘없는 내가
그 사람에게만은
이제 막 아장걸음마 시작하는
미치게 예쁜 우리 아가에게만은
흔들리는 작은 하늘이것지

아 우리도 하늘이 되고 싶다
짓누르는 먹구름 하늘이 아닌
서로를 받쳐 주는
우리 모두 서로가 서로에게 푸른 하늘이 되는
그런 세상이고 싶다

문화를 어떻게 할 것인가?: 민중신학에 대한 아프리카의 응답

크웨시 딕슨(Kwesi A. Dickson)

서론

민중신학을 읽으면서 느끼게 된 그 신학의 큰 주제는 내게 너무 친숙하고 중요한 것이다. 한국 교회는 한국의 신학을 새롭게 보아야 한다는 것이다. 그러나 지금까지 받아들인 서구 신학을 변형시켜 새로운 상황에 맞게 고치려 해서는 안 된다. 새롭고 비판적인 접근은 신학을 하는 데 필요한 새로운 규칙을 세우는 것이어야 한다. 그것은 한국 상황의 특수성을 염두에 두고 하는 신학을 의미한다. 따라서 내가 읽은 글들은 서구 신학이 한국의 상황에 접근하지 못하는 부적절한 신학이라고 보면서, 거절과 긍정적 확신을 동시에 피력한다. 여기에서 필요한 것은 한국의 문화와 역사를 배경으로 하는 신학이다.

이러한 확신은 점차적으로 많은 신학자들에 의해 표현되어 왔으며, 지난 몇 십 년 동안 제3세계에서 일었던 많은 신학적 토론과 발전 과정을 뒷받침하고 있다. 민중신학의 이러한 토론과 발전 과정을 지켜본 한

아프리카 사람으로서 읽었기 때문에, 나는 별 어려움 없이 그 저변에 깔린 관심사들에 공감할 수 있었다. 나는 여러 해방신학[2]과는 달리 민중신학이 한국의 문화와 역사를 신학 작업의 필수 요소로 보는 것에 큰 관심이 갔다. 어떤 신학 그룹에서는 이같이 문화를 강조하는 것을 현시대의 어려운 삶의 현실로부터 이탈하려는 것으로 본다. 이런 평가는 문화를 구시대적인 화석과 같이 생각하고, 따라서 구시대에 대한 관심은 현실의 도피를 뜻한다고 보기 때문이다. 한국 신학자들은 한국인들의 삶의 독특함을 설명해 주는 살아 있는 문화를 직접 체험하며 신학을 말한다. 기독교인을 포함한 민중들의 삶의 형태를 제공하는 문화를 무시할 수는 없다.

문화와 역사: 다른 유산들

이러한 역사와 문화의 중요성에 대한 강조는 많은 아프리카의 신학자들이 해왔던 일이기 때문에 많은 아프리카 사람들이 공감하는 것이다. 물론 아프리카의 사하라 사막 남쪽 지역은 다양한 신학적 목소리를 내왔다. 일반적으로 말해서, 남아프리카 공화국의 흑인신학은 문화에 거의 관심이 없었다. 반면에 사하라 아래 지역의 아프리카에는 신학적 요소로서 문화에 대한 두 가지 주된 접근 방식이 나타난다. 첫째로 문화는 토착화라는 과정을 통해 서구 신학에 대한 적응 능력을 준다고 보

---

2) 이 글에서는 남미 해방신학, (북미와 남아프리카의) 흑인신학, 그리고 정치신학을 엄격히 구별하여 표현하지 않고 있다.

는 것이다. 둘째는, 문화는 그리스도 안에서의 신앙에 새로운 이해를 얻게 하는 보다 근본적인 역할을 한다는 것이다.

이와 같은 두 가지 문화적 접근 방식에 대해, 민중신학자들은 토착화 같은 주제에 호감을 느끼지 않는다는 점을 지적하는 게 중요하다.[3] 왜냐하면 민중신학자들은 토착화를 통해 나오는 신학 작업은 이미 받아들여진 서구 신학의 규범성을 인정하고, 신학이 어떤 문화적 상황에서는 될 수 있고 어떤 상황에서는 될 수 없다는 잘못된 생각을 조장한다고 본다. 나는 두 가지 중에서 두 번째 방식이 기독교의 유산에 대해 제대로 생각할 수 있으며 기독교 신앙에 대해 새롭고 연관성 있는 통찰력을 얻을 수 있다고 믿는다.

그렇다면 문제는 문화의 특수성을 인정하는 것에 대한 논란이 아니다. 문화가 어떻게 신학하는 데 도움을 줄 것인가가 실제적 문제이다. 나는 바로 이 점에서 민중신학이 유용하다고 보면서도 당혹감을 느낀다.

여기서 나는 지금 지극히 부족함을 느끼면서 글을 쓰고 있음을 고백해야 한다. 한국의 상황에 대한 나의 지식은 제한적이다. 내 지식은《민중신학: 역사의 주체로서의 민중》이라는 책의 내용을 크게 벗어나지 않는다. 따라서 그 내용들이 한국의 상황에 충실한 것인지 제대로 판단할 수 없다. 또한 민중신학자들의 글과 여러 아프리카 신학자들이 수용한 문화적 접근이 어느 정도 유사한지 깊게 파고들 수 없다. 그런 제약에

---

3) Suh Kwang-sun David, "Korean Theological Development in the 1970' s", *Minjung Theology: People as the Subjects of History* (Marykoll, London, Singapore: Orbis, Zed, CCA, 1983), pp. 38~43. 이 글은 *Minjung Theology*를 참조 또는 인용하고 있다.

도 불구하고 그 책에는 나의 배경을 통해 언급할 수 있는 생각들이 있다고 본다.

우선, 비록 한국의 식민지 역사는 아프리카의 식민주의와 많은 공통점을 갖고 있지만, 중요한 차이도 있다. 아프리카의 식민지 역사는 그들과 확연히 다른 문화를 가진 서양인들에 의해 행해졌다. 더욱이 아프리카의 식민지 확산은 선교 확산 정책과 밀접한 관계 속에서 이루어졌기 때문에, 많은 사람들의 의식 속에서 아프리카 선교는 식민 통치와 쉽게 구분하지 않는다. 오늘날 거의 모든 아프리카 나라들은 독립되었다. 그러나 독립은 식민지의 잔재가 사라졌음을 의미하지 않는다. 아직도 식민지 잔재는 교육 제도, 교회의 삶과 사고에서 남아 있고, 여전히 식민주의자들의 언어는 공식어로 남아 있다. 물론 아프리카는 단일한 문화가 아니기 때문에, 이 주제는 여러 모습으로 나타난다. 예를 들면, 동아프리카는 스와힐리어(Swahili)가 수백만 명의 아프리카인이 공통으로 사용하는 편리한 언어로 그들에게 일치감을 주어 왔다. 그러나 이러한 지역조차도 여러 가지 형태의 식민지 잔재가 여전히 남아 있다. 식민통치의 문화적 여파는 자세한 설명이 필요 없다. 일반적으로 독립을 얻는다고 크게 달라지지 않는다. 실제로 아프리카의 많은 나라들이 주종 관계를 바탕으로 하는 통치를 하고 있다는 것은 우연이 아니다. 아프리카의 정치 상황에 빼놓을 수 없는 부분인 군사독재가 이에 해당한다.

한국의 정치사는 몇 가지 부분에서 중요한 차이가 있다. 1910년 한일합방 이후 일본 제국주의의 식민지 통치 시기를 제외한 전체의 역사는 내부의 군주나 특권층의 지배를 받았다. 또한 한국은 문화적 삶을 파괴시키는 외국 언어를 받아들일 필요가 없었다. 그래서 지난 4세기 동안 한국 사람들보다 아프리카 사람들이 더 많은 문화적 피해를 입었다는 지적은 아주 잘못된 지적은 아니라고 생각한다. 내가 읽은 글들을 통해서 보면 한국에서 군주나 제국주의에 대항하는 투쟁은 '한국적인 것'을 포기하는 게 아니었다. 오히려 과거의 문화유산에 대한 관심을 보이기도 했다.

민중신학자들이 문화의 중요성에 대해 큰 관심을 보이지만, 내가 관찰한 바에 따르면, 한국 문화에 대한 그들의 연구는 충분하지 않아 보인다. 현영학의 "탈춤에 대한 신학적 조망"(A Theological Look at the Mask Dance in Korea)은 내가 읽은 글들 중에서 독자들에게 한국의 문화적 삶에 대한 이해를 줄 수 있는 것이다. 하지만 저자가 신학적 요소로서 문화를 어떻게 이해하는지는 분명하지 않다. 계속되는 분석은 나의 이러한 평가에 대한 설명이다.

민중신학과 문화

우선, 민중신학자인 서광선의 진술을 들어보자. "… 민중 해방 운동과 메시아 운동의 사회사, (불교와 동학의) 민중 종교 전통, 그리고 민중 문화의 과거와 현대적 표현은 민중신학의 두 가지 전거 중 하나이다."(《민중신학》, 42쪽) 이러한 진술은 억압받고 가난한 대다수 민중의 해방에 대한 관심을 교회의 목적으로 내세우는 것 이상으로 문화의 역할에 관한 문제를 해결하지 않는다. 현영학의 탈춤에 대한 연구는 여기서 연관성이 있다. 그에 따르면 민중은 탈춤을 통해 "이 세상에 대한 비판적 초월을 경험하고 그것을 표현하면서 어리석은 세상을 비웃는다." 또 "귀족을 풍자함으로써, 그들은 귀족에 저항한다." 탈춤을 추면서 "카타르시스에 이르지만, 구체적인 일상생활에 변화를 주는 것은 아니다. 따라서 민중은 운명에 모든 것을 맡기게 된다."(《민중신학》, 52쪽) 그렇지만 "민중은 탈춤을 통하여 살아갈 수 있는 지혜와 힘을 창조한다." 그리고 "이 경험은 민중에게 변화와 자유를 위해 일할 수 있는 용기를 준다."(《민중신학》, 52쪽)

위와 같은 언급은 탈춤을 너무 제한적으로 인식하는 것처럼 보인다. 탈춤과 같은 문화적 표현 양식은 민중에게 자기초월의 경험을 제공하고 억압에 저항할 수 있게 한다는 것이다. 내게 풀리지 않는 문제는 이것이다. 이런 문화적 표현이 신학적 사고와 신학화 작업(그 속에서 민중들이 자신을 발견할 수 있는)에 도움을 줄 통찰력을 제공하는가? 이와 연관해서 서광선은 솔직한 진술을 한다. "우리는 수입된 서구 신학적 모델과 우리 자신을 분리시켜야 하지만, 만약 한국 신학이 대다수 한국 기독교인들과 신학자들만이 받아들일 수 있는 것을 의미한다면, 민중신학은 한국 신학이라고 주장할 수 없다. 비록 민중신학이 주변에서부터 시작해 기독교 공동체에 급속하게 퍼졌지만, 민중신학은 여전히 형성되어 가는 하나의 한국 신학이다. 역사의 특별한 시기에 한국의 현실에 대한 경험과 숙고에서 나온 미래에 대한, 미래를 위한 신학인 것이다."(《민중신학》, 17쪽)

여기서 민중신학은 한국 기독교인들이 일체감을 느낄 수 있는 신학이 아직은 아니라는 사실을 인정하는 것이 중요하다. 서광선은 민중신학이 그렇게 되기 위해 어떤 과정을 거쳐야 하는지 어떤 제안도 하지 않는다. 민중신학이 더 문화적인 신학이 되어야 하는가? 문화적 현실을 인식하는 것과 그 현실을 신학의 매체로 만드는 것은 큰 차이가 있다. 민중신학의 발전이 후자의 형식을 따를지는 내가 알 수 없지만, 민중신학자들의 민중에 대한 관심을 살펴보면 그리스도 안에서 신앙을 표현하는 매체로서 문화를 이용해야 할 것으로 생각한다. 이런 방법으로 기독교의 사상을 표현하는 것은 사람들의 삶과 사고 속에서 이해된 그리스도를 증거하는 것으로서 피할 수 없는 일이라 생각한다. 이와 관련해서 신학의 현 상태에서 벗어나야 한다는 서남동의 주장은 인용할 가치가 있다. "우리는 지배계급의 편견을 담고 있고 가지지 못한 자들의 낙인으로 쓰인 죄에 대한 교리와 이론에 대한 토론을 중단해야 한다. 대신에 우리는 민중의 언어이고 그들의 경험을 대변하는 한을 신학의 주제로 삼아야 한다."(《민중신학》, 68쪽)

위에서 언급한 인용구는 신학의 서구적 유산에 굴복하지 않으려는 한국 신학자들의 갈망뿐 아니라, 신학자들의 최대 관심사, 곧 가난한 자들을 위한 정의에 대한 열망을 드러낸다. 현영학은 약자에 대한 신학적 관심을 간략하게 진술한다. "그리스도 안에 계신 하나님은 하층민, 곧 민중에게 특별한 관심을 가지고 있다. 그렇지 않다면 기독교의 하나님은 우리의 역사, 이 시대의 현상 또 미래의 현상에 아무런 관계가 없다."(《민중신학》, 53쪽) 이러한 언급들은 억압에 대항해 그리스도의 사랑을 가난한 자들에게 전해야 한다는 민중신학의 의지를 분명하게 드러낸다.

가난한 자와 힘 있는 자: 강조인가 편애인가?

민중신학이 힘 있는 자와 가난한 자를 분명하게 구분하고 하나님이 후자에게 특별한 관심을 보인다고 믿는다는 것은 두말할 필요가 없는 사실이다. 나는 한국의 상황에 대해 이해가 부족하기 때문에 한국 신학자들의 생각을 아프리카의 경험과 비교해서 접근할 수밖에 없다. 많은 아프리카 사람들은 가난과 억압의 피해를 보아 왔다. 군사나 문민 독재 정권들은 아프리카를 파멸로 이끌었다. 독재 권력의 슬픈 사실은 그들만이 유일한 대안이란 생각에 시간이 갈수록 더 혹독한 방법을 써가며 권력을 유지하려 한다는 것이다.

덧붙여 얼마나 큰 힘을 가졌느냐와 상관없이 한 명의 우두머리 혹은 나이가 많은 사람들이 통치하는 전통적인 지배와 현대 독재 정권은 매우 대조적이다. 전통적 지배에서는 독재적 경향을 제거하거나, 적어도 통제하는 필수적 수단과 방법들이 있다. 예를 들면, 가나의 아산테(the Asante of Ghana) 중에 최고 우두머리는 백성들이 그 앞에서 충성을 맹세하기 전에, 백성들에게 충성을 맹세한다. 여기에서 우리는 우두머리의 역할이 어떻게 이해되고 있는지에 대해 분명한 함의가 나타나 있음을 알 수 있다. 다시 말해서, 우두머리는 백성들을 초월하는 힘을 가지고 백성들 위에 군림하지 못한다. 슬프게도, 현영학이 한국 사람들의 상황에 대해서 설명했던 것처럼, 가난한 사람들이 몇 가지 측면에서 그들 자신의 궁핍함을 초래했다는 사실을 고려하더라도, 이러한 지배에 대한 이해가 아프리카 대부분 국가들의 지배자들에게 영향을 끼치지는 못했다.(《민중신학》, 138쪽)

내가 민중신학을 읽고 약간 놀란 것은 가난하고 억압받는 자들을 증거해야 한다는 민중신학의 주장 때문이 아니라, 그 헌신을 중심에 두고 엮어진 신학적 내용 때문이다. 나는 민중신학자들처럼 하나님이 약자에게 특별한 관심을 갖고 있다고 믿는다. 그러나 이것이 교만한 자들과 힘 있는 자들을 하나님이 포기하는 것으로 보는 것은 문제가 있다. 여기서 가난한 자들에 대한 신념을 살펴볼 필요가 있다. 민중은 '죄인들, 세리, 병든 자, 예루살렘에서 권력에 저항하는 사람들, 갈릴리의 멸시당하는 사람들, 창녀들 등'이다. 여기서 언급된 사람들의 공통점은 예수가 말씀을 전했던 사람들이라는 것이다. 예수는 민중의 화신이었고, 그들의 상징이었다. 서남동은 이렇게 말한다. "부활한 예수는 정치·경제적 역사에서 계속적으로 억압받고 소외당한 사람들, 곧 민중 속에 살아 있다는 것이 우리의 신념이다."(《민중신학》, 161쪽) "예수는 민중을 위해서 죽었고, 민중이 종말의 때가 아니라 역사 속에서 죽음의 권세로부터 다시 일어날 수 있게 하기 위하여 죽음에서 부활했다."(《민중신학》, 187쪽)

이와 같은 언급은 한국의 사회 경제적, 정치적인 상황을 분명하게 느끼면서, 가난하고 소외된 자들에 대한 깊은 책임감을 느끼는 기독교인들에게서 나온다. 그런 내용을 읽으면서 드는 생각은 대다수의 민중이 소수의 지배 계층에 억눌려 있다는 것이다. 그렇다고 모든 민중이 그 억압에 수긍하며 사는 것은 아니다. 현영학은 민중을 위해 일하려는 사람들에게 골칫거리인 "비굴하고 보수적이며 반동적이고", "기회주의적이고 통치자를 섬기는" 민중에 대해 언급한다. 그럼에도 불구하고, 모든 노력을 기울여 힘없는 자들을 억누르는 지배세력에 대해 저항해야 하고, 그 확신은 성서에 바탕을 두고 있다는 신념을 문희석, 안병무 그리고 서남동의 글에서 읽을 수 있다.

　문화를 강조하는 측면에서, 억압과 빈곤에 접근하는 두 가지 기독교적 방식이 있다. 첫째는 가난한 자를 편애하는 성서적 증거로 접근하는 것이고, 둘째는 억압정치에 대한 전통적인 대응방식을 찾기 위해 과거의 생각과 실천을 연구하는 것이다. 이것은 억압적인 권력에 대항하는 기독교적 전략에 도움을 주기 때문에 중요하다. 이 두 방식을 살펴보자.

　성서는 의심할 여지없이 가난한 자들에 대한 하나님의 관심을 말하고 있기 때문에, 그 내용을 정리한다는 것은 의미가 없다. 하지만 성서 본문의 내용들이 어느 정도 편향적으로 해석되었다는 느낌이 든다. 그러한 해석의 예는 하나로 충분할 것이다. "나는 의인을 부르러 온 것이 아니라, 죄인을 부르러 왔다"(마가 2:17b)에 대한 주석으로, 안병무는 "예수는 결코 모든 사람을 사랑하는 보편적인 사랑을 보여주고 있지 않다. 그는 사람들을 편애했다. 항상 억압당하고 슬퍼하고, 약한 사람들의 편에 서 있었다."(《민중신학》, 146쪽) 예수가 약한 자의 편을 든다는 것은 말할 필요도 없다. 가난하고 억압받는 자들의 편을 드는 하나님의 정의는 이미 예수의 유대교적 배경 속에 주어져 있었다. 그러나 안병무는 위의 성서 구절에서 '의인'을 부자와 힘 있는 자들과 쉽게 동일시하고 있는 것 같다. 이것은 이 구절의 'dikaioi'라는 단어의 뜻 중 일부만을 고려한 것이라 생각한다. 예수는 자신의 구원의 메시지가 필요 없다고 간주되는 사람들, 곧 건강하기 때문에 의사의 도움이 필요하지 않는 사람들로 여기는 사람들에 대해 언급하고 있다. 마찬가지로 이 문맥에서 '죄인'은 영적인 결핍을 깨닫고 신을 의지할 준비가 된 사람들을 뜻하는 것으로 이해해야 한다. 만약 안병무가 예수의 편파적인 사랑을, 어떠한 상황에서도 예수가 부자를 사랑할 수 없다는 것으로 이해한다면, 그것을 받아들이기 힘들 뿐만 아니라 성서적인 근거도 약하다고 본다.

부활한 예수가 민중 속에 살아 있다는 서남동의 주장은 안병무의 분석과 같은 선상에 있다. 나의 판단은, 이것이 예수의 사랑과 힘을 제한하는 것이라 받아들이기 힘들다. 예수의 죽음과 부활은 감히 인간의 의지를 하나님의 의지 위에 놓으려는 인간의 교만에 대한 심판이다.

성서 주석과 문화적 특수성

신약성서에 나타나는 증거들이 하나님의 사랑을 앞서 지적한 내용들처럼 제한하고 있는지 의심스럽다. 예수는 유대교의 율법, 특히 안식일 법을 비판했다. 또한 그는 "민중들을 착취하는 데 중심적인 역할을 했던 예루살렘 성전의 제사장급 지배자들이 강요한 규범에 공개적으로 도전했다"(《민중신학》, 161쪽). 그럼에도 불구하고, 예수는 유대교와 결별하지 않았다. 유대교의 지나친 규범을 비난했으나 잊혀진 먼지더미로서 위로 던져지는 것을 원하지 않았다. 예수는 부자들이 그들의 자만으로부터 벗어나기를 원했다. 모든 재산을 팔아서 가난한 사람들에게 나누어 주라는 예수의 요구를 듣고 부자 청년 지도자가 슬퍼하며 돌아갔다는 이야기는 하나님 나라에 들어가기 어렵게 하는 부와 권력을 가진 사람들에 대한 예수의 관심을 가리킨다.(누가 18:18 이하) 십자가 위에서 예수는 자기를 죽이기로 작정한 자들에게 용서를 선언했다.(누가 23:24) 사도행전은 사회에서 영향력 있는 자들이 구원을 깨달을 수 있는 가능성을 증거한다. 그래서 베드로는 로마 군대의 백부장인 고넬료에게 세례를 주었다.(사도 10:1 이하) 그리고 바울의 설교 도중에 부유한 상류층 여성과 남성들이 하나님을 믿었다.(사도 17:12) 누가복음과 사도행전은 힘 있고 부유한 자들의 삶 속에 복음이 들어갈 수 있음을 보여준다고 할 수 있다.

위의 설명의 의도는 어떤 문화적 상황 속에서 신학을 할 때 드러나는 성서 이해의 중요한 면을 지적하기 위한 것이기도 하다. 그것은 성서가 문화적 특수성을 갖고 있다는 것이다. 이것을 인정하지 않으면 오늘날 각 민족적 상황 속에서 일어나는 모든 사건들에 대한 답을 성서에서 찾을 수 있다는 가정을 하는 오류를 범할 수 있다. 아프리카 사람으로서 이 같은 말을 한다는 것은 모순적으로 들릴 수 있다. 사실 사상과 습관과 감성적인 면에서 성서의 세계와 아프리카의 삶과 철학은 많은 공통점이 있지만, 오늘날 아프리카의 실존적인 문제들은 성서를 쓰거나 편집한 사람들이 살았던 시대 이후의 것들이다.

나는 성서의 내용을 민중적으로 분석한 것들이 이런 성서의 문화적 특수성을 충분히 이해하고 있는지 묻고 있다. 한국이나 민중신학에 대한 나의 지식이 제한적이기 때문에, 이런 문제를 제기하는 데 주저하게 된다. 그러나 우리가 성서와 성서 주석을 통해 이해하려는 상황에 대해 솔직하기를 원한다면, 이 문제는 매우 진지하게 고려되어야 한다.

우리는 앞에서 문화적 사고와 실천이 독재 정권을 방조하는 예는 없는지 살펴보았다. 이제 민중이라는 용어를 살펴보자. 핵심적인 단어 '민중'으로 관심을 돌려 그것이 무엇을 뜻하는지 알아보자. 이에 대해서 서광선의 말은 유익하다. "민중은 사회 문화적 소외, 경제적 착취, 정치적 억압이 있는 곳에 있다. 그러므로 여성이 남성과 가족 그리고 사회 문화적인 구조와 요소들에 의해 지배받을 때 여성은 민중이다. 한 민족 집단이 다른 민족 집단에 의해 정치, 경제적으로 불평등하게 차별받을 때 그들은 민중이다. 한 인종은 다른 인종의 지배를 받을 때 그들은 민중이다. 지식인들은 억압받는 사람들의 이익을 대변하여 지배자들에 대항하고 그들의 창조적이고 비판적인 능력을 사용하여 그 억압을 종식시키려 할 때, 그들 또한 민중에 속한다. 노동자들과 농민이 착취당하고, 통치자들의 힘에 짓밟혀 그들의 필요와 요구가 무시당할 때 이들은 민중이다."(《민중신학》, 35~36쪽)

만약 내가 아프리카를 염두에 두고 위에서 언급한 민중의 범위를 확대시키라는 요청을 받는다면, 나는 주저 없이 권력자, 지배자, 억압자 들을 말할 것이다. 많은 아프리카 정부의 권력은 자신들이 억압을 행사하는 만큼 억압을 당하고 있다. 이것을 상세히 설명한다면 다음과 같다. 다른 문화적 상황에서 발달한 이데올로기의 차용, 반대 세력을 억누르기 위해 가격에 상관없이 무기 구입을 요구하는 국가안보 체제, 경제적 문제를 해결할 능력과 의지가 없는 상황, 모든 내적인 문제를 외적인 것으로 호도해 해결하려는 심사 등이다. 실제적으로 대부분의 아프리카 통치자들은 민중이다. 왜냐하면 그들은 다른 사람들을 억압하기 위해 고안된 바로 그 체제에 의해 억압을 받고 있기 때문이다. 여러 면에서 그들은 그들에 의해 자유를 구속받는 사람들보다 더 자유롭지 못하다.

모두를 포함하는 신학: 민중신학에 대한 도전?

이러한 방식으로 억압과 억압자들을 바라보는 것을 민중신학자들은 수용할 수 있을까? 나는 말할 수 없고, 한국 신학자들이 한국의 사회 경제적, 정치적인 상황을 제대로 이해하지 못한다는 주장은 더더욱 할 수 없다. 내가 언급한 내용들은 이런 신학적 논의가 아프리카의 문화적 상황에서 어떻게 보일 것인가를 염두에 둔 것이다.

이사야 14장은 자유를 향한 투쟁의 목적과 관련해 흥미 있는 문제를 제시한다. 그 목적은 억압자를 노예로 만드는 것인가? 아니면 억압자를 재생시키는 것인가? 여기서 이사야 저자는 바빌론 압제자들의 멸망을 고소한 듯 바라본다. 더 나아가 "이스라엘은 자기들을 사로잡았던 자들을 사로잡고, 자기들을 억누르던 자들을 다스릴 것이다."라고 말한다. 남을 억압하는 것을 덕이라 여길 사람은 없다. 정의의 개념은 사랑과 분리될 수 없기 때문이다. 아프리카 사회에서 그릇된 행동은 책망의 대상이 될 뿐만 아니라, 용서받지 못하는 경우도 있다. 추방까지 당하는 게 사실이다. 그렇다고 해도 한 사회의 주된 목표는 평온함을 유지시키고 강화시키는 것으로, 독재자들 역시도 독재정치가 오래가지 못함을 알고 있다. 또 사회의 이익에 반하는 행동을 한 사람도 사회에 다시 참여할 수 있는 길이 있다.

마지막으로 나는 독재 정권을 만드는데 한국의 문화가 작용했는지 알 수 없다. 문화적 전통이 억압통치와 억압에 의한 빈곤을 용납하지 않는다면 성서의 가르침은 쉽게 적용될 수 있다. 그러나 문화적 상황이 전제 정치를 수용하는 것이라면 자유와 참여를 도모하는 방향으로 생각을 움직이는 것은 쉽지 않다.

나는 이런 문제에 대한 쉬운 답을 갖고 있지 않다. 내 의도는 다만 전통적인 사고 속에서 이런 문제를 어떻게 풀어왔는가를 아는 것이 기독교인들이 세상을 이해하는 데 필수적이라는 점을 강조하고 싶을 뿐이다.

부록

한국의 민중신학자들에게 보내는 편지

헤르빅 바그너 (Herwig Wagner)[1]

    개신교 세계선교협회(Evangelisches Missionswerk)의 신학위원회는 독일연방공화국과 서베를린의 교구 목사, 선교 기관, 교육 기관 중에서 선발된 12명으로 구성된 그룹입니다. 이 그룹은 지난 2년 동안 민중신학을 공부했습니다. 우리는 "오늘 선교활동의 방법과 형태"라는 전체 주제 속에서 민중신학을 대표적인 예로 선택했습니다. 왜냐하면 우리는 이 신학이 독자적인 신학으로써 특별한 상황을 반영하지만, 동시에 에큐메니칼 운동과도 관련이 있다고 보기 때문입니다.

    우리는 영어와 독일어로 된 민중신학의 글을 읽었고, 특히 아시아기독교협의회의 신학위원회(Commission on Theological Concerns of

---

1) 헤르빅 바그너(Herwig Wagner) 박사는 서독 함부르크에 있는 개신교 세계선교협회의 신학위원회 위원장이다. 이 글은 여러 신학위원들과 함께 쓴 글이다. 참가한 신학위원은 다음과 같다. Dr. Theo Ahrens, Dr. Winfried Glüer, Dr. Klaus Gruhn, Dr. Wolfgang Günther, Dr. Siegfried Liebschner, Dr. Christine Lienemann-Perrin, Dr. Paul Löffler, Frau Annette Nuber, Prof. Dr. Lother Schriener, Dr. Ludwig Wiedenmann, S.J., and Dr. Joachim Wietzke.

the Christian Conference of Asia)에 의해서 발행된《민중신학: 역사의 주체로서의 민중》(*Minjung Theology: People as the Subjects of History*)을 주의 깊게 읽었습니다.

다음의 의견과 질문들 속에 담긴 우리의 의도는 한국의 민중신학자들과 열린 대화를 시작하려는 것입니다. 우리는 한국의 민중 그리고 한국 기독교 공동체들의 삶과 고난에 대해서 알게 되었고, 깊은 감동을 받았습니다. 또한 민중의 경험을 구체적인 연대 속에서 신학적으로 고찰하려는 여러분의 노력에 강한 인상을 받았습니다.

우리는 열린 마음으로, 또한 배우려는 자세로 대화에 임하려고 합니다. 동시에 이런 대화는 서로에게 중요한 질문들을 할 수 있어야 이루어진다고 생각합니다. 따라서 우리의 질문을 신학적인 오만으로 보지 말고 더 나은 이해를 구하는 진지한 탐구 정신으로 보아 주길 바랍니다. 열려 있는 배움의 과정은 대화에 의존할 수밖에 없습니다. 그러므로 우리가 지적한 내용과 현재 독일에서 주류를 이루는 신학적 입장에 관해 비판적인 견해를 솔직히 표현해 주시면 감사하겠습니다.

이 편지의 첫 부분에서 실례를 제시하기 위하여, 우리의 토론 중 관심을 모았던 질문을 먼저 하겠습니다. 그것은 종말론과 세계 건설의 관계입니다. 둘째 부분에서 민중신학에 관한 다른 질문들을 다루겠습니다. 토론한 것에 비해 이 편지에서는 간단히 언급할 수밖에 없습니다. 그리고 마지막 부분에서는 우리 자신의 신학적 사고와 행동에 대한 질문을 하고자 합니다.

우리는 민중신학이 교의학과 같은 일관된 체계를 가지고 있지 않고, 또 그럴 의도도 없음을 알고 있습니다. 민중신학자들 사이에서도 다양한 의견이 있음을 압니다. 그러나 우리가 한국에서 진행되는 토론에 참여할 수 없기 때문에 부득이 민중신학에 대해서 개괄적이고 간단하게만 말할 수밖에 없었습니다. 그렇기 때문에 이 편지에 대한 비판적인 응답이 더더욱 필요합니다.

하나님의 통치에 대한 희망과 사회 정치적 목표들

서구의 교회들과 서구에서 시작된 선교 활동은 개인구원과 공동체의 모임에 집중해 왔기 때문에 삶의 모든 분야에 대한 하나님의 보편적 요청은 부각되지 않았습니다. 이런 한계에서 벗어나기 위해, 민중신학은 하나님 나라를 구체적인 한국 민중의 역사와 현실과 연관시킴으로써 '하나님 나라'에 대한 성서적 이해를 발전시켰습니다. 그것은 근본적으로 교회의 선교적 사명을 종말론적 상황 안에 설정하여, '사회적 복음'이나 '실존적 해석'으로 희석시키는 것을 거부했습니다.

우리는 민중신학, 특히 안병무의 주석 연구를 서구 신학에서도 점차적으로 많은 관심을 보이고 있는 성서의 사회 역사적 해석의 하나라고 평가합니다.(독일의 예를 들면 타이센Theissen, 쇼트로프Schottroff, 크뤼제만Crüsemann, 그리고 갓월드Gottwald 등을 말할 수 있습니다.)

이 접근 방식은 조직적이고 사회 윤리적인 글에서 더 일관되게 발전되어 왔습니다. 예를 들어 김용복은 역사 안에서 민중 부활의 주제를 논하고 있습니다. 그는 민중을 사회 계급의 집합이 아닌 관계적 개념으로 봅니다. 그리스도는 낮은 자들과 함께하였으며, 정치적 메시아주의와 대조되는 메시아적 정치는 모든 형태의 정치적 지배와 권력의 실행을 거부합니다.

일반 역사와 교회 역사에 관한 서남동과 주재용의 글은 거의 비타협적인 '정치적 비전'에서 출발한 역사 내의 역동성을 설명하고 있습니다. 비록 메시아를 갈망하는 민중의 희망이 권력가들의 개입에 의해 매번 좌절되었지만, 그와 같은 희망은 한국의 역사에는 '민중이 행위의 주체가 되는' 과정에서 결정적인 요인이 되었습니다. 이런 경험을 배경으로 민중신학은 다른 세상에서 더 좋은 삶을 소망하며 운명에 순종하는 것에 대해 냉소적으로 생각합니다. 그러므로 서남동은 개인의 구원만이 아닌 '총체적인 사회 현실'을 새롭게 하신다는 하나님의 약속을 받아들이는 '천년 왕국'과 같은 교회 역사의 주제를 회복해야 한다는 정당한 주장을 합니다.

종말론에 관한 타협을 거부하는 민중신학의 특징은 그동안 잘못된 타협과 순응을 해온 유럽의 교회 전통을 향한 필요하고도 유익한 비판이라고 봅니다. 그러나 우리가 민중신학에 동의하는 면이 있지만, 민중신학과 그 공동체들이 믿는 역사 안에서의 하나님 나라에 대한 기대는 문제가 있다고 봅니다. 아마도 민중신학의 비타협적이고 총제적인 권력 비판, 그 억압과 지배가 없는 시대를 추구하는 비판의 예를 인용함으로써 우리의 입장을 좀 더 명확하게 할 수 있습니다.

이 주제를 설명하면서 하나님 나라의 완성을 역사의 내적 목표를 향하여 움직이는 과정, 곧 민중이 '능동적인 주체'가 된 상태를 묘사하고 있습니다. 그 최종적인 상황의 이전 단계에서 "민중은 역사적 곤경 아래에서 신음한다."고 김용복은 설명합니다. 민중은 정치, 경제, 문화적인 힘을 소유하고, 민중이 능동적인 주체가 되는 것을 방해하는 세력과 대항하고 있습니다. 민중이 어떻게 억압과 착취와 구속을 가하는 권력자들과 지속적인 싸움을 할 수 있을지가 문제로 제기될 때, 민중은 권력과 지배와 폭력에 대해 무조건적인 포기를 요구합니다. 그 메시아적 민중은 그들이 억압당했을 때만 무력하지 않고 언제나 무력하다고 합니다. 말하자면 그들이 능동적인 주체가 되어 가고 정치적 책임을 공유할 때도, 권력을 행사하거나 지배세력이 되지 않는다는 것입니다.

여러분은, 메시아적 목표를 향한 일은 그 목표와 질적으로 같은 수단으로만 행해질 수 있다고 믿고 있습니다. 그 관점에서 메시아적 정치는 수난당하는 하나님의 종의 모습에서 그 순수한 형태를 찾을 수 있습니다. 그러므로 수난당하는 하나님의 종의 행위는 정치적 행동의 문제에 대하여 어떻게 생각하고 답해야 하는지에 대한 하나의 모형을 제공합니다.

우리는 민중신학의 입장에 대한 우리의 해석을 요약하고 있습니다. 민중신학은 메시아적 정치 윤리를 설명하면서 서구 신학의 감옥을 넘어서 한국의 상황 속에 기독교 전통의 닻을 내립니다. 서구 신학을 하는 사람들로서 우리는 신학적 상황화의 과정이 교회일치를 위한 대화에 어떤 의미가 있는지 이해해야 합니다. 따라서 비록 우리는 외부인이지만, 다음 단계로 민중신학의 역사적이고 사회 정치적인 상황에 관해 우리의 관심을 끌었던 부분을 요약하고자 합니다.

민중운동의 대표적 사람들이 말하는 한국 역사에 따르면, 한국에는 그 옛날부터 현시대까지 민중이 정치적 권력자들의 지배에 대항하여 항거한 소요의 시대가 반복되어 왔습니다. 때로는 그것이 동학혁명과 같은 민중의 봉기라는 형태를 가졌고, 1919년 3월 1일의 독립운동처럼 대규모의 군중 시위로 나타나기도 했고, 1960년 이승만 정권의 몰락을 가져왔던 4·19 의거와 같은 학생운동으로도 나타났습니다. 이러한 민중운동들은 모두 정치권력의 지배에서 벗어나려는 노력이었으나 결국에는 폭력적 탄압을 받았다는 공통점을 갖고 있습니다. 아직까지 한국에서 민중운동이 적대 세력을 누르고 확실하고 지속적인 승리를 한 예는 없습니다. 따라서 민중이나 그 내부의 세력들이 정치적, 경제적, 군사적 권력을 쟁취한 적이 없고, 공적인 책임을 수반하는 능동적 주체를 이룬 적이 없습니다. 비록 서남동이 한국의 역사를 "지배세력의 사회적 기반이 점진적으로 넓어지는" 과정으로 해석하는 이기백의 한국역사론을 받아들인다 해도 민중이 정치적 차원에서 협력해 왔다고 할 수는 없습니다.

민중운동들이 빠르게 실패한 이후, 민중들의 수난은 심화되었으며, 그 상황은 또 다른 민중운동이 더 좋은 미래에 대한 희망을 재생시킬 때까지 계속되었습니다. 억압과 저항과 탄압의 악순환은 한국적인 경험의 기초가 되는 한(恨)을 낳게 되었습니다. 이 미증유의 한국 민중의 역사적 경험은 아마 다른 나라에서는 찾기 어려울 것입니다. 서구 기독교의 역사 안에서 이와 유사한 경험은 지속적인 박해와 게토(ghetto) 생활과 멸종의 위기까지 겪은 유대민족이 했다고 할 수 있습니다. 그들이 대량학살을 당하고, 전 세계에 흩어져 살면서도 정체성을 잊지 않고 새로운 국가까지 건설할 수 있었던 것은 메시아에 대한 희망 때문이었습니다. 한국에서 볼 수 있는 것은 정치적 억압의 죄 없는 희생, 메시아적인 용어로 민중을 이해하는 것, 그리고 민중신학의 정치윤리에서 나오는 포괄적인 권력 비판 사이의 본질적인 연결성입니다.

만약 여기서 다른 나라들의 경험을 살펴본다면, 아프리카나 라틴 아메리카의 대중 운동은 상당히 다른 현실을 갖고 있다는 것을 느낄 수 있습니다. 예를 들면 아프리카의 많은 해방 운동은 식민지배에서 벗어나 해방을 얻은 후, 억압적인 독재 통치로 변했습니다.

그러나 먼저 우리는 메시아에 대한 기대로부터 출발한 운동이 많았던 유럽의 역사를 생각하게 됩니다. 그 운동들은 결정적으로 정치적 성공을 거둔 역사적 전환점에서 피에 굶주린 메시아주의로 갑작스럽게 변화되는 것을 보게 됩니다. 그 순간 그 첫 민중운동은 새로운 민중의 적이 됩니다. 우리가 이런 경험을 상기하는 이유는 억압받는 자들의 열망을 경시하려는 의도가 아닙니다. 우리가 주의 깊게 보는 것은 그런 갈망과 이상적인 사회에 대한 비전에도 불구하고 유럽의 메시아적 정치는 종종 정치적 메시아주의로 변했다는 사실입니다.

예를 들어 종교개혁 시대에 재세례파 운동에 대해서 생각해 봅니다. 메시아적 운동으로 시작되었지만 적어도 북부 독일의 뮌스터에서 활약한 급진 세력들은 피로 물든 정치적 메시아주의가 되어 버렸습니다. 또한 가톨릭과 개신교 지역 사이에서 있었던 길고도 오랜 종교 전쟁을 생각합니다. 종교개혁 시대에 대중운동의 성격을 가졌던 운동들은 대중들에게 커다란 고난을 안겨준 정치-종교적 투쟁이 되었습니다. 마찬가지로 프랑스와 러시아 혁명에서 나타난 정치적 메시아주의의 세속적 형태를 생각할 수 있습니다.

이 아픈 경험의 결과로 '정치적 가능성'을 반영하는 개념들은 유럽의 사회철학과 신학에서 점차적으로 중요하게 되었습니다. 예를 들자면 마틴 루터는 계급적이고 가부장적인 개념과 대중적인 개념을 결합시켰습니다. 루터는 먼저 만인사제직을 주장하는 글에서 하나님이 힘있는 자를 권좌에서 밀어내고 천하고 가난하고 권리를 박탈당한 자들을 일으켜 세웠음을 상기시킵니다.(누가 1:51~53; 마태 5:3~11) 여기서 그는 천한 모습으로 태어난 이들이 귀족들과 같은 위치에서 통치하는데 도와야 한다는 결론을 내렸습니다.(《바이마르판》 30, 367, 4 이하; 576, 4 이하) 그러나 그는 모든 그리스도인이 하나님이 임명한 권력에 복종하지 않으면 안 된다고 주장했습니다. 후기에 가면 그것을 포기하게 되지만, 루터는 의도적으로 이 두 입장 사이의 긴장관계를 유지하려고 했습니다.

칼빈주의자들의 전통에서는 성서의 계약 사상과 자연법 사상이 사회 지도자들 사이의 계약이론을 산출했다고 합니다. 그 이론은 사람들이 사회적 계급에 따라 정치적인 영역에 더욱더 적극적으로 참여하기를 기대하는 것이었습니다. (일례로 네덜란드를 참고할 수 있습니다.)

1945년 이래로 환멸을 느낀 유럽의 신학자들은 그 용어의 의미대로 민주주의를 이룩한다는 것이 얼마나 어려운 일인지를 알게 되었습니다. 따라서 거의 모든 신학적 윤리학의 청사진은 민주주의의 이념을 받아들이지만, 절대적 민주주의와 같은 루소의 이상은 거의 수용하지 않고 있습니다. 대신 기독교 윤리의 본질적인 사명은 사회 현실을 민주주의의 고전적인 원리에 의해 비판하는 것으로 봅니다. 예를 들자면 퇴트(H. E. Tödt)는 교회는 "지배적이지 않은 매체"의 본보기적인 역할을 하고 "거기에 사람들이 참여하도록 초대"해야 한다고 말합니다. "아직 구원에 이르지 못한 세상에서 정치적 절차는 자유를 요구하는 개인들의 주장을 조정하고 필요하다면 강제로라도 실행에 옮길 수 있는 법률

의 도움이 있어야 가능하다. 이것은 통치자가 없이 수행될 수 없다. 왜
냐하면 정치적 공동체는 마찰과 갈등 속에서 판단과 결정을 내릴 기관
이 없이 존재할 수 없기 때문이다. 그러나 동시에 하나님 나라는 권력
과 폭력이 최후의 수단이요, 협력과 일치가 정치적 절차의 기초라는 사
실을 상기시키는 역할을 한다." (*Theologische Realenzyklopadie* 8:446)

우리의 의구심은 권력의 남용에 대한 비판에 관한 것은 아닙니다. 그
러한 비판은 우리에게도 필수적인 것입니다. 그러나 서구 신학의 윤리
사상에서는 민중신학을 하는 여러분들이 주장하는 급진적인 권력 비판
에 상응하는 것을 찾기 힘들다는 것입니다. 비록 하나님 나라의 비전이
지속적으로 비판적 도전을 하지만, 유럽의 신학은 어떤 형태로든 권력
의 통치는 필요하다고 인정하고 있습니다.

아마도 우리 사이의 이견은 이렇게 정리될 수 있을 겁니다. 즉 서구
의 정치적 실용주의는 종말론적 관점에서 부족함이 있고, 급진적인 종
말론을 포함하는 민중운동은 신학적이고 정치적인 유토피아(utopias)
를 실현하는 데 따를 수밖에 없는 문제를 안고 있다고 생각합니다.

여기서 몇 가지 질문을 제기하고자 합니다.

1) 하나님 나라를 소망하는 것에서 나오는 정치적 비전은 급진적인
   권력 비판과 그에 따르는 권력의 포기를 필연적으로 수반하는가?
   정당한 정치적 통치의 문제를 다루지 않고도 신학적 고찰을 할 수
   있는가?
2) 민중신학에 의해 수용된 급진적인 종말론적 접근이 얼마만큼 불

평등한 권력 구조에 대항한 저항뿐만 아니라 실제적인 정치적 행위의 실현에 도움을 줄 것인가?

3) 유럽의 전통은 무책임한 실용주의로 인해, 이상적인 역사 해석을 추구하는 성서의 종말론적 관점을 포기했는가?

4) 서구 기독교인들은 부유한 사회의 민주화에서 보는 '점진주의' 적 접근이 옳다고 너무 쉽게 판단한 것은 아닌가?

우리의 대화를 위한 신학적 주제

민중신학의 몇 부분에 대해 이런 비판적인 관찰을 하면서, 우리는 우리가 어떤 한 신학 전통에 서 있고, 그 영향을 받았고, 그것에 포로가 되어 있을지도 모른다는 것을 깨닫습니다. 이 순간 우리는 그 전통이 우리의 현상황을 담아낼 수 있는지까지도 생각하게 됩니다. 다시 한 번 우리가 서구 신학의 교리적 잣대로 민중신학을 평가하려는 것이 아님을 말하고자 합니다. 다른 한편으로 우리 자신의 역사에서 드러나는 신학적 회의를 감춘다는 건 솔직하지 못한 일이라 봅니다. 서로의 대화를 통해 의미 깊은 설명을 할 수 있고, 그로 인하여 우리의 차이가 크게 다른 신학적 입장 때문인지 아니면 각자의 다른 상황에서 나오는 관점의 차이인지 이해할 수 있기를 바랍니다.

여러분이 아시는 대로, '대중' (das Volk)이란 개념은 최근 독일 역사 속에서 많이 오용된 개념입니다. 따라서 대중 혹은 민중의 신학을 논하는 게 쉽지 않습니다. 한국의 경우는 다릅니다. 그럼에도 불구하고 우리는 그 부정적인 경험을 초교파적으로 논의해야 할 만큼 중요하게 생각하고 있습니다.

독일의 국가사회주의 시절(히틀러 당시) 교회 속의 정당이었던 '독일그리스도인들'(German Christians)의 '대중신학'(popular theology)에 대항하여 누구보다 더 큰 열정으로 저항했던 사람이 칼 바르트(Karl Barth)였습니다. 바르트는 대중신학이 기독교 신앙과 이데올로기를 혼합시키는 것을 용납할 수 없었습니다. 그 신학은 단순히 기회주의적으로 정치권력과 손을 잡은 것만이 아니라, 오랜 독일의 전통에 호소하는 '귀족신학'의 괴상한 변형이었습니다. 바르멘신학선언(Barmen Theological Declaration)의 첫 항목은 고백교회(Confessing Church)의 저항의식을 잘 담고 있습니다. "성서가 우리에게 증언하는 대로, 예수 그리스도는 우리가 삶과 죽음을 넘어서 믿고 따라야 하는 하나님의 말씀입니다. 우리는 하나님의 말씀 밖의 사건, 권력, 인물, 또는 진리가 하나님의 계시와 말씀 선포의 자료가 될 수 있다는 암시를 주는 [독일그리스도인들]의 거짓 가르침을 거부합니다."

이런 완고한 기독론적인 접근이 교회와 세상, 하나님 나라와 세속사, 개인적 믿음과 공적 책임 사이의 위험한 분리를 수반하는 게토 신학으로 될 수 있다는 것을 압니다. 그러나 이런 좁은 신학적 시각에도 불구하고 바르멘에서 형성된 신학적 관점은 현재까지도 정당하다고 생각합니다.

이런 신학적 배경 때문에 예수 그리스도로부터 분리되고, 그리스도 이전의 하나님의 자기계시를 주장하고 또 그것을 역사적 사건들과 연계시키는 민중신학자들의 글들을 우리는 수용하기 어렵습니다. 물론 (기독교 이전의 역사를 포함한) 역사에 대한 신학적 해석이 성서에서 그

모형을 따올 수 있습니다. 따라서 선교사들이 오기 훨씬 전부터 하나님이 한국에서 역사하셨다는 주장을 받아들일 수 있습니다. 그러나 역사를 계시의 2차 자료로 삼는 것은 다소 의심스럽게 생각됩니다.

바르멘선언은 히틀러를 우리를 돕기 위해 그리스도가 보낸 이로 보았던 '독일 그리스도인들'의 불경스러움에 대해 강한 어조로 비판했습니다. 이와 같이 세상의 많은 기독교인들은 역사 속에서 일하시는 하나님을 내세워 그들의 통치를 정당화시키려 했던 자들에 대해 저항해 왔습니다.(남아공의 분리정책의 이데올로기도 그런 예가 될 것입니다.) 억압적인 운동과 해방적인 운동 사이에 분명한 구분이 있어야 하지만, 서남동이 미륵 불교와 연관된 사회 혁명적 운동에서 '우리 역사에 관여하시는 하나님'을 본다는 것은 구조적으로 같은 신학적 방식이라 생각합니다.

기독론에 관해서도 비슷한 질문을 할 수 있습니다. 민중신학에서 모든 형태의 '영광의 신학'을 거부하는 것에 깊은 인상을 받았습니다. 하나님의 고난 받는 종에 대한 성서적 전승을 지속적으로 이야기하고, 예수의 설교에서 '오클로스'의 중요성을 환기시킨 것은 기존의 주석들이 조명하지 못했던 부분들입니다. 그리고 마가복음 연구에서 예수가 갈릴리의 소외된 민중들과 밀접한 관계였다고 밝힌 것은 주목할 만한 업적입니다.

민중신학은 이런 깨달음을 오늘날 소외된 계층에 대한 신학적 의미를 찾는 조직신학의 작업으로 연결시킵니다. 특히 '한'의 개념으로 표현된 한국인의 뿌리 깊은 고통의 역사를 통해 성서에서 말하는 고난을 현실화한 것은 유럽의 학구적 신학에서 이루어 내지 못한 성과입니다.

민중신학은 고난 받는 그리스도를 고난 받는 민중 속에서 발견하였습니다. 그리고 그리스도는 민중을 위하고 그들과 함께했을 뿐만 아니라, 그 자신이 민중이었습니다.

그러한 통찰은 우리에게 중요하고, 감사하게 받아들입니다. 그렇지만 그리스도의 사건을 역사적으로 또는 집단적으로만 해석하는 글들을 보면 수용하기 어려운 점들이 있습니다. 예를 들면, 민중이 그들의 역사와 그들 자신의 운명의 주인공이 되어 투쟁한 과정 중에 절정을 이룬 것이 십자가 사건이라는 기술에 대해서는 동의할 수 없습니다. 또 성서의 예수와 '한국의 예수', 민중의 상징이라 불리는 장일담과의 연관성, 그의 삶과 죽음이 예수의 삶과 죽음을 재생한 것이라는 주장에 의구심을 갖습니다.

우리의 견해로는 나사렛 예수와 메시아적 운동 혹은 카리스마적 존재를 동일화하는 것에 찬성할 수 없습니다. 우리의 생각에 예수 그리스도의 행적을 '따르다'라는 성서적 표현을 고집하는 것이 '모방' 또는 '재생'이란 용어를 쓰는 것보다 낫다고 봅니다.

기독론과 관련하여 지적하고 싶은 것은 민중에게 종말론적인 속성을 부가하는 것입니다. 우리는 민중신학자들이 민중을 지나치게 이상화하고 또 그들을 낭만적으로 설명하는 데 대한 경고를 여러 차례 했다는 것을 기억하고 있습니다. 그러나 여러분은 민중 속에 메시아적 속성이 있다고 합니다. 고통 받는 민중이 그들 역사의 주인공들이 되어야 한다는 주장은 옳지만, "민중의 구원은 그들 스스로 성취해야 한다."는 말에는 회의적입니다. 민중이라는 개념을 관계성으로 파악하여 사회학적 집단과 동일시하지 않는다 하더라도, "민중이 자신의 구원을 스스로 획득해야만 한다."라는 표현은 여러 곳에서 볼 수 있습니다.

해방과 구원 사이의 확실한 구분이 있어야 하지 않을까요? 지배 계층이나 피지배 계층이나 모두 똑같이 하나님으로부터 소외되었고, 그리스도 안에서 완성된 구원의 사역에서 오는 용서와 구원이 필요한 존재들이 아닐까요? 성서적 인간론의 급진적인 모습을 고수하려면, 민중 역시도 죄에 물들어 있다고 해야 한다고 봅니다. 죄는 지배계급이 지배받는 자들을 지칭하는 말이 아닌 성서적 개념입니다.

이 부분을 끝내면서 민중신학의 교회론에 대해 묻고 싶습니다. 우리는 '하나님의 백성'(people of God)과 '대중'(people) 사이의 구분을 찾기 어려웠습니다. 이런 불분명한 점은 우리가 많이 인용한 책 제목의 독일어 번역에도 있습니다.(*Minjung-Theologie des Volkes Gottes in Süd-Korea*) 독일어 번역의 어려움을 감안하더라도 모순된 면이 있습니다. 교회의 경계 밖에 있는 공동체를 지칭하면서 '코이노니아'라는 표현을 많이 쓰는 것을 보고 주목하지 않을 수 없었습니다. 안병무는 이것을 제도화된 교회로부터 의도적으로 멀리하는 하나님의 선교(Missio Dei) 신학의 관점에서 설명합니다.

하나님이 교회 안에서 또 교회를 통해서만 일하시지 않는다는 것은 맞습니다. 하지만 예수 그리스도의 교회가 특별한 역할을 해야 한다는 것도 분명합니다. 마태복음에서 예수는 "하늘에 계시는 아버지의 뜻을 행하는 사람"(마태 12:50)을 자신의 형제와 자매라 했습니다. 세상 속에서 교회의 사명은 믿음으로부터 솟아나야 하며, 그 목적은 교회의 주인이 되는 분에 대한 믿음입니다. 이런 관점에서 '하나님의 백성'과 '대중' 사이의 분명한 구분이 있어야 한다고 봅니다. 하나님은 온 인류를 돌보십니다. 그럼에도 하나님의 선교(Missio Dei)는 공동체를 만드는 일을 지향합니다. 우리는 여러분과 함께 교회를 세우는 것으로 만족하는 모든 형태의 교회중심주의를 거부합니다. 그러나 우리는 민중신학에서 에클레시아(ekklesia), 코이노니아(koinonia), 오클로스(ochlos)와 같은 개념을 강조하며 교회적 의미를 부여하는 이유를 명확하게 이해하지 못하고 있습니다.

에큐메니칼 대화를 통한 배움 – 민중신학의 문제 제기

우리가 제기한 문제들은 추상적이고 '전형적인 독일식'인 것으로 보일 수도 있습니다. 그것들은 '성서에 대한 사회 역사적인 고찰'에서 나온 것도 아니고, 현재 독일 교회의 신앙고백에서 나온 것도 아닙니다. 우리는 대중이나 소외된 사람들과의 구체적인 연대 속에서 신학을 한다고 할 수 없습니다. 독일 내부나 국제적 차원의 인권 유린, 과도한 상업주의, 경제적 착취에 관심을 기울일 기회가 충분히 있었지만, 우리의 신학은 실천적인 면이 부족한 게 사실입니다. 따라서 우리의 신학적 질문들이 학구적이고 현실성이 없어 보일 수도 있습니다. 민중신학과 대화하려는 우리의 노력이 민중신학의 도전을 받아들여 우리의 신학하는 방식을 재고하지 않고, 단순히 신학의 일부만 살펴보려는 것인지도 모릅니다.

두 신학을 비교해 볼 때, 민중신학을 공부하면서 꾸준히 우리 사이에 제기됐던 질문을 접하게 됩니다. 그것은 "어떤 구체적인 역사적인 상황에서 얻은 신학적 지혜가 어떻게 다른 상황에 적용될 수 있는가?"라는 질문입니다.

우리는 한국인들의 집단적 경험인 '한' 의 의미가 그와 비교할 만한 고난의 전통이 없는 독일인들에게 어떤 의미가 있는지 물어야 했습니다. 우리 사회에서는 고통을 대체로 개인적인 형태로 겪게 됩니다. 민중과의 동일화도 한국의 신학자들에게는 가능하지만 우리 상황에선 그렇지 않습니다.

우리는 오랜 논의 끝에 다음과 같은 결론에 도달했습니다. 한 상황에서 얻어진 경험을 직접적으로 다른 상황에 도입한다는 것은 가능하지 않고, 그 경험에서 얻은 신학적 통찰은 더더욱 그렇지 않다는 것입니다. 이런 인식은 교회 연합을 위한 대화의 어려움과 한계를 깨닫게 했지만, 우리는 민중신학 공부를 통하여 풍부한 성찰과 자기반성을 하게 되었습니다. 이것에 대해 앞서 언급한 구체적인 예를 들어 설명하겠습니다.

우리의 역사 속에는 의미 깊은 집단적 고난이 없을 뿐만 아니라, 고난 받는 것을 긍정적 가치로 삼는 전통도 없습니다. 우리는 고난을, 역사 속에서 인내해야 하고 다가올 부활을 지칭하는 '한' 으로 해석하지 않습니다. 단지 개인적인 불행으로 극복되어야 하는 것으로 이해합니다. 교회도 고난과 고통을 공공기관이나 진료소들을 통해 줄여 가야 하는 것이란 일반적인 사고를 받아들이게 되었습니다.

그렇지만 민중신학의 영향으로 우리 중에도 고통을 하나님의 뜻으로 알고 받아들이는 '단순한 사람들' (simple folk)도 있다는 것을 알게 되었습니다. 이런 깨달음을 통해서 우리가 망각하고 있는 고통에 관한 성서의 말씀이나 '주님을 기다림' 에 대한 이해가 신학을 직업으로 삼는 우리에게 특별한 문제는 아닌지 생각하게 됩니다. 과거 서구 신학이 처해 있던 사회적 삶의 정황(Sitz im Leben)은 권력과 지식이 편중된 것이었습니다. 그런 정황에서 힘을 버리시고 고난을 당하시는 하나님에 대한 성서적 증언을 할 수 있고 그와 같은 삶을 살 수 있을지 모릅니다.

이것은 서구 신학자들도 '낮은 자들의 종교'를 과거보다 더 진지하게 받아들여야 한다는 것을 가르쳐줍니다. 그러나 그렇게 하기 위해서는 그들의 삶과 고난에 동참해야 합니다. 그 실천의 첫 걸음은, 해외 기독교인들의 경험에서 자극을 받아, 풀뿌리 공동체와 실천 그룹들 안에서 첫 걸음을 디딘 것입니다. 그러나 그 결과가 기존의 교회와 더불어 발전할 현장 교회, 대학에서의 신학과 더불어 커갈 하나의 민중신학이 될지 아직은 말할 수 없습니다. 하지만 여러 민중신학자들이 우리로 하여금 그들이 걸었던 변화의 길로 우리를 인도하고 있다는 것은 느끼고 있습니다. 한국 민중과 함께 연대하는 신앙의 실천으로 자라난 민중신학을 공부한 경험은 우리에게 하나의 좌표가 되었습니다. 우리의 상황 속에서 그런 살아 있는 신앙을 이루어 내고 신학적 성찰을 할 수 있을지는 그 좌표로부터 어떤 자극을 받는가에 달려 있습니다. "생각은 세계적으로, 행동은 지역적으로"(Think globally, act locally)라는 말은 상황적이면서도 에큐메니칼한 신학을 만들라는 교훈입니다.

이 글을 통해 여러분과의 대화의 물꼬를 트고, 또 그 대화를 통해 우리에게 주어진 과제를 실행할 수 있게 되기를 희망합니다.

우리 주님의 사귐 안에서 문안드립니다.

개신교 세계선교협회 신학위원회의
편지에 대한 회답

안병무

    우리는 여러분과 함께 민중신학을 보다 깊이 있게 되돌아볼 수 있게 되어 얼마나 감사한지 모릅니다. 아직 걸음마 단계에 있고, 민중이라는 용어의 번역이 만족스럽지 못한 보잘것없는 이러한 신학을 이해하기 위한 여러분의 노력에 우리는 크게 감명을 받았고, 여러분의 민중신학에 대한 긍정적인 평가에 매우 기쁘게 생각합니다. 우리는 소그룹을 지어 여러분의 질문을 다루었고, 나는 여러분과 함께 그 결과를 나누려고 합니다.

    우리의 숙고 과정은 다음과 같이 구성되어 있습니다. 우선, 우리는 여러분의 질문을 한국어로 번역했고, 그 후 그것을 민중신학의 토론 그룹 참가자들에게 보냈습니다. 현영학 교수가 참가자들의 도움을 받아 전체적인 입장을 정리했습니다. 그 토론에서 나는 사회를 보았기 때문에 토론에 대한 대답을 모을 수 있었습니다. 그리고 토론은 기록된 후 번역하였습니다. 내가 지금 쓰는 글은 여러 동료들이 진술한 것들을 기초로 한 것입니다.

저는 참가자들의 정확한 표현을 제공하지는 않아도, 본래의 의미에 가능한 한 충실하고자 합니다. 직접적 인용이 아닌 것은 저의 요약입니다. 여러분은 각 질문에 대한 다양한 입장이 있다는 것을 보게 될 것입니다. 그 토론의 참가자들은 몇 명의 후배 신학자들을 제외하고, 다음과 같습니다. 한신대학 교육학 교수 문동환 박사, 이화여대 조직신학 교수 서광선 박사, 이화여대 윤리학 교수 현영학 박사, 장로교신학대학 김용복 박사, 한신대 사회윤리학 교수 고재식 박사, 그리고 한신대 신약학 교수 김창락 박사입니다. 먼저 우리는 신학의 스타일 문제를 다루고, 그 후 개인적 질문들을 다루겠습니다. 마지막으로, 미래의 신학에 대한 과제를 생각해 볼 것입니다.

비평의 전반적인 구조

우리는 모두 서구 신학을 공부했습니다. 대부분 미국에서 공부했고, 일부는 유럽에서 공부했습니다. 이력서로 말한다면, 우리 모두는 서구 신학을 하는 사람입니다. 서구 신학 속에서 우리의 사고는 종종 발전되지 못한 상태에 머물렀고, 수동적인 학생의 태도로 배웠습니다. 우리는 우리 자신이 소화할 수 없었던 내용을 설명해야 하는 어려움을 느끼기도 했습니다. 우리는 수용의 여지는 있지만, 그것을 분명히 말하거나 적절히 비평할 만한 언어를 찾을 수가 없습니다.

오랫동안 우리는 서구의 논리와 연구 방식에 의해 완전히 지배되어 왔고, 서구에서 우리의 질문에 대한 답을 찾으려 했던 것도 사실입니다. 그러나 지금 우리의 현실은 우리가 소화할 수 없는 것을 던져 버리도록 만들고 있습니다. 오늘날 우리는 학문(science)으로서 신학을 어떻게 이해할까요? 이것은 매우 광범위한 주제입니다. 그래서 우리는 몇 개의 질문만을 다룰 수 있을 뿐입니다. 우리가 아는바, 서구적 의미의 학문은 무판단적이고 객관적이며 중립적이고 분석적입니다. 서구적 의미에서 학문은 순수 이성(pure reason)을 전제하며, 그 자체가 이성의 산물입니다. 한편, 한국에서 '학문'이라는 단어는 주체와 객체의 구분을 의미할 필요가 없으며, '학'은 뇌의 기능만을 의미하지도 않습니다. '학'은 단순한 지적 노동이 아니라 광범위한 창조적 노동입니다. 지적인 앎이란 단지 전체의 부분에 불과합니다. '학'은 인간의 배움의 전체적인 면을 의미합니다. 가치 판단은 부분적인 것이고, 객관성은 목적이 될 수 없습니다.

현영학 교수가 설명한 것처럼 한국에서 메타노이아(metanoia, 회개)는 어떤 윤리적·도덕적인 것만을 의미하는 것이 아니라, 지식을 의미하기도 합니다. 따라서 그것은 활동을 의미할 뿐 아니라, 이해와 태도를 포함합니다. 지식은 프락시스(praxis, 실천)와 연결됩니다. 지식의 논리적 문법적 표현은 지식인들의 영역이라고 합니다. 일반인들은 지식이 부족한 것이 아니라 그것은 표현하는 논리가 부족하다고 말합니다. 따라서 지식인들은 발견된 것을 기록하고 결과를 결정하지만, 그로 인하여 교조주의와 모든 것을 안다는 착각에 빠지게 됩니다. 비지식인들은 결과를 만들지도 않고 통제하지 않기 때문에 차라리 부정의 방법을 따르고 계속 더 질문을 하게 됩니다. 오직 과학만이 진리로 인도한다는 것은 본질적으로 교조적인 주장입니다. 진리를 추구하는 사람은 분명 단순한 사람입니다.

김용복 박사는 서구의 사조가 동일성보다는 차이점을 강조한다고 지적합니다. 이것은 긍정적인 어조로 토론을 수행하는 것을 어렵게 합니다. 빈번히 사상을 분석하는 태도는 필요한 조화(결속)에 손상을 줍니다. 이것은 예를 들면, 평화나 세계경제 질서와 같은 정치적 이슈들에 적용됩니다. 공동의 이익(공익)은 찾아지지 않습니다. 더욱이 '너'는 너인 채로, '나'는 나인 채로 남아 있습니다. 이러한 면에서 서구의 학문은 연대하면서 활동하는 데 방해물이 됩니다. 주체는 객체를 비교하고, 이를 통해 그 차이는 증명됩니다. 우리에게 가치 판단은 항상 내포됩니다. '객관적 진실', 사색적 진실은 우리에게 있어 익숙하지 않은 어떤 것입니다. 지식의 내용은 상황과 연결되어 있습니다. 실천을 지향하는 학문은 삶의 철학을 발전시키기보다 행동을 구체화하고자 합니다.

서구의 신학은 이원론(dualism)으로 가득 차 있습니다. 일상의 경험은 종교적 경험으로부터 분리되어 있습니다. 서방 교회의 역사 또한 마찬가지입니다. 교회는 그 자신을 지키는 데 급급했기 때문에 세속화에 대해 방어적인 저항의 자세를 취해 왔습니다. 세상의 역사와 구원의 역사, 국가와 교회, 하나님과 민중은 철저하게 구분되어야만 했습니다. 마치 본능적으로 분리를 필요로 하는 듯합니다. 우리에게 이것은 하나님의 보편성과 창조에 대한 믿음과 모순되게 보입니다. 이원론은 인위적입니다. 무엇보다도 우리는 분리가 아닌 통일성을 추구합니다. 분석이 경험을 따로따로 갈라놓아서는 안 됩니다. 그와 반대로 분석을 통해 내적 깨우침이 있어야 합니다. 그게 발전의 모습입니다. 특별한 차원만이 아니라 세속 또한 해석되어야 합니다. 우리는 오랫동안 서구의 영향을 받았습니다. 그러나 지금 그 이중적 분리를 거부합니다. 현영학 교수가 지적한 것처럼 '하나님의 뜻', '은혜', '성령' 등은 모두 교회의 언어입니다. 이것들의 일상적인 의미는 무엇입니까? 그 말들이 일상의 생활에서 쓰일 때 의미하는 것은 한 인간이 모든 노력을 다 했고, 그로 인해 불가능한 것이 가능하게 되는 것을 체험했다는 것입니다.

'아가페'(agape, 사랑), 그것은 기독교로만 제한됩니까? 아닙니다. 그것은 삶을 가능케 하는 공동체의 일상의 경험(또는 매일 매일의 삶의 경험)입니다. 바로 여기서 예수의 가르침의 실제성을 깨닫고, 종교 사이의 대화에 접근하게 됩니다. 서구의 기독교는 기독교를 모든 다른 종교와 구분합니다. 우리는 그 안에서 제국주의적 기독교의 자취를 봅니다. 서구 신학은 그 자신을 과학적이라 하고 그 차이를 강조하면서 다른 종교들을 평가절하했습니다. 그러나 불교는 '자비'를, 공자는 '인'을 가르칩니다. 만약 우리가 이 세 개의 개념을 재고한다면, '아가페', '자비', 그리고 '인'이 서로 조화를 이룬다는 것을 알게 됩니다. 예를 들어, 니그렌(Nygren)은 아가페(agape)와 에로스(eros)를 구분했습니다. 우리는 이러한 차이를 사실적이거나 도움이 된다고 생각하지 않습니다.

어떤 서구 신학자는 불교나 유교에는 신앙이 결여되어 있고 신앙의 대상으로서의 하나님(신)이 결여되어 있기 때문에 종교가 아니라고 생각합니다. 이것은 너무 추상적인 분석의 결과입니다. 만약 공통점을 찾기 위해 열린 마음을 가진다면, 다른 결과도 과학적으로 얻을 수 있습니다. 최종의 목표로서, 니르바나(nirvana)는 구원을 의미합니다. '공'(空), '무위'(無爲) 그리고 '무의식'(無意識)과 같은 종교의 가장 높은 단계의 개념들은 서구적으로 접근할 수 없습니다. 그 주체-객체의 가름이 여기선 더 이상 적용되지 않습니다. 말로 표현할 수 없는 것과 알 수 없는 곳으로의 진입을 뜻하기 때문입니다. 그러므로 높은 차원의 힘에 대한 믿음의 본질은 '무언'(無言)입니다. 유교에서는 믿음의 분명한 대상[上帝]이 있습니다. 모든 사람들은 믿음과 믿음의 대상을 소유합니다. 이런 이유로 그들은 기독교의 믿음을 받아들일 수 있고 이해할 수 있습니다. 서구 신학은 오직 기독교의 절대성만을 강조했습니다. 만약 그 대신 기독교의 특이한 면이 강조되었다면 기독교는 종교가 아니라고(바르트) 해야 할 것입니다. 다른 종교들은 이해의 이전 단계에서 체계화되고 그래서 가치가 절하됩니다.

아래의 단락에서 우리에게 주어진 개별적인 질문들을 대략 순서대로 다루고자 합니다. 때에 따라 개별적인 질문의 의도도 우리가 파악할 수 있는 한 지적하고자 합니다.

개별적인 질문에 대한 응답

1) 유럽의 경험을 기초로 민중신학의 결과에 대해 회의적인 질문을 했습니다. 만약 사회적인 혁명이 일어난다면 민중은 더 이상 고통 받는 계층이 아닐 것입니다. 우리는 그 관점에 대해 지적하고 싶습니다. 재세례파의 운동 역시 민중운동이었지만, 종국에는 피비린내 나는 권력투쟁으로, 모든 사람들에게 재난으로, 반역사적 사건으로 끝났다고 말합니다. 그러나 이런 과정이 민중의 자신감을 돋우고 권력을 독점의 상태에서 상대적인 것으로 만드는 데 공헌했다는 사실을 간과하고 있습니다. 우리는 이런 과정을 결점 많은 발전으로 보지 않습니다. 왜냐하

면 이러한 불행한 기간은 훨씬 더 넓은 과정에서 일시적인 움직임이기 때문입니다. 그렇습니다. 동학과 3·1운동은 억압되었지만, 그 고통은 내적 과정을 통해 민중의 힘을 강화시켰습니다. 아마 여러분은 눈에 보이는 외적 결과를 너무 빨리 찾고 있는지도 모릅니다. 우리의 역사는 예수가 칼을 주기 위해 왔지 평화를 위해 온 것이 아니라고 말한 것을 회상하게 만듭니다. 여러분의 시각으로 보면 예수의 사건은 부정적으로 평가되어야 합니다.

권력과 지배에 관해서, 아직 속죄 받지 못한 세계에서는 권력과 힘이 불가피하다고 지적했습니다. 그것은 루터가 하는 말처럼 들립니다. 나중에 죄의 개념에 대해 언급하겠지만, 우선 이 점을 밝히고자 합니다. 여러분은 회의적일지 모르지만 우리는 민중을 신뢰합니다. 오직 힘만이 질서를 보존할 수 있다는 가정은 우리의 의견으로는 민중의식이 내포하는 인간의 자율적인 통치 가능성을 무시하는 것입니다. 독재자들은 그러한 인간론적 가정으로 자신들의 압제를 항상 정당화 해왔습니다. 우리가 해석하기에 여러분들은 너무 권력의 악에 대해 무비판적입니다. 왜냐하면 서구의 역사에서 기독교 왕국과 통치 권력은 너무 오랜 기간 동맹의 관계를 맺어 왔기 때문입니다. 우리의 권력과 힘에 대한 비판은 서구 신학의 윤리학에는 적합하지 않을 수 있습니다. 그렇다면 서구 윤리의 개념이 어디서 왔는가를 물어야 합니다. 종말론적 의식이 후퇴할 때, 윤리학은 신학 안에서 더 넓은 자신의 자리를 요구합니다.

2) 여러분은 네 가지 구체적인 질문을 했습니다. 우선, 지배의 합법성에 대해 물었습니다. 여러분은 합법성이라는 개념을 어떻게 이해하는

지 궁금합니다. 모든 제국은 스스로를 합법적이라고 간주합니다. 우리의 평가에 의하면 역사는 합법적인 제국을 인정하지 않습니다. 프롤레타리아의 통치 역시 말만 그렇기 때문에 합법적이지 않습니다. 실제로 그것은 정당의 엘리트에 의한 지배를 가장한 개념입니다. 그것은 정치적 결정이 경제적, 과학적 그리고 사회적 엘리트들에 대해 결정되는 서구의 민주주의에서도 마찬가지입니다. 예외 없이 엘리트들이 정치적 사건을 결정합니다. 그렇습니다. 민주 정부가 독재보다는 낫습니다. 그러나 진정한 민주주의는 사람들이 고통을 감내하려는 자발적 의지가 있어야 가능합니다.(여기서 투쟁이나 고통은 헌신의 차원에서 이해하고자 합니다.)

한국은 작고, 약하고, 자주 착취당했던 나라입니다. 그럼에도 불구하고 강력한 정부에 대해 두려워합니다. 예를 들면, 공자는 전설적인 요순시대를 표준과 모델로 간주합니다. 왜냐하면 그 시대에는 정부의 권력이 감지되지 않았기 때문입니다. 장자는 한 걸음 더 나가서 더욱 급진적인 입장에서 공자의 이상적 정부를 비판합니다. 인지될 수 없는 정부의 형태 역시 억압적이고 그 억압을 감춘다는 사실이 더욱 날카로운 비판의 이유가 됩니다. 이런 문화적 전통 속에 위치한 우리는 여러분의 질문을 비판할 필요를 느낍니다.

세계가 존재하는 한 틀림없이 어떤 종류의 질서가 있습니다. 그러나 질서는 항상 권력에 대한 야망을 가장하고 있고, 우리는 이것에 반대합니다. 우리는 모든 권력의 책략에 반대하는 목소리를 내고자 합니다. 우리는 하나님의 자녀들인 민중이 자율성을 찾는 시대를 기대합니다. "구체적으로 그것은 어떤 것인가?"라고 물을 수 있습니다. 이러한 질문은 하나님 나라의 질서에 대한 질문과 동일한 구조를 갖습니다.

여러분은 우리의 급진적이고 종말론적인 성향이 효과 면에서 직접적인 정치 행위와 어떻게 비교될 것인가를 묻습니다. 그 질문은 역사적 실증주의의 상황에서 나온 것이 아닙니까? 가시적이고 검증이 가능한 성과에 대해 지나친 관심을 갖는 것은 아닐까요? 우리는 두 가지 방식으로 대답하고 싶습니다. (1) 하나님께서 정의를 향한 우리의 노력을 이끄십니다. 그것을 성공했는가, 아닌가에 대한 논의는 없어도 됩니다. (2) 그 결과는 가시적인 세계에서 발견되지 않습니다. 우리는 심은 것의 모두를 거두지 않습니다. 누룩과 겨자씨에 대한 비유를 연상케 합니다. 이러한 맥락에서 믿음은 순진한 것이 아닙니다. 그 반대로 보잘것없는 것들의 흔적은 역사 곳곳에 남아 있습니다.

유럽에서는 종말론적이며 성서적인 차원의 이해는 거의 사라졌다는 여러분의 자기 비판적인 시인에 동의합니다. 우리는 역사가 권력을 악용하는 자들에 대한 저항의 과정이고, 그 역사는 지속되어야 한다고 믿습니다.

서구에서는 현실의 상황을 공고히 하는데 너무 많은 관심을 보인다는 지적에 동의합니다. 교회일치를 말하면서도 잘 사는 것과 인간 공동체의 파괴 사이에 상관관계는 충분히 고려되지 않았습니다.

3) 여러분은 민중(minjung)을 너무 쉽게 대중(people)과 동일화시키고 있습니다. 우리 중에 이 점을 특별히 문제 삼은 동료들이 있습니다. 우리는 결코 민중을 '평민'이나 '대중'으로 이해하지 않습니다. 민중을 정의하지 않는 것은 의도적입니다. 정의는 사실을 제한하고, 생동감

을 상실케 합니다. 개념과 현실은 모순으로 판명될 수도 있습니다. 여러분의 질문은 이미 민중이 무엇인지를 이해하고 안다는 것을 전제합니다. 바로 민중에 대한 이해에서 우리 사이에 큰 차이가 있을 수 있습니다.

4) 민중신학에 관여했던 교수들이 대학교에서 추방되었을 때, 우리는 나치 정권하에서 쫓겨난 독일 교수들을 기억했습니다. 우리는 고백교회와 바르멘선언을 생각했습니다.

우리는 또한 그리스도에 대한 공동체적 고백이 나와야 한다고 생각했고, 그 결과 '갈릴리 공동체'가 형성되었습니다. 나는 그곳에서의 설교를 모은 책(일본에서 《주여, 어서 오소서》라는 제목으로 출간)의 서문에서 그 과정을 이렇게 설명했습니다.

1975년 11명의 교수들이 대학에서 추방되었다. 그들 중 8명은 기독교인이었고 4명은 신학자였다. 그 당시 우리는 대학에서 1933년 이후 독일의 대학에서 추방된 폴 틸리히, K. L. 슈미트, 칼 바르트 그리고 F. 슐츠를 생각했다. 우리는 이러한 사건은 개인의 문제일 뿐만 아니라, 한국 기독교 차원에서도 중요한 일임을 깨달았다. 독일 역사를 생각할 때마다 우리는 바르멘선언과 고백교회를 기억한다. 우리가 갈릴리 공동체를 만든 것은 동일한 사유에서였다. 그 이름은 민중과 함께 눈물을 흘리고, 그들과 함께 기쁨을 나누었던 예수를 본받음으로써 우리의 믿음을 증거해야 할 필요성을 상징한다. 선교는 현실에 투쟁적으로 참여하면서 이루어진다. 우리의 상황은 독일의 고백교회에서 영향을 받았다. 동시에 비판적인 시각으로 고백교회의 부족한 면도 볼 수 있었다.

바르멘선언은 독일 나치 체제가 반유대교적이고 극단적 민족주의적이라는 것에 대해 언급하지 않는다. 이런 도피적이고 무책임한 면은 당시의 급박한 상황하에서 이해가 가능하지만 올바르지 못한 것이었다. 바르멘선언은 "solus Christus"(오직 그리스도)의 개념을 강조한다. 우리는 이것을 긍정적으로 본다. 왜냐하면 독재를 반대하는 내용이기 때문이다. 그러나 만일 "solus Christus"가 민중을 소외시키고 외면한다면 그것은 "sola ecclesia"(오직 교회)로 변질되는 오류를 범하게 된다. 교회는 교회 그 자체를 위해 존재할 수 없다. 교회는 가난한 자와 억압받는 자들과 함께하는 그리스도의 공동체여야 한다. 교회가 추상적인 개념이 되지 않으려면 갈릴리의 민중과 하나가 된 예수를 따라야 한다. 그때 하나님의 말은 실천과 행동에 의해 완성될 것이다. 이 실천적 행동은 민중과 함께하는 행동이다.

그 당시 우리는 민중과의 연대 속에서 행동했고, 감옥까지 가야 했습니다. 이것은 진정 축복된 경험이었습니다. 우리는 신체적으로 민중의 일부였습니다. 그러나 여러분은 우리가 그리스도 사건 밖에서 하나님의 자기계시를 받아들이고, 역사를 또 이차적인 계시의 장으로 보는지 묻습니다. 여러분은 바르멘선언의 관점으로 우리의 의도를 이해하고자 하면서도 그런 질문을 하고 계십니다. 우리는 되묻고 싶습니다. 여러분은 계시를 어떻게 이해하고 있습니까? 하나님의 자기계시를 역사적 사건과 연관시키는 것에 대해 물었습니다. 예수의 사건은 어떻게 할 것입니까? 역사적 예수의 사건만이 하나님의 자기계시라고 봅니까? 우리에게 역사는 계시의 이차적인 자원이 아닙니다. 역사 밖에 있는 계시는 없습니다. 바르멘선언은 예수 그리스도를 하나님의 유일한 말씀으로 봅니다. 우리는 그렇게 보지 않습니다. 우리는 예수 그리스도를 하나님의 사건으로 이해합니다. 그 사건은 역사 속에서 일어났고 역사에서 계속됩니다. 우리는 서구 신학이 그리스도의 유일성을 말하기 위해 "모두를 위한 단 한 번의 사건"(ephapax)을 강조합니다. 그러나 그것은 그리스도 사건을 역사의 한 특정한 시간과 연결시키면서 그것을 과거에 고정시킵니다. 우리는 역사 그 자체가 계시라고 보지 않습니다. 다만 그리스도는 역사 속에서 지속적으로 자신을 사건으로 계시하신다고 믿습니다. 따라서 히틀러의 잔인성과 분리정책을 민중의 해방의 역사와 같은 선상에서 볼 수 없습니다. 역사에서 우리는 해방의 전통과 억압의 권력을 구분합니다. 해방 운동에서 하나님의 의지는 성서적 증거와 일치되게 나타납니다.

여러분은 우리가 그리스도가 오시기 이전과 또 그 후에도 하나님이 계속 역사하면서 계시는지를 믿는지 묻습니다. 그렇다면 그리스도가 오시기 전과 후에 하나님은 아무것도 아니고, 오직 예수사건에 매어 있다고 보십니까? 구약성서와 신약성서 모두 구원의 흐름과 진동을 전하고 있습니다. 하나님의 구원을 향한 계획은 그 누구도 제한할 수 없습니다. 종종 서구 신학에서는 아레오바고에서 바울이 전한 미지의 하나님에 대한 상상을 수치스럽게 생각합니다. 이런 그릇된 방식으로 기독교는 그 자체를 절대화시킵니다. 그와 동시에 세상과 우주의 주인으로서의 하나님은 사라집니다. 이런 경향은 마치 하나님이 그리스도의 사건 '이전' 과 그 '밖' 에는 존재하지 않은 것처럼 꾸준한 영향력을 행사해 왔습니다. 만약 그리스도의 사건이 2000년 전에 일어났던 일에 매어 있다면 예수의 죽음과 십자가는 종말을 암시합니다.

그러므로 지금 현재 일하고 계시는 그리스도는 우리에게 중요합니다. 그리스도는 오늘날 어떻게 역사 속에서 우리와 함께 존재합니까? 이것이 우리의 질문입니다. 우리는 말씀을 선포하는 설교가 계시가 일어나고 이루어지는 유일한 방식이라고 주장하는 신학에 반대합니다. 우리는 고통이 주요한 성서적인 주제임을 믿습니다. 그것은 고난 받는 민중이 역사적인 해방을 얻는다는 출애굽에서부터 시작합니다. 신약에서도 마찬가지입니다. 예수는 실존의 전쟁터였던 갈릴리를 그의 선교의 장소로 삼았습니다. 그 선택은 결국 그를 예루살렘에서 살해되게 만듭니다. 십자가가 그 사건의 핵심이라는 케리그마(kerygma)는 올바른 것입니다. 우리는 부활의 믿음은 해방의 구원을 이루시는 하나님에 대한 고백이라고 생각합니다. 복음서, 특히 마가복음은 과거의 고난을 증언하는 것이 아니라 오늘날 고난 받는 사람들, 곧 고난 받는 그리스도를 증거하고 있습니다. 이런 견지에서 예수의 고난을 마태복음 25장과 같이 (비—신론적으로a-theistic) 묘사하는 것은 우리에게 매우 중요합니다. 우리는 종종 히브리서 13장 12~14절을 인용하고, 우리도 십자가에 대한 바울의 신학을 그런 식으로 해석할 수 있으리라 믿습니다. 바울은 고난 가운데서 현존하시는 그리스도를 고백합니다. 사도의 고난은 그를 그리스도와 함께하고 동일하게 만듭니다.

서남동은 김지하가 묘사한 장일담에서 실제로 그리스도를 보았는지, 또 장일담과 그리스도가 어떻게 연관되어 있는지 여러분은 물었습니다. 우리는 여러분이 그리스도를 과거에 얼어붙은 한 인물로만 보는지 되묻고 싶습니다. 장일담은 한 인간으로서 그리스도와 동일하지 않지만, 예수의 사건이 이 사건 속에서 점차적이고 지속적으로 활동하고 있습니다. 예수를 모방(imitatio Christi)하려는 것은 잘못된 것이라 주장합니다. 그러나 그리스도를 따르는 것은 신학적 명령입니다. 그러나 아이러니컬하게도 '따름'(following)을 강조하면 따르는 사람들의 의지와 성취를 부각시키게 됩니다. 우리는 예수와 예수의 사건은 지속되고 있으며, 오늘날 일어나는 사건들을 주도하고 있다고 이해합니다. 우리의 행위는 '모방'(imitatio)에 속하고, 그 속에서 예수는 '주도자'(initiator)가 됩니다.

5) 마지막으로 죄에 대한 질문입니다. 민중이 스스로를 구원할 수 있는지 물었습니다. 또 민중은 죄가 없는지 물었습니다. 여기서 분명히 드러나는 것은 이런 질문이 갖는 주체-객체적 구조입니다. 구원자와 구원을 받는 자, 구원의 주체로서의 하나님과 구원의 객체로서의 인류. 이런 도식은 늘 배후에서 우리의 의식을 형성시켜 왔습니다. 그러나 구원의 역사는 모든 것을 포괄하고 있으며, 능동과 수동의 구분을 수반하지 않습니다.

구원된다는 것은 수동적인 과정이 아닙니다. 인간의 노력과 은혜의 선물은 분리된 것처럼 보지 말아야 합니다. 은혜는 핵심적이고, 종교적 중요성을 갖습니다. 그렇다고 인간의 노력이 그로부터 분리되면 안 됩니다. 그 둘은 언어적 표현은 다르지만 하나입니다. 민중은 해방의 잠재적 능력을 갖고 있습니다. 우리는 민중을 윤리적으로 도덕적으로 죄가 없다고 생각하지 않고, 못 본 척 넘어가는 것도 없습니다. 우리도 민중의 일상적인 타락을 인정합니다. 윤리적으로 도덕적으로 단순한 사람들이 더 나쁠 수 있습니다. 그럼에도 우리는 민중 속에서 자기-초월과 같은 것이 지속적으로 일어나는 놀라운 체험을 하게 됩니다. 이것은 특히 그들의 부단한 노력, 부지런함, 또 자발적인 희생을 의미합니다. 이것은 주체와 객체라는 도식에 의해 분석될 수 없는 놀라운 현상입니다.

민중은 '죄'라는 말을 지배계급의 용어로 이해하지 않고, 성서대로 이해합니다. 우리는 성서 언어의 새로운 번역을 요구하는 신학자들이 옳다고 믿습니다. 성서적 용어와 메시지는 사회과학적 관점으로 이해될 수 있고, 그렇게 되어야 합니다. 우리는 예언자들이 죄와 불의 때문에 부유한 자들과 권력자들을 공격했다고 봅니다. 민중의 억압과 수탈이 죄입니다. 하나님의 계획에 어긋나는 '권력의 오용'(exousia)입니다. 권력의 주인으로 사람들 위에 군림하는 것이 죄입니다. 물론 윤리적, 율법적, 제의적 죄가 있습니다. 그러나 이런 종류의 '죄'에 대한 비난은 지배적인 가치관 속에 담겨 있습니다. 이런 가치관과 죄의 개념은 현실을 유지하기 위한 것입니다. 다윗 왕 시대에 다음과 같은 신학이 발전하게 됩니다. 하나님의 말씀의 본래적 의미는 다르게 해석되었고 권력자들을 명예롭게 하기 위한 법적인 바탕으로 악용되었습니다. 동일한 방법으로 교회의 역사를 읽을 수도 있습니다. 교회가 그 자체를 위한 교회가 된 적이 많습니다. 원죄에 대한 교리는 바로 이런 상황에서 만들어졌고 다듬어졌으며, 신학적 질서와 교회의 안전에 관심 있는 사람들의 의도를 도왔습니다. 이 과정 속에서 하나님의 이름은 그릇되게 이용되었습니다.

'죄'에 대해 말할 때 우리는 피해자에게 주목해야 합니다. 누가 죄의 피해자가 되는지가 죄의 개념 그 자체보다 더 중요합니다. 여기서 예수와 바울은 우리를 지지합니다. 예수는 민중의 죄를 추궁하거나 비난하지 않았습니다. 하지만 바리새인들의 죄는 공개적으로 꾸짖었습니다. 그는 힘 있는 자들이 죄가 무엇인지를 규정하려는 것을 강하게 비판했습니다. 예수는 율법의 체계를 거부했고, 그로 인해 죽임을 당했습니다.

바울의 죄 개념에 대해서도 생각해야 합니다. 율법이 없으면 죄의 동기도 없습니다.(로마 7:7) 바울의 이런 죄 이해는 권력자들의 죄에 관한 신학을 공격하는 것이었습니다. 바울에 의하면 율법 그 자체가 끝났기 때문에 죄도 끝나야 한다고 합니다. 물론 바울은 죄와 율법의 연관성을 강조합니다. 한 사람이 죄를 지었기 때문에 모든 사람이 죄 가운데 삽니다. 그러나 바울의 전체적인 주장은 구원과 속죄와 연관되는 것입니다. 그는 죄에 대해 집착하는 게 절대적으로 아닙니다. 지배자와 민중 모두가 치유를 필요로 합니다.

6) 여러분은 그리스도가 교회에게 특별한 책임과 역할을 부여했다고 얘기하고 있습니다. 그러면서도 하나님이 교회를 통해서만 역사하시지 않는다는 것도 인정합니다. 우리도 이것을 부정하지 않습니다. 그러나 우리는 과연 어떤 교회를 말하고 있는지 되묻습니다. 마태는 여러분을 지지합니다. "하늘에 있는 내 아버지의 뜻을 행하는 자, 그가 나의 형제요, 자매요, 어머니이다."(마태 12:50) 교회는 하나님의 뜻을 진실되게 이루어 내야 한다는 것을 명심해야 합니다. 여러분이 인용한 성경 구절은 예수께서 제자들에게 말하고 있는 내용입니다. 마가복음은 이를 다르게 기록하고 있습니다. 거기서 예수는 이 말을 군중들에게 하고 있습

니다. 이것이 바로 '하나님의 백성'과 민중의 구분이 유지될 수 없는 것임을 증명하지 않습니까? 우리는 묻습니다. 교회의 지도적 위치를 보존하고자 하는 것은 아닙니까? 하나님의 뜻을 행하는 자는 누구입니까? 꼭 세례 받고, 예배를 드리고, 그리스도를 고백하는 자들만 할 수 있습니까? 이들에게 중요한 것은 의식(儀式)과 종교적 보장이 아닌가요? 예수는 무엇보다 그리스도를 말하거나 교회에 소속되지 않아도, 정의를 위해 헌신하는 사람들을 뜻하는 게 아닌가요? 우리는 외적 기준으로 이런 일들을 판단할 수 있다고 보지 않습니다. '하나님의 백성'은 밖으로부터 분석될 수 없습니다. 그렇기 때문에 보이는 교회와 보이지 않는 교회의 구분은 올바른 것입니다.

이 글을 마치면서 우리의 신학을 이해하려 노력하고 대화의 장을 열어 준 여러분께 감사의 마음을 전하고자 합니다. 우리가 말하는 것과 같은 고난을 여러분은 경험하지 못했다고 하였고, 따라서 (집단적인 고난의 표현으로서의) '한'을 이해하기 힘들다고 합니다. 그러나 우리는 여러분이 제2차 세계대전 이후 집단적인 고난의 경험이 없다고 어떻게 말할 수 있는지 이해하기 힘듭니다. 유럽 전체가 큰 고통을 겪지 않았나요? 유대인들이 독일의 이름으로 집단적 고난을 겪지 않았나요? 어떻게 그 모든 것을 신학에서 간과할 수 있습니까?

성경은 모든 신학의 자원입니다. 성경에서 집단적 고난은 주요한 주제입니다. 어떻게 이러한 주제를 경험함이 없이 성경을 이해할 수 있을까요? 그렇습니다. 오랫동안 우리는 예수를 아주 좁고 개인주의적인 시각에서만 이해해 왔습니다. 그러나 우리는 민중의 고난의 싸움터에 서 있을 때, 성서의 내용, 출애굽과 예수사건이 의미하는 언약의 완성을 이해할 수 있습니다. 이 모든 것은 전체적으로 연결된 사건들입니다. 여러분은 유럽의 지배적인 상황을 부유하고 고난이 없는 것으로 얘기했습니다. 그런 상황에서 고난 받는 하나님을 증거할 수 있을까요? 신학의 가능성을 포기하며 한숨만 쉬는 것은 아닌가요? 신학을 지속한다면 더 이상 부유함과 현상을 유지하기 위한 것이어서는 안 됩니다. 유럽의 상황에서 다른 상황의 신학을 이해하기 힘들다고 말했습니다. 그것은 비극입니다. 그렇다면 더 이상 예수와 바울을 이해할 수 없고, 교회일치 운동은 가능하지 않기 때문입니다.

그러나 여러분은 포기하지 않으리라 믿습니다. 우리는 대화와 이해가 가능하다고 믿습니다. 우리는 정치적, 경제적, 문화적 장벽을 극복할 수 있습니다. 오순절의 사건이 그 표시이고, 이런 놀라운 사건은 지금도 지속적으로 모두의 노력 가운데서 일어나고 있습니다. 우리는 이 사건의 연속선상에 있습니다.

평안하시기를 기원합니다.

참고문헌

Billings, Peggy, ed., *Fire beneath the Frost*, New York: Freindship Press, 1984.

Christian Conference of Asia, *CTC Bulletin* (Bulletin of the Commission on the Theological Concerns), Singapore, Vol. 5, No. 3~Vol. 6, No. 1, December 1984~April 1985.

Cho Wha-soon, *Let the Weak Be Strong: A Woman's Struggle for Justice*, Oak Park, Ill.: Meyer-Stone Books, 1988.

Commission on Theological Concerns of the Christian Conference of Asia, *Minjung Theology: People as the Subjects of History*, Maryknoll, N. Y., London, Singapore: Orbis Books, Zed Press, christian Conference of Asia, 1983.

Dong Unmo, ed., *Korean-American Relations at Crossroads*, Princeton Junction, N. J.: Association of Korean Christian Scholars in North America, 1982.

Hyun Young-hak, "The Cripple's Dance and Minjung Theology" in *Ching Feng*, Vol. 28, No. 1, 1985.

Kim Chi Ha, *The Gold-Crowned Jesus and Other Writings*, ed. by Chong Sun-kim and Shelly Killen, Maryknoll, N. Y.: Orbis Books, 1978.

Lee Sang-hyun, ed., *Essays on Korean Heritage and Christianity*, Princeton Junction, N. J.: Association of Korean Christian Scholars in North America, 1984.

Moltmann, Jürgen, ed., *Minjung-Theologie des Volkes Gottes in Südkorea*, Neukirchen-Vluyn, West Germany: Neukirchener Verlag, 1984.

Moon Hee-suk Cyris, *A Korean Minjung Theology: An Old Testament Perspective*, Maryknoll, N. Y., Hong Kong: Orbis Books, Plough Publications, 1985.

Park Sung-ho Andrew, "Minjung Theology: A Korean Contextual Theology", in *Pacific Theological Review*, Winter 1985.

Phillips, Earl H. and Yu Eui-Young, eds., *Religion in Korea*, Los Angeles: Center for Korean-American and Korean Studies, 1982.

Tabuch Fumio, "Der Katholische Dichter Kim Chi Ha als Narrativer Theologe im Asia Tischen Kontest", in *Zeitschrift für Missionswissenschaft und Religionswissenschaft*, Vol. 69, No. 1~24, January 1985.

저자 소개

■ 로버트 맥카피 브라운 Robert McAfee Brown

캘리포니아 버클리, 퍼시픽 스쿨 오브 릴리전(Pacific School of Religion) 신학과 윤리학 명예교수. 제3세계 해방신학들에 대한 저명한 해석자. 저서로는 *Theology in a New Key: Responding to Liberation Themes* (Westminster, 1978), *Unexpected News: Reading the Bible with Third World Eyes* (Westminster, 1984), *Spirituality and Liberation: Overcoming the Great Fall* (Westminster, 1988) 등이 있다. 세계교회협의회(WCC)의 활동을 통해, 남미, 아프리카, 동남아시아 등을 방문하였다.

■ 존 캅 John B. Cobb, Jr.

과정신학(process theology)의 세계적인 학자로서, 캘리포니아 소재, 클레어몬트 신학교 교수(Ingraham Professor of Theology at the School of Theology at Claremont)이다. *Process Theology as Political Theology* (Westminster, 1982), *Beyond dialogue: Toward a Mutual Transformation of Christianity and Buddhism* (Fortress, 1982) 등의 수많은 저서가 있다. 일본에서 태어나 아시아 종교들에 매우 친숙하며, 여러 해 동안 제3세계 해방신학들과 건설적 대화를 해오고 있다.

■ 하비 콕스 Harvey Cox

하버드 신학대학원 교수(Victor S. Thomas Professor of Divinity at Harvard Divinity School)이며, 하버드 대학교에서 종교학을 가르친다. *The Secular City* (Macmillan, 1965), *Religion in the Secular City* (Simon and Schuster, 1984) 등 수많은 저서가 있으며, *Many Mansions: A Christian's Encounter with Other Faiths* (Beacon, 1988)를 통해 제3세계 신학에 나타난 엄청난 은유와 암시를 탐구하였다.

■ 크웨시 딕슨 Kwesi A. Dickson

가나대학교(University of Ghana) 구약학과 현대신학 교수. 서아프리카신학연구협의회(West African Association of Theological Institutions) 초대 의장이자 제3세계 신학자 에큐메니칼협의회 (Ecumenical Association of Third World Theologians) 창립회원. *Theology in Africa* (Orbis Books, 1984), *Biblical Revelation and African Beliefs* (Lutterworth, 1969) 등의 저서가 있다.

■ 고수케 고야마 Kosuke Koyama

뉴욕 유니언 신학교의 에큐메니칼과 세계 기독교 담당한 교수,

UCC(United Church of Christ) 목사. 프린스턴 대학교(Princeton University), 드류 대학교(Drew University), 토쿄연합신학대학원 (Tokyo Union Theological Seminary)에서 학위 취득. 8년간 태국선교 사로 활동. 아시아기독교협의회 아시아선교회의(Asian Missionary consultation of the Christian Conference of Asia)에 참여하고 있으며, 세계교회협의회(WCC)에서 지도자 역할을 하고 있다.

■ 이정용 Jung Young Lee

이 책의 편집자. 노스 다코타 대학교(University of North Dakota) 종교 학과 학과장. 1977년 풀브라이트 재단 지원(Fulbright-Hays Senior Scholar)으로 서울대학교와 이화여자대학교에서 가르침. 1979년부터 북 미 종교학회 산하 한국인 종교학회(Korean Society for Religious Studies in North America) 회장 역임. 저서로는 *Theology of Change* (Orbis Books, 1979), *Sermons to the Twelve* (Abingon, 1988) 등이 있다.

■ 호세 미구에즈 보니노 Jose Miguez Bonino

주요 남미해방신학자. 아르헨티나 부에노스아이레스 고등신학교육 개 신교협의회(Protestant Institute for Higher Theological Education, Buenos Aires, Argentina) 조직신학 명예교수, 세계교회협의회(WCC)

공동의장 역임. 저서로는 *Doing Theology in a Revolutionary Situation* (Fortress, 1975), *Toward a Christian Political Ethics* (Fortress, 1983) 등이 있으며, *Faces of Jesus: Latin American Christologies* (Orbis books, 1984)를 편집했다.

■ **조지 오글** George Ogle

워싱턴 연합감리교회 교회와 사회위원회의 사회와 경제정의분과 프로그램 책임자. 15년간 남한선교사로 활동하면서 산업노동자들에게 복음을 전하고 교육을 하였다. 남한 군사독재에 의해 체포되어 고문을 당한 여덟 명을 지원했다는 이유로 1974년 한국중앙정보부에 체포되어 추방당했다. 미국에 돌아간 후, 그는 애틀랜타 캔들러 신학교(Candler School of Theology in Atlanta)에서 가르치다 워싱턴에서 일하고 있다.

■ **디오티스 로버츠** J. Deotis Roberts

필라델피아 이스턴 밥티스트 신학대학원(Eastern Baptist Theological Seminary in Philadelphia)의 철학적 신학 교수. 주요저서로는 *Black Theology in dialogue* (Westminster, 1987), *Roots of a Black Future: Family and Church* (1980, Westminster) 등이 있다. 그는 남한과 아

시아를 방문했으며, 미국의 흑인신학과 관련하여 제3세계 신학들에 깊은 관심을 가지고 있다.

■ 레티 러셀 Letty M. Russell

예일대학교 신학대학원(Yale Divinity School) 신학 교수. 미국연합장로교(The United Presbyterian Church, USA)에서 1958년 목사 안수, 17년간 동부할렘 개신 교구(East Harlem Protestant Parish)에서 목회 및 교육 활동. 그녀는 *Feminist Interpretation of the Bible* (Westminster, 1985)의 편집자이며, *Household of Freedom: Authority in Feminist Theology* (Westminster, 1987)를 출간했다. 미국교회협의와 세계교회협의회 신앙과 직제 위원회(Commission on Faith and Order of National Council of Churches and the World Council of Churches)에서 활동하고 있다.

■ 송천성 C. S. Song

캘리포니아 버클리 퍼시픽 스쿨 오브 릴리전(Pacific School of Religion in Berkeley, California) 신학과 아시아문화 교수이자, 사우스이스트 아시아 신학교(Southeast Asia Graduate School of Theology) 교수. 창조적인 사고를 통해 많은 영향을 준 저자는 *Tell Us Our Names: Story*

Theology from an Asian Perspective (Orbis Books, 1984), *Theology from the Womb of Asia* (Orbis Books, 1986) 등의 저서가 있다. 1983년 한국교회협의회(NCCK)의 요청으로 서울 선교교육협의회(Mission Education Institute)에서 개최한 민중신학의 미래에 대한 회의에 참여하였다.

■ 헤르빅 바그너 Herwig Wagner

헤르빅 바그너(Herwig Wagner) 박사는 서독 함부르크에 위치한 개신교 세계선교협의회인 Evangelisches Missionswerk 신학위원회 위원장이다.

■ 안병무

서남동과 함께 민중신학을 창시한 신학자. 1922년 평남 안주군 신안주면 운송리에서 태어났으며, 간도에서 청소년기를 보냈다. 서울대학교에서 사회학을 전공했고, 하이델베르크대학교에서 신학박사 학위를 받았다. 1953년 평신도 교회(현 향진교회의 모체)를 설립하고, 중앙신학교, 연세대학교 연합신학대학원, 숭실대학교, 한신대학교에서 강의 했다. 한신대학교 교수로 재직 중 두차례 강제 해직과 옥고를 치르기도 했으며 1987년 한신대학교에서 정년 퇴임한 후 명예 교수로 재직하다가

1996년 10월 향년 74세로 별세했다. 《역사와 해석》, 《갈릴래아의 예수》, 《우리와 함께 하는 예수》, 《공관복음서의 주제》 등 많은 저서와 역서가 있다.